Guide pratique du nouveau créateur de start-up

Éditions d'Organisation
1, rue Thénard
75240 Paris Cedex 05
www.editions-organisation.com

ISBN : 2-7081-2567-2

Olivier BASSO - Peter BIELICZKY

Guide pratique du nouveau créateur de start-up

Créer, financer, développer une entreprise innovante

Deuxième édition
revue et augmentée

Éditions
d'Organisation

Chez le même éditeur dans la même collection

M. BOTTON, M. DI MARTINO, J. WOLFOVSKI,
Guide pratique des professions libérales et des travailleurs indépendants.

P. DENOS,
Guide pratique de l'entreprise individuelle
Guide pratique de la SAS et de la SASU
Guide pratique du gérant de SARL
Guide pratique de la SCI

J.-M. TARIANT
Guide pratique pour reprendre une entreprise

G. THIRIEZ ET J.-P. PAMIER
Guide pratique de la franchise

SOMMAIRE

« The best VCs can see ahead and are willing to think they can fix things, put the management team together, do all this stuff.

Any huge success story like Netscape or Apple .. [is] like a sausage factory. Everybody likes to eat sausage ; no one likes to see how it gets made. These things [i.e. successful start-ups] are all sausage factories inside »

Marc Andressen, cofounder of Netscape[1]

Préface à la deuxième édition

Dans notre préface à la première édition de ce guide nous appelions de nos vœux le réveil d'une France qui entreprend... La réalité a dépassé nos attentes : créer sa start-up est devenue pour un grand nombre de personnes un projet de vie. Les soubresauts boursiers n'ont pas jusqu'alors encore altéré trop fortement cette dynamique.

Dans les écoles, les grandes entreprises, les administrations, rejoindre ou créer une start-up est devenue un objectif professionnel de premier choix.

Après une lente et pénible période d'incubation d'une vingtaine d'années, les perspectives de la Net Économie ont contribué à structurer en quelques années l'écosystème que constituent les acteurs de la création d'entreprises.

Même si ce n'est parfois qu'à dose homéopathique, les ingrédients qui ont fait la réussite des Américains sont aujourd'hui rassemblés en France :

- Un système éducatif qui forme les entrepreneurs et ouvre leurs perspectives au-delà de l'Hexagone. J'en veux pour preuve le très brillant parcours académique des auteurs de ce guide, qui ne les a pas empêchés de créer d'emblée leur propre « boutique ».
- Un vivier de jeunes candidats entrepreneurs qui, après quelques années d'expérience professionnelle, inventent leur projet en se disant « pourquoi pas moi ? », sans oublier les créateurs plus âgés qui, ayant réussi, viennent prêter la main aux plus jeunes et leur apportent les premiers moyens financiers du démarrage. À ceux-là sont venus s'ajouter les nouvelles promotions d'étudiants dont les diverses options Entrepreneurs sont extrêmement fécondes.
- Un ensemble de professionnels de la finance désormais capables d'apporter les capitaux nécessaires aux jeunes entreprises au cours de leur croissance, chacun ayant trouvé sa spécialité dans la

chaîne du financement. Les « business angels », mais aussi les capitaux-risqueurs, maintenant éprouvés par une longue expérience, sont les premières bonnes fées à se pencher sur les projets d'entreprise.

- Un ensemble d'intermédiaires et de conseils qui ont délibérément décidé, depuis quelques années, de s'investir sur un marché jugé désormais porteur.

Mais comment trouver son chemin dans un monde si divers ?

Ce guide de la création d'entreprise apporte un élément de réponse précieux à tous les entrepreneurs déterminés à se donner les moyens de leurs ambitions, en évitant les pièges et faux pas du financement, thème majeur de l'ouvrage.

Les auteurs sont des praticiens qui, non contents d'apporter leurs conseils lors de l'élaboration du plan d'entreprise ont risqué leur propre argent sur certains projets, ce qui leur confère une grande légitimité pour accompagner le lecteur dans cette aventure et le guider d'une main sûre.

Se voulant avant tout utilitaire, l'ouvrage fourmille d'informations détaillées et d'adresses pratiques. Comme pour tous les guides de voyage, une lecture linéaire en serait particulièrement indigeste. Je conseille au lecteur de parcourir les premiers chapitres de l'ouvrage, pour se faire d'abord une idée du « pays », en l'occurrence les acteurs de l'écosystème du financement d'entreprises, leurs motivations, les règles du jeu. Les chapitres plus techniques serviront ensuite de référence, le moment venu.

Enfin, je pense que ce livre dépasse le simple cadre de l'entreprise de haute technologie, qui viserait exclusivement à coter ses actions sur une bourse européenne ou américaine : des sujets, comme la réflexion sur le plan de développement ou l'art et la manière d'aborder les financiers sont en tout état de cause incontournables.

Après tout, l'ascension en montagne obéit à des pratiques intangibles, que ce soit pour une séance d'entraînement en forêt de Fontainebleau ou pour affronter les Grandes Jorasses…

Christian CLEIFTIE

Ancien Directeur Général de Sofinnova et Président fondateur de l'E.V.C.A. (European Venture Capital Association).

AVERTISSEMENT À LA DEUXIÈME ÉDITION

Un ouvrage fortement enrichi

Deux ans après la première édition de ce guide, le moment nous a semblé opportun d'en proposer une version sensiblement augmentée.

Plusieurs chapitres ont été ajoutés sur des thématiques que ne peut ignorer le créateur de start-up : connaissance accrue des bases financières pour maîtriser notamment la croissance, développement de la culture juridique pour renforcer la protection de l'innovateur, familiarisation avec les méthodes d'évaluation du phénomène Internet...

Une autre part des augmentations de l'ouvrage est due à l'actualisation des données : riches d'enseignements (boom du capital-risque français, apparition massive des business angels, des incubateurs, explosion du e-business...), les années 1999 et 2000 esquissent de nouvelles pistes pour la recherche d'opportunités.

Enfin, nous avons renforcé la dimension pratique de l'ouvrage en insérant dans les annexes et le CD-ROM joint à l'ouvrage de nombreux outils pratiques pour le créateur : exemples concrets de business plans commentés, modèles d'aide à la décision en matière de répartition du capital, de maîtrise de la croissance...

Un objectif clair

Ce guide donne des pistes concrètes au lecteur entrepreneur. Il concerne en premier lieu la jeune entreprise innovante, la start-up, qu'elle soit dans le secteur de l'Internet, des technologies de l'information, de la biotechnologie ou des nouveaux matériaux…

L'objectif de l'ouvrage est plus précisément de guider l'entrepreneur dans sa recherche de capitaux. Le chemin est long, en effet, de l'idée technologique au succès industriel, commercial et boursier. Bien des échecs d'entreprises pourraient être évités par une meilleure connaissance des arcanes de l'investissement et de la faune, parfois étrange, qui peuple ces territoires.

À ce titre, nous ne prétendons pas décrire l'ensemble de l'activité de l'investissement en France, mais seulement le financement des jeunes sociétés innovantes de haute technologie.

Nos recommandations sont issues de notre expérience vécue de l'investissement, acquise au fil des années comme conseils en stratégie ; comme conseils auprès de fonds d'investissement, dans le cadre de l'évaluation de dossiers de participation ; comme conseils auprès d'entrepreneurs dans leur recherche de capitaux ; comme créateurs d'entreprises nous-mêmes, confrontés à des financiers ; enfin, comme investisseurs et formateurs.

Cet ouvrage n'est pas une étude académique des métiers de l'investissement, mais bien un guide pratique pour l'entrepreneur, dans lequel nous nous efforçons de présenter les outils, les pièges à éviter, les démarches à suivre.

Nous reconnaissons bien volontiers les limites d'un tel exercice qui, en aucun cas, ne prétend à l'exhaustivité. Les avis donnés dans cet ouvrage n'engagent que l'opinion personnelle des auteurs et n'exonèrent pas le lecteur d'un nécessaire sens critique. Nous nous permettons toutefois de rappeler que les métiers de l'investissement évoluent à grande vitesse, surtout en France et en Europe où nous sommes toujours dans une phase de rattrapage vis-à-vis des pays anglo-saxons. Ce que nous affirmons aujourd'hui n'est plus tout à fait ce que nous disions dans la première édition du présent guide et nous penserons sans doute différemment demain.

Bon voyage…

Olivier Basso
Peter Bieliczky

REMERCIEMENTS

Nous remercions l'ensemble des étudiants et porteurs de projets que nous avons la chance de côtoyer au cours de nos enseignements à l'ESCP-EAP et au Babson College, sans oublier les professionnels, entrepreneurs, investisseurs ou conseils, qui acceptent d'intervenir et de témoigner de leur expérience au sein de nos programmes.

Un coup de chapeau à Olivier Goy (Partech) et Éric Harlé (I-Source) qui nous ont permis d'insérer deux exemples de business plans dans les annexes de ce livre. Qu'ils soient ici une nouvelle fois remerciés pour la confiance qu'ils nous ont témoignée.

Nous n'oublions pas les lecteurs (ou collaborateurs) du manuscrit de cette seconde édition : Marc Bradford, Christian Cleiftie, Guillaume Couadau, Pierre Olivier Martinez, Jean-Luc Perdriel, Belén Bieliczky, Odile Renaud, Jean-François Gallouin, Nicolas Boulay, Philippe Laurier, Gilbert Moulinier, Joël Saingré, Stéphane Gérard, Christophe Basso, Nicolas Fiorini, Olivier Goy, Catherine Blondel, Christine Nora, Jacques-Olivier Martin, Michel Pezzulo, Yves Renaud, Joël Saingré, Thomas Kerting, Christophe Audicq, Christophe Thibierge, Audrey Eeckhout, Jean-Christophe Beau, Renan Bourgois, Marc Bolh.

Nous remercions notamment Renaud Ploquin et Bérine Pharaon, pour leurs remarques pertinentes.

1

SE CONNAÎTRE ET ÉVALUER LES COÛTS ET BÉNÉFICES PERSONNELS LIÉS À SON PROJET

La question cruciale qu'affronte celui qui envisage de se lancer dans la création d'une entreprise est simple à formuler : « Suis-je capable de franchir le pas ? Vais-je me décider à quitter une existence confortable pour affronter l'inconnu ? »

Nombreux sont ceux qui se jettent dans la bataille sans avoir réellement réfléchi ni aux enjeux, ni à ce qu'ils sont réellement prêts à perdre pour devenir entrepreneur.

L'objet de ce chapitre est donc de les aider à réfléchir sur leur démarche pour :

- identifier les risques dès le départ ;
- en maîtriser davantage les conséquences ;
- se donner les moyens de les minimiser.

Il ne s'agit pas ici de rationaliser le passage à l'acte, plutôt d'éprouver la solidité de ses motivations et éviter certaines désillusions : créer, c'est se lancer dans une aventure dont l'issue n'est pas prévisible *a priori*. Cependant, il était possible pour nombre de projets de savoir à l'avance qu'ils allaient échouer…

Il s'agit d'abord d'aider le futur créateur à mieux se connaître et à cerner les conséquences de la création d'entreprise sur l'espace de sa vie personnelle. Nous proposons ensuite quelques outils pratiques avant de mettre en perspective les enjeux financiers du choix de l'entrepreneuriat...

Connais-toi toi-même

Le premier travail du créateur[2] sera de cerner les motivations profondes qui le poussent à se lancer dans l'aventure. Si cet éclaircissement salutaire ne se fait pas avant le passage à l'acte, le retour au réel risque d'être très douloureux.

Les investisseurs capitaux-risqueurs accordent une importance croissante aux profils psychologiques du créateur et de son équipe, pour comprendre les ressorts qui les animent. Ainsi, un chef d'entreprise qui ne rêve que de céder ses parts *(cash out)* à une entreprise à forte croissance *(high growth company)* pour prendre sa retraite à Hawaii aura une stratégie de croissance totalement différente de celle d'un entrepreneur dont l'idéal est de porter un projet industriel à long terme et de créer un nouvel IBM *(foundation firm)*...

Trois types de projets d'entreprise

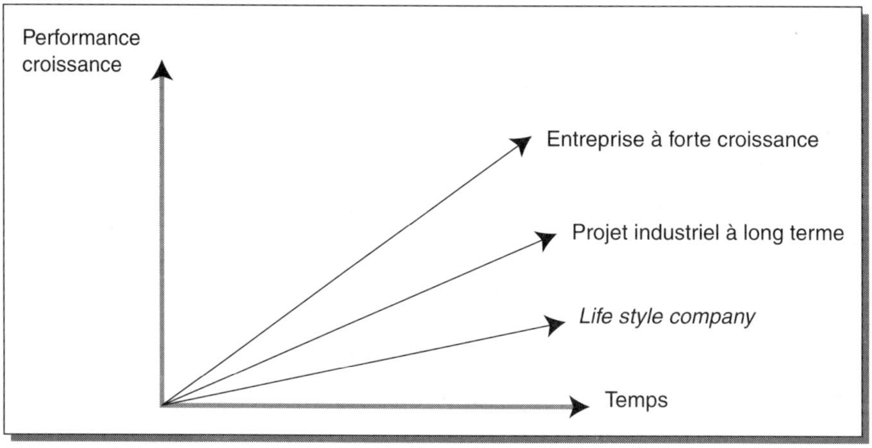

De la même manière, le créateur peut avoir en tête le projet d'une *life-style company*. Il s'agit alors pour lui de créer son propre emploi, d'acquérir son indépendance ou de bâtir autour de lui un environnement de travail agréable sans pour autant ambitionner de fonder une société à forte croissance. Il est essentiel ici de ne pas se tromper de projet...

Life style company or high growth venture ? Les investisseurs qui parient sur vous investissent dans un projet à forte ambition. Ne les séduisez pas sur la base d'un projet qui ne correspondrait pas à vos motivations profondes.

Définir son projet personnel

Définissez vos motivations en les classant par ordre décroissant : ceci vous permettra de mieux discerner les ressorts de votre comportement et de vérifier systématiquement si vos décisions sont bien en accord avec vos aspirations.

Pourquoi voulez-vous créer une entreprise ?

- Pour devenir riche ?
- Pour réaliser un vieux rêve ? Lequel ? Pourquoi avoir attendu si longtemps ?
- Pour gagner une certaine reconnaissance sociale ?
- Pour devenir votre propre patron ?
- Pour créer un empire sur lequel le soleil ne se couche jamais ?
- Pour ensuite le revendre ?
- Pour le léguer en patrimoine à vos enfants pour qu'ils reprennent le flambeau ?
- Pour faire comme tout le monde[3] ?

Clarifiez ces motivations pour évaluer ensuite le rapport entre les risques qui seront encourus et le *return* attendu de cette prise de risque.

Prendre conscience de son système de valeurs

C'est le temps de l'exercice d'introspection. Une démarche classique pour y parvenir : s'enfermer une heure dans une pièce et lister par écrit les principes auxquels vous ne voulez pas déroger. Qu'est-ce qui constitue à vos yeux la valeur de l'existence ? Cette liste minimale (trois ou quatre éléments) devrait vous servir de guide dans vos pérégrinations dans le monde des affaires : y déroger impliquerait une remise en cause fondamentale de vos choix de vie.

Si vous sacrifiez à vos ambitions l'un des éléments de cette liste, vous risquez de « perdre votre âme » en altérant votre équilibre spirituel… car pour atteindre vos objectifs, vous allez sacrifier un certain nombre de choses auxquelles vous tenez également.

La presse d'opinion et la presse people exaltent de plus en plus la réussite matérielle de tel ou tel entrepreneur médiatique qui est parvenu en quelques années à former un patrimoine personnel conséquent. Attention ! La seule perspective de faire fortune facilement ne saurait constituer votre ressort d'action principal : vous courez le double risque de vous décourager vite (créer n'est pas chose facile) et d'échouer dans votre entreprise, si vous n'êtes pas animé par une réelle vision (« On ne se réveille pas en pleine nuit parce que l'on veut gagner un million de dollars ! »[4]).

La création d'entreprise est une véritable transformation de votre vie : vous en sortirez profondément modifié, dans votre comportement, vos habitudes de pensée, votre système de valeurs. Ce n'est pas une décision neutre : elle affectera fortement votre vie. Créer une entreprise constitue un choix de vie très contraignant, au moins durant deux ou trois ans.

Avant de se lancer dans la création d'entreprise, posez-vous quelques questions sur votre propre condition matérielle : Quel est le degré d'aisance auquel vous êtes accoutumé ? Quel est le niveau réel de confort minimal dans lequel vous accepteriez de vivre ?

On ne compte plus ceux qui ont abandonné leur projet en cours de route pour avoir mal évalué cette dimension. Lors du lancement, il y a toujours une phase difficile où l'entrepreneur doit financer sur ses économies *(bootstrapping)* le démarrage de sa société : le « régime Domino Pizza » est alors souvent de rigueur car la frugalité est un élément clé de succès lors des débuts.

Voici quelques interrogations supplémentaires à éclaircir :

- Suis-je prêt à consacrer ma semaine et mes week-ends au lancement de ma société pendant les deux premières années au moins de son existence ?
- À diviser par deux mon salaire ?
- À me passer de secrétaire ?
- À faire moi-même ma comptabilité pendant quelque temps ?
- Et ce, pour combien de temps ?

Réussir à s'évaluer sur ces points implique de bien s'observer.

Conseils à l'étudiant

Nous avions coutume de dire que c'est juste après ses études qu'il est opportun de lancer son entreprise ou de rejoindre un projet de création. Nous nuancerions aujourd'hui cette affirmation sur les points suivants : certains sont prêts à se lancer depuis leur entrée dans l'enseignement supérieur. Pour ces derniers, il n'est nul besoin d'attendre ; se confronter directement à la réalité est un excellent entraînement. D'autres appartiennent à la catégorie des créateurs timides[5] : nous leur conseillons de rejoindre une start-up (de préférence après un premier tour de table réussi) pour travailler dans un environnement déjà un peu structuré et s'imprégner de la dynamique entrepreneuriale.

Plus vous attendez (pour gagner de l'expérience, faire des économies...), plus votre capacité d'endurer un certain niveau d'inconfort décroît : ce n'est pas lorsque l'on a passé trois ans dans un cabinet de conseil en stratégie en étant payé 350 kF bruts par an au minimum et en étant devenu très bon dans sa partie à savoir en conseil en stratégie, que l'on se lance dans la création *ex nihilo* d'une entreprise de haute technologie ! Bien sûr, la situation des start-up en France, qui lèvent des montants très importants, a convaincu de nombreux consultants de quitter leur emploi pour rejoindre les futures IPO dot-com. Le réveil est parfois difficile, une fois passée l'euphorie boursière...[6] Le temps de la frugalité est de retour et les somptueuses dépenses des employés de feu Boo.com appartiennent déjà à un passé révolu.

La seule exception à cette règle pour les étudiants, c'est d'avoir une première idée du secteur visé : se faire embaucher sur le terrain permet d'apprendre réellement sur le tas, en situation intrapreneuriale... Le futur créateur apprend alors avec l'argent des autres[7], il descend sa courbe d'expérience en économisant du temps et du capital. D'autre part, il peut se constituer une expertise technique, un réseau de contacts utiles et un portefeuille de futurs clients potentiels qu'il pourra par la suite utilement valoriser.

Enfin (situation plus rare chez les étudiants), ce n'est pas lorsque l'on a trois enfants à charge et les traites de la maison à payer qu'on se lance inconsidérément dans la création d'entreprise ainsi que doit le révéler l'examen du point mort personnel (*cf. infra*).

Faire le bilan de ses forces et de ses faiblesses

Il s'agit de définir, d'une part, son profil psychologique et, d'autre part, d'effectuer le bilan de ses compétences.

> Sur le plan psychologique, il n'y a pas de profil type de l'entrepreneur.

En revanche, il y a des traits de comportement qui ne se retrouvent jamais chez un entrepreneur : si vous êtes plutôt dénué du sens de l'initiative, si vous aimez le confort et la continuité, il y a peu de chances pour que vous soyez vraiment à l'aise dans le rôle de l'entrepreneur. Nous vous déconseillerons alors de vous lancer dans cette aventure. De la même manière, les nombreuses études psychologiques menées sur ce thème révèlent les constantes suivantes dans la personnalité de l'entrepreneur.

Quatre caractéristiques d'un profil entrepreneur

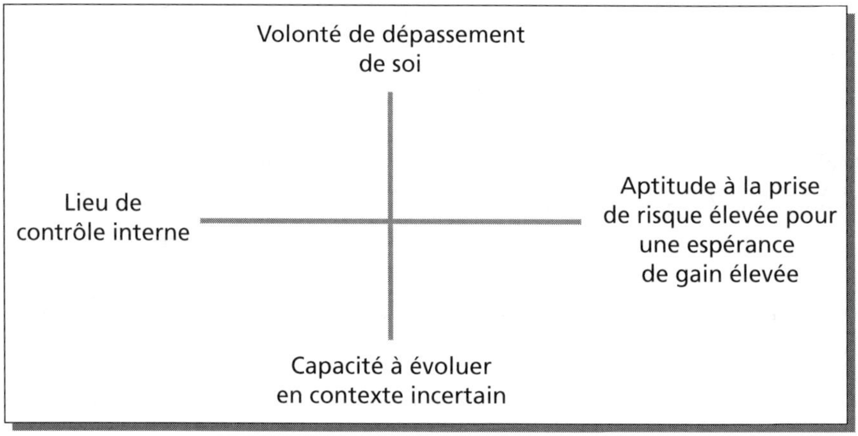

1. Il est souvent animé d'une volonté de dépassement de soi (*need for achievement*) : son énergie, son désir d'aller toujours de l'avant semblent inépuisables.
2. Il est sensible aux défis associant une forte prise de risque et une forte rentabilité : l'entrepreneur n'aime pas le risque en soi, il veut au contraire que l'enjeu et les retombées possibles soient à la hauteur de sa prise de risque.
3. Il ne craint pas d'évoluer dans un contexte de grande incertitude : la start-up par définition est en cours de construction et son environnement est structurellement changeant. L'entrepreneur

accepte de ne pas maîtriser l'ensemble des paramètres, mais affirme sa capacité à bâtir quelque chose de nouveau à partir de rien.

4. Enfin, il assume et revendique la paternité des actes qui affectent la start-up : les psychologues parlent alors d'un fort *locus* de contrôle interne présent chez l'entrepreneur. Quelle que soit l'issue, l'entrepreneur ne rejettera pas la faute sur les autres membres de l'équipe ou sur l'environnement concurrentiel[8], mais s'attachera à faire face et à résoudre le problème en le considérant comme sien. L'entrepreneur ne cherchera pas d'explication ou de cause à ses problèmes hors de son champ de maîtrise.

Le travail d'analyse pour le créateur qui s'interroge doit porter sur les questions suivantes :

- Quels sont les traits dominants de ma personnalité ?
- Suis-je créatif ?
- Attentif aux détails concrets ?
- Introverti ?
- Apte au changement ?
- …

Une aide précieuse est fournie par la méthode du MBTI (très répandue aux États-Unis) : cette approche, dérivée de la psychanalyse jungienne, fournit quelques outils pratiques pour établir un diagnostic de ses manières de penser, sentir… À recommander à tous ceux qui ont toujours été méfiants vis-à-vis de la psychologie[9]. Cette méthode est non normative : elle n'indique pas de profil idéal mais dessine les forces de votre caractère. Elle permet notamment de comprendre pourquoi il est plus aisé pour un individu donné de travailler avec tel type de personne et non avec tel autre.

Pour définir votre bilan de forces et de faiblesses en matière de compétences techniques, le plus aisé est de construire un tableau à deux colonnes.

Dans la première colonne, inscrivez vos compétences, c'est-à-dire les savoir-faire que vous pourriez commercialiser comme une prestation indépendante. Pour structurer cette liste, prenez en compte les différentes fonctions de l'entreprise : finance, commercial, production, marketing…

Il s'agit ici de fixer le niveau de votre capital de compétences vivantes : l'ensemble des savoirs et des pratiques que vous maîtrisez et que vous pouvez mettre en œuvre seul. À chaque fois, vous devez répondre avec sincérité et indiquer l'origine de ce savoir (expérience passée dans telle ou telle entreprise…).

Cela vous permet ensuite de remplir la seconde colonne et de situer vos faiblesses : êtes-vous nul en finance, médiocre en marketing, ignorant en droit des affaires… ?

Tout cela se révélera fort utile, quand vous examinerez avec précision votre projet d'entreprise, pour définir les profils des autres personnes qu'il vous faudra recruter, comme associés ou comme salariés, ou encore comme experts avec lesquels travailler plus tard sur une base d'honoraires.

Il est bon de connaître, suffisamment tôt dans le processus, quelles sont vos forces et vos faiblesses pour mieux construire et manager votre projet.

Enfin, vous devez avoir éclairci votre propre sensibilité au rapport risque/rentabilité :

- Quel est votre comportement habituel ?
- Êtes-vous un joueur ?
- Êtes-vous au contraire totalement réfractaire à toute prise de risque (*risk averse*) ?
- Avez-vous déjà pris des risques ? Lesquels ?
- Quels avaient été les critères qui vous avaient conduit à faire ces choix ?
- Pouvez-vous les répertorier et les appliquer à votre propre projet de création ?

Prévoir les conséquences

La création d'entreprise est un choix fondamental qui aura un impact fort sur l'organisation de votre vie professionnelle, personnelle et familiale.

La solitude de l'entrepreneur

La création d'entreprise est le plus souvent un exercice solitaire, bien qu'il existe des cas célèbres de « couples » ayant réussi dans ce domaine, comme les fondateurs d'Accor (Dubrule et Pelisson).

Le chef d'entreprise est sans cesse confronté à l'exercice de sa responsabilité : faire face aux difficultés, prendre les décisions finales, tenir le coup... L'entreprise est une expérience individuelle redoutable et, comme on sait, les conseilleurs ne sont pas les payeurs. C'est d'ailleurs l'une des grandes raisons pour lesquelles on trouve peu d'entrepreneurs parmi les cadres de grands groupes, pris dans les rets des logiques politiques et sous la pression constante d'une rentabilité immédiate. La récente vague de départs, due à la ruée vers l'or du Net ne doit pas faire illusion... Les grandes entreprises recherchent d'ailleurs intensément les profils entrepreneuriaux révélés par une expérience start-up pour développer leurs nouveaux marchés (e-business,...).

La peur est en effet le sentiment dominant que doit apprendre à maîtriser l'entrepreneur.

Après la publication d'un article intitulé « Entrepreneurial Terror (*Starting a company ? Get ready for the most terrifying experience of your life*) », paru en 1987[10] dans la revue américaine *Inc.*, la rédaction du journal reçut un abondant courrier d'entrepreneurs témoignant sur le sentiment de peur avec lequel doit vivre constamment un entrepreneur à la tête de son entreprise.

> Voici quelques extraits de ce texte remarquable, écrit par Wilson Harrell :
>
> *« Je voudrais adresser quelques mots à ceux des lecteurs qui, jeunes ou moins jeunes, sont en train de créer leur propre entreprise. Ce faisant, vous avez rejoint une organisation très spéciale. L'admission est automatique, (...), la période probatoire n'est jamais achevée. Bienvenue au club de la Terreur.*
>
> *J'ai moi-même été membre de ce club, et j'ai connu cette terreur durant environ 35 ans. Je peux assurer que c'est quelque chose qui n'est comparable à aucun des sentiments que vous avez pu éprouver auparavant (...).*
>
> *Maintenant je prends conscience du fait que c'est quelque chose pour laquelle vous n'avez pas signé de lettre d'engagement lorsque vous avez lancé votre société. La terreur est quelque chose à laquelle les entrepreneurs ne s'attendent*

pas, à laquelle ils ne peuvent échapper et pour laquelle il n'y a aucune préparation possible. »

L'auteur développe son propos et ajoute : « *Vous devez au moins savoir que vous n'êtes pas seul - loin de là. Nous sommes tout un groupe à vivre avec le même monstre. Et vous pouvez vous réconforter en sachant que la terreur est une part intégrale et nécessaire de n'importe quelle activité lancée par n'importe qui, n'importe où, et à n'importe quel moment.*

Ce qui signifie que pour chaque entreprise en activité, il y a, ou il y a eu, une pauvre âme pour porter la croix de la terreur pour le compte et l'avantage de toutes les personnes qui en ont bénéficié. Que leur nom ait été Monsieur Kraft, Pillsbury, Ford... ils ont tous signé avec le diable et rejoint le club.

Ma croyance personnelle c'est que la capacité à maîtriser sa terreur, à vivre avec elle est l'unique et crucial ingrédient du succès entrepreneurial. »

Ce sentiment, l'entrepreneur ne pourra réellement le partager avec personne dans son entourage familial. En ce sens, l'entrepreneur est seul et c'est sa détermination et sa résistance qui lui permettront de soutenir le combat.

L'entrepreneur qui réussit est donc un mélange d'optimisme et de ténacité.

À ce titre, il est crucial d'avoir également réfléchi à deux ou trois questions essentielles avant de vous jeter tête baissée dans cette aventure. Ainsi, il faut avoir, autant que faire se peut, intégré trois éléments fondamentaux : la dimension familiale, votre point mort personnel et votre appréciation des risques.

Choisir sa vie familiale

Quand l'entrepreneur se lance dans l'aventure, tout son entourage vit au rythme de sa passion : la création d'une nouvelle société est un acte qui exige une très forte dépense d'énergie. Il s'agit de créer *ex nihilo* et d'être capable, dans une mobilisation de tous les instants, de veiller au moindre détail pratique. La jeune entreprise demande un soin extrême dans les premières années de son existence : le moindre grain de sable peut réduire tous les efforts entrepris pour la création. En ce sens, le management d'une jeune entreprise est bien le mouvement d'une création continue. La création est une aventure génératrice de stress : il faut se battre pour gagner ses clients, convaincre le banquier et négocier favorablement avec ses fournisseurs. La confiance est à ce prix.

Pour le futur entrepreneur vivant en couple, la décision de créer une entreprise doit se prendre à deux. En effet, le conjoint devra assurer un double support à l'entrepreneur : au sens psychologique du terme, car vivre avec un entrepreneur c'est accepter de vivre à trois, en comptant l'entreprise ; au sens économique du terme, car c'est aussi souvent décider de conserver dans le couple une source de revenus stables pour préserver un minimum financier.

On ne compte plus les entrepreneurs divorcés, qui ont tout sacrifié pour leur entreprise. Réfléchissez donc à deux fois avant de passer outre...

Le succès est souvent long à venir : la jeune entreprise oscille longtemps entre le succès et l'échec. C'est le passage par cette zone d'incertitude, où l'on ne sait plus si l'on est dans l'échec ou le succès, qui est le plus dur à vivre. C'est à ce moment que l'entrepreneur qui doute a le plus besoin du soutien de son entourage.

Le temps passé sans compter, les week-ends sacrifiés et les vacances remises en cause au dernier moment affaiblissent le couple ou la cellule familiale : le conflit entre le bien-être de la famille et la nécessité de mettre toutes les chances de son côté ne peut qu'aller croissant dans la majeure partie des cas.

Pour cette raison, nous ne saurions trop conseiller aux entrepreneurs, hommes ou femmes, de peser avec leur conjoint la décision de créer une entreprise.

Les périodes de vaches maigres mettent durement le couple à l'épreuve : il faut mettre en œuvre une réelle alliance au sein de la famille pour tenir le choc. Seule l'existence d'un contrat moral clair au sein du couple peut renforcer sa solidité dans les moments durs.

Pour cette raison, l'entrepreneur devra avoir analysé précisément son point mort personnel et simulé soigneusement les variations possibles de ses revenus pour définir ses seuils minimaux.

Déterminer son point mort personnel

La détermination du point mort permet de définir avec précision le montant minimal de revenus dont vous avez besoin pour assurer le minimum vital. Pour ce faire, il est pratique de bâtir un véritable

« compte de résultat personnel » : d'un côté, quelles sont les dépenses inévitables que vous devez chaque année engager, de l'autre, quelles sont les entrées sur lesquelles vous pouvez compter ?

Dans les flux sortants, vous comptabiliserez les éléments listés ci-après.

Quels sont les éléments de la détermination du point mort personnel ?

- loyer ;
- taxe d'habitation ;
- assurances : auto, incendie… ;
- montant de vos charges à acquitter : électricité, eau, téléphone… ;
- montant de vos dépenses d'alimentation ;
- montant des dépenses consacrées à l'habillement ;
- remboursement annuel des engagements de crédits (intérêts et principal) pour votre voiture, votre appartement… ;
- montant des impôts à acquitter sur les revenus de l'année passée (souvent oublié dans l'euphorie de la création) ;
- budget loisirs, que vous ne pouvez réduire à zéro.

Bien entendu, à ces dépenses classiques peuvent s'ajouter celles liées à la charge d'une famille. C'est par rapport à ce compte de résultat personnel ou familial qu'il est raisonnable d'estimer les rentrées possibles. Un trop grand décalage entre votre train de vie habituel et ce point mort minimal est de mauvais augure. On a rarement vu des individus capables de réduire sensiblement leur train de vie sans le ressentir comme une régression et une déchéance sociale.

Mesurer ses risques

S'engager dans l'aventure de la création d'entreprise comporte des risques qu'il faut savoir correctement évaluer pour se jeter à l'eau en ayant une petite idée des conséquences en cas d'échec total.

Les questions clés à résoudre :

- Combien de temps puis-je tenir financièrement sans percevoir de salaire ?
- À partir de quelle période, vais-je me retrouver dans les pires difficultés si je ne parviens pas à me rémunérer par mon activité ?
- Suis-je prêt maintenant à ne plus travailler pour un groupe prestigieux ?
- Pourrai-je affronter ce déficit d'image, de reconnaissance ? Je ne serai plus le brillant manager du groupe Lagardère mais l'obscur créateur d'une micro-entreprise, sise dans un garage de banlieue et exploitant avec peine un produit aux vertus aussi confidentielles qu'incompréhensibles.
- Votre ego peut-il le supporter ?
- Comment minimiser ces risques ?

Pour y voir plus clair, distinguons deux cas de figures : le salarié d'une entreprise, le créateur qui se lance à partir de rien, après ses études ou après une situation de chômage.

Cas n° 1 : le salarié

Si vous êtes déjà salarié d'une entreprise, que vous pensez quitter pour développer votre idée, plusieurs voies s'offrent à vous.

La démission sèche. Vous perdez alors tout, l'assurance d'un revenu régulier sans, la plupart du temps, avoir déjà créé un salaire de substitution. Vous ne touchez aucune indemnité de départ, vous avez choisi la rupture brutale et vous affrontez l'inconnu.

Vous courez le risque que votre ancien employeur ne vous attaque :

- pour être parti sans préavis ;
- pour avoir monté une activité concurrente au mépris de votre contrat de travail, qui stipule que vous devez rester un certain nombre d'années hors du secteur avant d'y exercer à nouveau ;
- pour avoir monté une activité à partir d'un brevet ou d'un procédé que vous avez développé dans le cadre de vos activités rémunérées et dont votre employeur revendique la propriété. Dans tous ces cas de figure, il nous paraît essentiel de prendre votre décision en accord avec un avocat.

Le départ progressif. Vous négociez avec votre employeur pour passer progressivement d'un plein temps à un 80 % voire à un 50 %, qui vous permet de monter petit à petit en charge et de quitter l'entreprise au moment où votre nouvelle activité peut vous assurer un revenu minimum décent.

Le départ négocié. Votre projet de création de firme rejoint partiellement les intérêts de votre ancien employeur : vous parvenez à conclure avec lui un contrat minimum d'achat de prestations *(take or pay)* qui assure le point mort de votre activité durant les premiers mois, voire plus. Éventuellement vous associez minoritairement votre ancien employeur au capital et vous profitez d'une logique d'essaimage.

T. Sqware est un bel exemple d'essaimage. Mais sa gestation n'a pas été un long fleuve tranquille. « L'idée d'une spin-off s'est imposée progressivement. Il a fallu convaincre le groupe qu'il y trouverait son intérêt. Si je n'avais pas été à ce poste, cela aurait été bien plus difficile », explique Michel Desbard, ancien président de Matra MHS. En avril 1996, l'entreprise sort un produit qui permet d'augmenter la vitesse de débit des équipements de réseaux, une première mondiale. Mais il faut encore deux ans de gros investissements. Finalement, en échange de l'apport de ce projet, le groupe reçoit 15 % de la nouvelle société. Il valorise ainsi une diversification décidée en 1992, avec le lancement d'une activité de recherche et développement en matière de micro-processeur 32 bits.

Michel Desbard avait auparavant fait venir Alain Fanet, un ancien de l'Inria au profil technico-marketing affirmé, bientôt rejoint par César Douaby, autre homme clé de l'aventure. « Seul un grand groupe pouvait assumer la décision stratégique de développer ce projet. Mais il a fallu en quelque sorte créer une entreprise dans l'entreprise », explique Alain Fanet. Car l'appartenance à une grande structure provoque de nombreux obstacles (lenteur des processus de décision, fractionnement des investissements…). Mais une fois la scission décidée, il ne s'est écoulé que deux mois et demi entre les premiers contacts et la signature avec les investisseurs en capital-risque, parmi lesquels Sofinnova. T. Sqware a déjà levé 11 millions de dollars de capital, et vise une introduction en bourse à la mi-1999.

Cas n°2 : le créateur ex nihilo

L'étudiant. Vous êtes étudiant et achevez vos études. En ce cas, cette expérience sera la plus belle ligne sur votre CV si vous échouez. Si vous réussissez, vous n'aurez plus jamais besoin d'écrire un CV !

Le risque pris est quasi nul au regard du retour sur investissement attendu d'une telle décision. Dans le pire des cas, vous entrerez dans un grand groupe auréolé de la gloire d'avoir pris le risque de se lancer dans l'aventure sans rentrer directement, comme les autres, par les premiers échelons. Dans le cadre de leur programme de *corporate venture,* les entreprises dynamiques recherchent en effet de plus en plus ces profils de futurs intrapreneurs[11].

Plus intéressant, beaucoup de créateurs ont véritablement lancé leur entreprise avec succès à la fin d'une première expérience de création. C'est ce que l'on appelle la « théorie du corridor » : c'est une fois que l'on est engagé dans le couloir de la création que l'on peut entrevoir d'autres opportunités très attractives que l'on ne percevait pas auparavant.

Le chômeur[12]**.** La plupart des aides ont été supprimées ; il s'agira donc pour le créateur de son propre emploi de monter progressivement en puissance en bénéficiant des Assedic.

Les outils du bilan personnel : l'auto-évaluation

Voici quelques outils simples qui vont vous permettre de mieux cerner votre profil d'entrepreneur.

Trois outils pratiques pour s'auto-évaluer

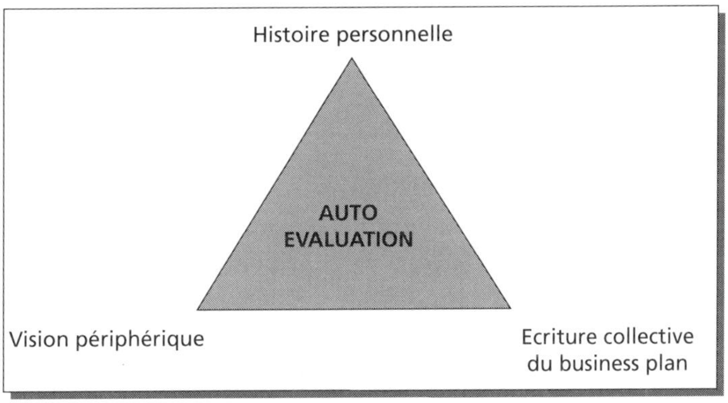

Premier outil : relire sa propre histoire

C'est ce que font systématiquement les chasseurs de têtes. Ils cherchent à voir dans quelle mesure votre passé vous a correctement armé par rapport à votre projet.

Quelques questions types à résoudre :

- Quelles sont les expériences qui ont compté dans votre vie ? Pourquoi ?
- Décrivez vos trois plus beaux succès ? Quelles leçons en tirez-vous ?
- Citez un exemple où vous avez fait preuve de confiance en vous pour prendre un risque bien calculé.
- Quels challenges personnels vous imposez-vous ?
- …

L'entrepreneur doit faire l'effort de mettre par écrit les réponses à ces questions et veiller à ne pas se raconter d'histoires.

Deuxième outil : la vision périphérique (le 360° du pauvre)

Il s'agit d'obtenir l'avis de votre entourage sur vous-même et de dégager ainsi plusieurs portraits pour en isoler les traits communs.

Quelques questions types à résoudre :

- Que pense votre famille, votre entourage de votre profil psychologique ?
- Comment êtes-vous perçu sur le plan pratique, affectif... ?
- Quels sont vos trois plus grands défauts ?
- Vos trois plus grandes qualités ?
- Est-ce un plus par rapport à votre projet ?
- Y a-t-il des handicaps énormes à surmonter ?

Le meilleur moyen de tirer profit de cette approche distanciée, c'est de compléter le tour de piste du proche entourage par une confrontation sans concession avec les gens avec qui vous avez eu l'occasion de travailler : déchargés des obligations sociales de discrétion, de diplomatie…, ils peuvent apporter un éclairage tranché sur vos qualités et défauts que le cercle de vos proches hésitera parfois à apporter.

Attention ! Il ne s'agit pas de demander directement leur opinion à ces personnes sur votre capacité d'entrepreneur[13], mais de cerner votre profil psychologique.

Le succès c'est toujours 1 % de chance et 99 % de travail acharné. L'obstination dans l'effort est un réel facteur de succès, comme en témoignent de nombreux exemples. Est-ce un trait de votre caractère ?

Ode aux têtes de mule

Extrait d'un article de Jean-Louis Gassée, *Libération-Chroniques* (17 juillet 1999).

« Né à l'époque de grande popularité des premiers assistants numériques, les PDA, la première création du Palm en partage les malheurs, les espoirs déçus de la reconnaissance de l'écriture, malheurs aggravés par des rapports frustrants avec Sharp et Casio qui fabriquaient le produit sous licence. Devant l'échec, les fondateurs veulent continuer, sortir un produit amélioré. Les actionnaires – les venture capitalists – résistent. Pire encore, en violation du sens commun le plus « évident », Donna suggère de se lancer dans la fabrication du matériel au lieu de licencier à de respectables industriels japonais ou taiwanais.

Atterrés, les VC tirent la chaîne, Palm est vendue à US Robotics, fabricant de modems qui cherche à se diversifier. Heureusement, l'acquéreur achète aussi la stratégie, US Robotics sait fabriquer économiquement en très grande série et, tout aussi important, entretenir une relation musclée avec la distribution. Les fondateurs, toujours aussi obstinés et créatifs, amènent leurs mères à une conférence professionnelle. L'idée est de prouver aux experts échaudés par les échecs du Newton, de General Magic, du tandem Go/Eo, de Momenta, du Winpad et du Zoomer que cette fois-ci, « même votre mère saura se servir du Pilot, d'ailleurs j'ai amené la mienne ». Et c'est à cette occasion que j'ai fait la connaissance des mamans de Donna, de Jeff et d'Ed Colligan, le patron du marketing, frère de PDG de Macromedia. Gros succès, les mères étaient aussi fières de leurs enfants que ceux-ci de leur produit.

La suite est connue, le million et demi de Palm Pilot vendus. Mais prouvant que ni les épreuves, ni le succès n'avaient entamé leur énergie, Donna et Jeff quittent le nid douillet de 3Com pour fonder une nouvelle entreprise chargée de développer des produits basés sur le Pilot. Sans leur obstination, leur refus de se plier à la mode politiquement correcte du moment, leur flair pour trouver un foyer d'adoption pour leur bébé, sans ce que les gens qu'ils gênaient ont sûrement appelé leur mauvais caractère, nous n'aurions aujourd'hui ni Palm Pilot ni peut-être ce que Microsoft appelle élégamment un « Palm-size PC ».

Voici la manière classique dont va procéder un *business angel* pour évaluer la crédibilité du parfait inconnu, vous-même, qui venez lui demander d'investir dans votre projet :

- Il exigera des références. Dans son plan d'affaires (business plan), l'entrepreneur aura au moins fait figurer un CV détaillé.
- Il vous demandera de lui communiquer les noms de quelques personnes dont vous pouvez vous recommander. Il vérifiera que figurent parmi elles vos supérieurs hiérarchiques dans les sociétés où vous avez été employé. Il les contactera pour connaître leur appréciation. Si vous n'en êtes pas à votre première création d'entreprise, la même démarche peut s'appliquer à vos anciens fournisseurs et clients. Rappelons que dans certains cas, les VC *(venture capitalists)* demandent aux personnes que vous indiquez comme références d'indiquer à leur tour trois personnes vous connaissant, et ainsi de suite pour éliminer tout biais affectif.
- Il interrogera les premiers clients. Si votre entreprise a amorcé son activité, il contactera vos premiers clients pour savoir ce qu'ils pensent du produit et de votre style. Il le fera même si l'activité de l'entreprise n'est encore qu'embryonnaire. Ces premiers clients auront eu affaire à vous et leurs réflexions nourriront utilement la décision de votre investisseur potentiel.

Troisième outil : l'expérience collective d'écriture d'un business plan

La démarche individuelle d'auto-évaluation est également un excellent moyen de définir les qualités attendues des autres associés qui viendront constituer l'équipe de direction de la start-up.

Analyser les savoir-faire et les capacités du fondateur et des autres membres de l'équipe est particulièrement important pour répondre aux questions suivantes :

- Est-ce que le créateur principal possède des compétences clés en finance et en marketing ?
- Quelles compétences et savoir-faire sont nécessaires pour compléter le profil du créateur ?
- Est-ce que le créateur est perçu comme un entrepreneur solitaire ou un animateur (*team leader*) ?
- Est-ce que le créateur sait se projeter à 3 ou 5 ans ?

Les raisons de l'échec d'une équipe peuvent être multiples : désintéressement croissant de certains membres après le moment d'euphorie initial, parité initiale des fondateurs au niveau capitalistique alors que les apports subséquents se révèlent être très inégaux, différence forte d'investissement psychologique, désaccord sur les buts et incompatibilité de valeurs…

Autant de chausse-trappes qui plaident en faveur d'un réel exercice individuel et collectif d'évaluation des compétences et aspirations de chacun.

L'écriture en commun du business plan constituera alors un très bon test. Cet exercice de formalisation est difficile. S'il est réalisé en commun, il permet de confronter les visions et ambitions de chacun, d'évaluer les différences de comportement, d'identifier les éventuels points de divergences, de vérifier aussi la réalité des compétences de chacun. En ce sens, la rédaction partagée de ce document engage les responsabilités de chacun et permet réellement de confronter les visions communes ou non du business. Ce business plan pourra avoir été précédé ou complété (selon les cas) d'une charte des valeurs et principes partagés[14], consignés par les fondateurs.

L'assurance d'une forte implication de soi-même et de l'équipe est particulièrement importante dans un acte de création collectif. Elle devient cruciale lorsque l'on opère, en outre, dans des secteurs de haute technologie, soumis à de nombreuses incertitudes.

Les coûts personnels associés à la création d'une start-up

En comparaison d'un emploi comme manager au sein de la division d'un grand groupe, les membres d'une équipe de start-up devront gérer les problèmes suivants.

- Une augmentation du niveau général de stress : la probabilité d'un *burn out*[15] et les ruptures de liens familiaux et d'amitiés s'accroissent.
- L'implication personnelle au-delà de la sphère professionnelle : l'engagement dans une start-up requiert de longues journées de travail et autorise peu de vacances.
- La nécessité de se débrouiller seul : vous devez désormais faire tout par vous-même et ne pouvez plus espérer déléguer les « petites choses ».
- La contrainte d'un reporting : les fondateurs doivent rapporter à leurs investisseurs et au conseil d'administration. Ces rencontres sont psychologiquement difficiles et exigent une préparation importante.
- L'absence de temps pour se soucier de sa santé : le temps libre n'étant plus disponible, l'opportunité de faire du sport, de surveiller son alimentation décroît.
- Un accroissement général de la pression psychologique : sous l'effet de la pression, très forte, les points faibles en termes de personnalités se révèlent et peuvent affecter violemment l'entourage professionnel et familial.
- Une augmentation du sentiment d'urgence pour décider vite et bien : les décisions des fondateurs affectent directement et en temps réel le petit groupe des personnes impliquées.
- Une conscience accrue du risque d'échec : la prise de risque personnelle est plus grande en étant associée à une probabilité plus forte d'échec.

Le retour financier potentiel

Entrer dans l'aventure d'une start-up est, comme nous l'avons vu, chose risquée. Quel est le salaire de la peur ? Rappelons cette évidence : à la prise de risque doit correspondre une récompense attractive.

Le retour sur investissement doit être à la hauteur de l'enjeu. C'est pourquoi la question de la part de capital *(equity)* que vous détiendrez en bout de course est l'un des points essentiels de l'aventure start-up.

Voici quelques exemples américains (source : Saratoga Venture Finance)[16] :

Société	Part de capital détenu par le fondateur après IPO[17] (en %)	Valeur lors de l'IPO (en M$)	Part de capital détenu par les salariés hors fondateurs après IPO (en %)	Valeur lors de l'IPO (en M$)	Part de capital détenu par le CEO[18] après IPO (en %)	Valeur lors de l'IPO (en M$)
Chips and Technologies	8,8	5,6	19,1	12,3	23,3	15
Cypress Semi conductor	1,1	3,4	16,6	53,3	2,1	6,8
Netscape	14,1	150,1	33,7	360,8	10,5	112
Silicon Graphics	4,6	6,7	29,4	42,7	3,1	4,5
Yahoo	10,8	52	29,1	139,9	2,8	13,3

Ce tableau indique les informations clés que chaque salarié doit connaître pour mesurer la qualité de l'offre de rejoindre une start-up :

- Quel pourcentage de la société le salarié possédera lors de l'entrée en bourse ?
- Quelle sera la valeur de chaque action lors de l'entrée en bourse ?
- Combien d'actions seront cotées lors de l'entrée en bourse ?

Bien entendu, la sortie en Bourse est une option : le raisonnement demeure inchangé en cas de rachat de l'entreprise par une autre.

On demande de plus en plus au CEO d'être capable de prédire ces ordres de grandeur pour chaque salarié embauché, spécialement les éléments clés de l'équipe à recruter (VP[19]...). Nous essaierons de donner quelques éléments tirés d'exemples américains[20] pour pouvoir calculer ces réponses.

L'enjeu est considérable : il s'agit pour le CEO de définir des objectifs réalistes pour allouer au mieux la part de capital à céder aux investisseurs et aux employés à fidéliser.

Part du CEO

Il semble raisonnable de considérer une période de 5 ans avant de considérer l'IPO. Jusqu'en 1990, le temps moyen d'accès à la bourse pour une start-up américaine était de l'ordre de 5 à 8 ans. Avec l'arrivée des start-up Internet, ce délai a pu être réduit jusqu'à 2 à 3 ans. Cependant, cette période semble révolue.

Jusqu'à l'arrivée des start-ups Internet, le CEO possédait en fin de course rarement plus de 3 % du capital de la société cotée. Avec Internet, cette part est montée jusqu'à 10-20 % pour le CEO/fondateur. Le mouvement de balancier est en train de s'inverser.

Part des fondateurs

Les fondateurs qui ne sont pas devenus CEO possèdent rarement plus de 4 % au moment de l'IPO. Les fondateurs sont remplacés par des CEO qui obtiennent moins de parts, puisqu'ils prennent moins de risques. Par exemple, le CEO embauché pour accompagner Yahoo jusqu'à l'IPO détenait 3 % après l'IPO alors que les fondateurs possédaient chacun 10,8 % des parts.

Le principe est clair : les fondateurs obtiennent davantage que ceux qui rejoignent l'entreprise plus tard, même si c'est quelques mois seulement après la création. Les fondateurs ont pris les plus gros risques, tels que celui de quitter leur emploi avant que la levée de fonds ne soit effective. Leur récompense en actions supplémentaires est une juste compensation pour cette prise de risque initiale.

Les individus qui rejoignent plus tardivement la société, tels qu'un directeur financier (CFO) ou un VP marketing avec une année de décalage ne peuvent espérer obtenir qu'une petite portion de capital en comparaison de celle détenue par les fondateurs.

Part des employés

Après les fondateurs, les autres employés possèdent souvent une part importante de l'entreprise *via* un plan de stock-options. Cette part est très variable. Une moyenne, en France, semble proche de 15 % contre 19 % aux États-Unis.

La répartition des parts varie fortement selon les secteurs aux États-Unis, comme le montre le tableau suivant[21] :

Secteur	Part détenue par les investisseurs lors de l'IPO	Part détenue par les fondateurs et les salariés lors de l'IPO
Hardware	70 %	30 %
Software	60 %	40 %
Internet	50 %	50 %

La question capitale est la suivante : quelle sera la valeur d'1 % de la société au moment de son entrée en bourse ? Les réponses à cette question sont très différentes selon les cas. Prenons l'exemple de Netscape : au moment de son IPO (le 14 août 1995, 16 mois après sa création),1 % du capital valait alors 10,7 M$ (à comparer à la valeur du point de Microsoft après 11 ans d'existence, c'est-à-dire 5,9 M$).

Il est clair que tout décalage entre ce que le CEO avait prévu de distribuer et ce qu'il a été contraint *in fine* de donner à chacun dépend de plusieurs facteurs : sous-estimation de la quantité de capital à lever, échec dans l'atteinte des objectifs de croissance fixés entre les différents tours, etc.

Les questions :

- Cela en vaut-il la peine ?
- Est-il intéressant pour moi de quitter un poste à haute responsabilité au sein de Vivendi ou Lafarge pour créer ou rejoindre une start-up ?

Le calcul peut être le suivant :

Un directeur marketing gagnant 800 kF par an chez IBM rejoint une start-up sur la base suivante : il est embauché et ne paiera probablement pas les options ou les recevra pour un franc, en revanche, il aura un prix d'exercice supérieur à celui des fondateurs.

S'il travaille 5 ans chez IBM, il gagnera 5 MF (son salaire va augmenter). Il paiera environ 1,5 MF d'impôts et pourra économiser par exemple 1 à 2 MF, selon son niveau de dépenses personnelles

S'il rejoint un start-up et reçoit 10 % d'options, il lui restera par exemple 3 % des parts au moment de la cession ou de l'IPO (la cession est plus probable).

Si la société vaut 100 MF, il aura 3 MF et 2,2 MF après impôt sur les plus-values. Il aurait pu faire aussi bien en économisant davantage, d'autant que son salaire au sein de la start-up est vraisemblablement passé de 800 à 400 kF au moins les deux premières années

Il faut donc viser impérativement une valorisation très supérieure à ce montant, qui est pourtant loin d'être un échec : seuls les succès réels rapportent vraiment.

Le plan de stock-options

Combien la start-up distribue-t-elle d'actions et à qui dépend de la politique retenue. La plupart des start-up américaines accordent des stock-options à l'ensemble des employés présents dès le premier jour. Il est donc essentiel de calculer la taille de la part de capital à attribuer aux salariés pour les cinq années à venir.

En France, l'émission de stock-options décidée par le conseil d'administration, puis votée par l'assemblée générale extraordinaire des actionnaires, est fondée sur un document intitulé « règlement du plan ». Dans ce document, les actionnaires ont défini et approuvé les conditions d'octroi et les conditions de *vesting*.

Les options ne peuvent pas s'exercer immédiatement, puisque l'objectif est de fidéliser les membres de l'équipe. Le *vesting* régit le rythme de conversion des stock-options en actions s'exerçant à la demande du bénéficiaire et ce qui se passe en cas de départ anticipé. Le *vesting* linéaire sur trois ou quatre ans est un exemple classique. Selon les cas, le bénéficiaire perd tout en cas de départ ou garde ce qu'il avait acquis à la date du départ.

Par leur souscription, les titulaires de stock-options adhèrent au règlement du plan et doivent en respecter les modalités.

La société émettrice est tenue au même respect de ces modalités.

Il s'agit donc d'un contrat entre la société et le souscripteur. En conséquence, selon les conditions arrêtées, un titulaire de stock-options peut continuer ou non à bénéficier du droit à exercer son option, après qu'il ait quitté la société, mais il a été jugé récemment que ce droit devait être maintenu au profit d'un salarié, licencié à tort par la société émettrice. En revanche, si le bénéficiaire de l'option décède, la loi prévoit expressément que ses héritiers disposent d'un délai de six mois à compter du décès pour exercer l'option.

Mais, en général, les règlements de plan prévoient que les salariés ne pourront exercer leur option que s'ils sont toujours dans la société au moment de la période d'exercice des options, celle-ci étant librement fixée par l'AGE des actionnaires.

Toutes ces dispositions s'appliquent aux stock-options, telles que prévues par la loi (à ne pas confondre avec les bons de souscription de parts de créateurs, qui sont, nous le verrons plus loin, fiscalement plus attractives) qui sont remises en cause à chaque loi de finance et ne sont en général pas utilisées en pratique par les start-up.

La loi française n'offre aucune garantie dans ce domaine et la rétroactivité des lois de finance est chose fréquente. En outre, aucune de ces dispositions ne s'applique aux nombreux montages utilisés dans la pratique pour les stock-options. Il s'agit donc de faire confiance à son avocat et de se faire aider par ses investisseurs.

Voici les chiffres clés appliqués à nos exemples américains :

Société	Part de capital détenu par les employés avant IPO (en %)	Valeur lors de l'IPO (en M$)	Part de capital détenu par les investisseurs (en %)	Valeur lors de l'IPO (en M$)
Chips and Technologies	63	35	37	21
Cypress Semi conductor	25	74	75	176
Netscape	73	661	27	247
Silicon Graphics	33	49	67	78
Yahoo	55	443	45	199

Source : *Saratoga Venture Finance*[22].

Quelle perspective choisir en matière de levée de fonds ?

Vaut-il mieux être un petit joueur dans un club de première division ou un grand joueur dans un petit club ?

Est-il préférable de vouloir lever 15 MF en capital et atteindre 100 MF de chiffre d'affaires ou lever 150 MF pour viser 500 MF de CA ? En d'autres termes, est-ce que l'effet de dilution, dû à une forte levée de fonds, va être compensé par la taille finale du gâteau à se partager ?

Seule une simulation prenant en compte la croissance attendue du CA (donc la valorisation de la start-up *ceteris paribus*), le montant à lever et les parts détenues respectivement par les fondateurs, le personnel et les investisseurs, peut permettre de rationaliser l'option choisie. Un petit modèle d'aide à la décision est proposé dans le CD-ROM qui accompagne ce guide.

> Voici pour illustrer le raisonnement à tenir, une petite histoire édifiante :
>
> Franck Saintonge savait que tôt ou tard il rejoindrait une start-up et après une expérience de sept ans passés chez Schneider Electric, il était maintenant en pleine discussion avec une jeune entreprise innovante Habitech, basée à Grenoble et spécialisée dans le nouveau langage JINI autorisant les échanges entre équipements et systèmes automatisés de la maison.
>
> Habitech avait déjà levé un premier tour de table et le PDG Jean Dinard tenait désormais à compléter l'équipe de direction avec quelques cadres à haut potentiel. Le poste de Directeur R&D était libre et F. Saintonge semblait le candidat idéal pour ce poste.
>
> J. Dinard avait préparé une offre écrite pour F. Saintonge pour l'intéresser au capital et assurer un marché honnête, à la fois pour Franck et pour Habitech.
>
> — Nous avons décidé de vous accorder un salaire de base annuel de 250 kF nets et de vous donner 3 % du capital, déclara le PDG.
>
> Franck ne parut pas s'émouvoir de ces chiffres. En fait, il s'attendait à nettement plus, à la fois en salaire et en capital.
>
> — Puis-je lire votre proposition écrite ?, demanda Franck face à un J. Dinard quelque peu ébranlé par son attitude.

— Votre offre me semble peu attractive par rapport à ce que l'on lit dans la presse ou apprend en discutant avec des amis, déclara Franck après quelques instants de réflexion.

Cette remarque mit mal à l'aise J. Dinard qui regretta alors de ne pas s'être entouré d'un conseil pour peaufiner son offre et préparer l'entretien.

— Combien d'actions détenez-vous à titre personnel ?, demanda abruptement Franck.

— C'est confidentiel, répondit J. Dinard décontenancé. Il ignorait que F. Saintonge avait fait une petite enquête au Greffe, et ce dernier connaissait parfaitement le nombre d'actions que possédaient J. Dinard et ses associés.

— Combien d'actions composent le capital ?

— À peu près 70 000.

— Est-ce que cela inclut les obligations convertibles des investisseurs ?

— Non, il faut alors ajouter 50 000 actions supplémentaires.

— Il y a donc un total d'environ 120 000 actions.

— C'est environ le chiffre, oui, admit du bout des lèvres le président.

— Vous me proposez donc 3 % du capital ?, répéta Franck.

— Oui, répondit J. Dinard sans préciser que plusieurs BSA pour une quantité de 15 000 actions avaient été accordées à l'intermédiaire qui avait aidé la société à lever l'argent et à l'avocat qui les assistait.

— Combien pensez-vous que les actions vaudront lors de l'introduction en bourse ?, demanda F. Saintonge.

— Mes calculs montrent que les actions vaudront autour de 150 francs chacune à ce moment-là, si nous réussissons notre business plan.

— Combien de tours pensez-vous avoir à monter ?

J. Dinard se sentit fort mal à l'aise : si je lui dis que nous devons lever encore au moins 2 tours avec un minimum de 150 MF, il n'achètera jamais mon histoire... Il répondit avec un enthousiasme un peu forcé :

— Ces actions à ce coût-là font de vous un quasi-fondateur.

F. Saintonge sut alors que le PDG tentait de le bluffer : tout nouveau tour aurait un effet dilutif très fort et il finirait avec seulement 0,1 % de la société !

— Je vous remercie pour cet entretien instructif, je vais réfléchir et vous enverrez par mail ma réponse ce soir, dit-il en quittant J. Dinard, dépassé par les événements.

Rentré chez lui, F. Saintonge passa plusieurs coups de fil, prit le temps de boire une boisson fraîche et, allongé sur sa chaise longue, contemplant un poster olettois représentant le Roc de l'Ours, rédigea un petit mot pour décliner l'offre. Deux mois plus tard, il rejoignait HomeView, une start-up dans le même secteur, avec des conditions nettement plus favorables.

Anticiper le risque d'échec

L'entrepreneur est donc dans les starting-blocks. Son profil est bon, sa motivation forte. Il est prêt à foncer. Rappelons une dernière fois que la création d'entreprise est une aventure à **haut risque personnel.** Contrairement à l'investisseur qui répartit son risque entre plusieurs projets, l'entrepreneur ne peut se focaliser que sur une seule création à la fois.

La problématique de l'échec doit donc être anticipée. Nous conseillons même de « visualiser » l'échec, en essayant d'imaginer la situation et ses conséquences psychologiques, financières et relationnelles.

- Comment allez-vous annoncer l'échec à vos amis ?
- À votre femme ?
- À vos actionnaires ?
- Comment allez-vous rebondir ?
- Faites l'essai par la pensée. Si vous n'y arrivez pas, il est encore temps de renoncer.

Même s'il est encore peu valorisé en France, l'échec est une grande source d'enseignements : la plupart des entrepreneurs qui ont réussi sont passés par une ou plusieurs expériences d'échec.

C'est la règle en matière de création d'entreprise et non l'exception. Il se crée chaque année en France des milliers d'entreprises innovantes de haute technologie. Des centaines sont financées. Quelques-unes seulement arrivent en bourse…

Votre temps est précieux, ne partez que si le projet en vaut la peine. Dernier avertissement avant le grand saut.

Rappelez-vous : il n'y a pas de petit projet de création d'entreprise. Il y a toujours un effort considérable, intense pour faire surgir quelque chose du néant. Alors un conseil : visez haut et soyez seulement assuré que les risques encourus et les récompenses attendues sont bien proportionnels.

> Seuls les projets ambitieux appellent les actionnaires et les partenaires ambitieux[23].

Annexe : quel type d'entrepreneur êtes-vous ?

Plusieurs chercheurs ont tenté d'établir des portraits type de l'entrepreneur. Nous présentons ici un exemple de typologie établie par J.-B. Milner[24]. Ce dernier distingue quatre grands styles d'entrepreneur et identifie pour chacun d'entre eux les difficultés qui peuvent surgir, liées à son comportement.

Les quatre grands styles d'entrepreneur, d'après J.-B. Milner

LE RÉALISATEUR INDIVIDUEL (*personal achiever*)	LE SUPER VENDEUR (*super sales person*)
L'ENTREPRENEUR MANAGER (*corporate/real manager*)	L'EXPERT GÉNÉRATEUR D'IDÉES (*expert idea generator*)

Type 1 : le réalisateur individuel (Personal Achiever)

Il se caractérise par les traits suivants :

- une motivation intérieure forte pour mener à bien un projet entrepreneurial ;
- la possession d'une vision de son business ;
- une capacité à planifier le futur (objectifs, stratégie, échéancier, ...) ;
- une grande flexibilité et la capacité à construire une structure adaptable qui réponde de manière optimale aux changements dans l'environnement (opportunités /menaces) ;
- l'aptitude à résoudre des problèmes (croissance, crise...) ;
- un sens développé de l'initiative personnelle.

Ses principales limitations résident dans sa tendance à :

- sous-estimer les connaissances nécessaires pour gérer opérationnellement une organisation ;
- avoir une perception faussée de ses forces et de ses faiblesses ;
- entrer en conflit avec les financiers qui exigent une structure plus lisible ;
- être dépassé par la complexité de l'entreprise au-delà d'une certaine taille.

Type 2 : le super vendeur (Super Salesperson)

Il se caractérise par les traits suivants :

- un apprentissage continu sur les produits / services et le processus de vente (clients, distribution...) ;
- une obsession de la vente ;
- la recherche de compétences pour les autres dimensions du business (partenaires, équipe, R&D, finance, production...) ;
- la construction d'une compagnie durable fondée sur des relations durables.

Ses principales limitations résident dans sa tendance à :

- sous-estimer les connaissances nécessaires pour gérer opérationnellement une organisation ;
- avoir une perception faussée de ses forces et faiblesses ;
- dévier de ses plans (finance, famille, circonstances...) ;

- reconfigurer ses objectifs en fonction de ses résultats.

Type 3 : l'entrepreneur manager (Corporate/Real Manager)

Il se caractérise par les traits suivants :

- le choix de l'aventure entrepreneuriale, guidée par une opportunité majeure ;
- le management des équipes à différents niveaux pour constituer et gérer une organisation structurée ;
- le management des différences de culture entre le départ et la suite des opérations ;
- le contrôle de la croissance (procédures, structures,...) ;
- le management du personnel externe (consultants, force de vente...) ;
- un processus de décision structuré et réactif.

Ses principales limitations résident dans sa tendance à :

- manager une start-up comme un paquebot *(overmanagement) ;*
- rester attaché à son expertise d'origine (ventes...) alors que l'entreprise a grandi et nécessite une approche globale.

Type 4 : l'expert générateur d'idées (Expert Idea Generator)

Il se caractérise par les traits suivants :

- une expertise dans un domaine précis ;
- la vision des opportunités (innovation, niche marketing, avantage compétitif...) ;
- la liberté d'innover et de développer ses propres idées ;
- l'amour des idées, la croyance que la R&D est la clé de la stratégie ;
- la recherche de compétences complémentaires en interne et en externe ;
- l'aversion au risque.

Ses principales limitations résident dans sa tendance à :

- être perturbé dans sa capacité d'innovation à cause de la pression externe ;

- se désintéresser d'activité dans laquelle l'expertise n'est plus pertinente ;
- développer une culture techno (*technology driven*) en oubliant le client.

Bien entendu, cette typologie demeure très schématique et l'on trouve en chacun un mélange de ces quatre profils à des degrés divers. Néanmoins, la reconnaissance de son appartenance prioritaire à l'un de ses profils peut permettre d'anticiper les problèmes liés à ces styles d'action.

2

FAIRE FACE À SES BESOINS À CHAQUE STADE DU DÉVELOPPEMENT

Le candidat entrepreneur à la recherche de capitaux devra se poser un certain nombre de questions en fonction des différentes étapes du développement d'une jeune entreprise innovante. La recherche de capitaux se pose à nouveau, mais de manière différente, à chaque étape.

Pourquoi lever des fonds ?

Commençons rapidement par une question simple : « à quoi bon ? ». Pourquoi s'épuiser à chercher du capital, à faire la danse du ventre devant des investisseurs sourcilleux qui ne comprennent rien au projet, à payer des intermédiaires ? Peut-on s'en passer, par exemple, si l'entreprise gagne de l'argent ou si elle a la chance de financer sa R&D par une activité de service ? La réponse est non.

Pour s'imposer rapidement

Le raccourcissement des cycles technologiques est tel qu'il n'est plus possible pour une start-up de se développer par autofinancement. Pour s'imposer, une nouvelle idée ou une nouvelle technologie doit s'adresser immédiatement à la totalité de son marché, sous peine d'être copiée ou dépassée. La compétition entre les start-up se joue essentiellement sur le facteur temps. Seul un financement externe peut permettre à l'entrepreneur « d'acheter du temps » pour rester dans la course. Comme l'affirme Denis Champenois, DG d'Innovacom : « On n'a plus le temps d'attendre. Les tours de table sont passés de 4 à 5 millions de francs à 20 millions aujourd'hui. De quoi donner aux entreprises de croissance davantage de moyens pour tenir durant la période où elles brûlent du cash »[25].

Pour affronter un marché mondial

Les marchés de la haute technologie sont presque toujours mondiaux : les besoins des utilisateurs diffèrent peu d'un pays à l'autre dans le domaine des technologies de l'information ou des sciences de la vie. Pour amortir les coûts fixes de recherche et développement et maintenir son avance technologique, l'entreprise en création doit viser d'emblée la première place et tenter d'imposer ses standards et ses solutions. Toucher le plus grand nombre possible de clients implique de lourds investissements marketing, à l'échelle mondiale. Là encore, seul un financement externe peut permettre à l'entrepreneur d'afficher des ambitions globales.

Pour réussir son implantation aux États-Unis

Le marché américain constitue bien souvent un passage obligé pour la domination mondiale. C'est le plus grand marché homogène pour le software, avec plus de la moitié des logiciels vendus dans le monde. C'est un marché réceptif à l'innovation et qui respecte le copyright. Ne pas investir aux États-Unis, c'est laisser la porte ouverte à des concurrents qui pourront facilement rattraper leur retard technologique. Là encore, il est impossible pour une start-up française de réussir son implantation sans l'apport financier et humain du capital-risque (apport de capital et implication plus ou moins forte des investisseurs dans la stratégie et la gestion).

Pour financer l'étape suivante

L'entrepreneur, confronté à sa première recherche de capitaux, a parfois tendance à vivre cette étape comme une fin en soi. Il s'agit, bien entendu, d'un nouveau départ pour le projet d'entreprise et non d'un aboutissement, même lorsque cette recherche de capitaux se fait par le moyen d'une introduction en bourse.

Mais surtout, l'entrepreneur doit comprendre que la recherche de capitaux est un souci permanent. À chaque étape du développement de l'entreprise, et surtout en cas de succès, l'entrepreneur devra « repasser à la caisse » pour financer l'étape suivante. Il doit donc intégrer très tôt, puis conserver à l'esprit, le souci de ses bonnes relations avec les investisseurs : faire des promesses réalistes, obtenir des résultats, faire connaître ses résultats (reporting), accepter l'aide et les conseils des investisseurs, tirer la sonnette d'alarme en cas de dérapage…

L'entrepreneur doit également intégrer le mode de fonctionnement propre aux différentes catégories d'investisseurs, dont les motivations peuvent s'éloigner sensiblement des siennes et créer des conflits dangereux, notamment sur la problématique du contrôle et du pouvoir dans l'entreprise.

Il ne s'agit pas d'une étape à franchir, mais d'un véritable art de vivre.

Le « coup de froid » ayant affecté le Nouveau Marché durant le deuxième trimestre 2000 a sonné la fin de l'IPO comme moyen unique de financement post-consolidation. Depuis cette date, de nombreuses start-up ont été rachetées, parfois à prix d'or, par d'autres start-up ayant des assises financières plus solides. Ainsi, le site éditorial Jeuxvideo.com a été racheté par GameLoft.com, plate-forme de jeu en ligne lancée par l'éditeur Ubisoft. Caramail a été acquis par Spray, fournisseur d'accès suédois. La start-up rachetée accède alors à de nouvelles ressources pour son déploiement international.

Comprendre le cycle de vie de l'entreprise

Les acteurs de la recherche de capitaux et le formalisme à respecter changent en fonction du cycle de vie de l'entreprise, c'est-à-dire en fonction des étapes de son développement. Il est donc utile de les préciser ici.

Bien que chaque investisseur dispose de son propre vocabulaire, nous utiliserons les définitions suivantes, couramment acceptées :

Amorçage *(seed financing)*

À ce stade, il n'existe qu'une idée innovante, généralement issue de la recherche scientifique, un ou plusieurs porteurs de projet, éventuellement des brevets. La société, qui n'existe pas nécessairement sous une forme juridique constituée, doit financer le dépôt ou l'extension d'éventuels brevets, réaliser des prototypes, des maquettes ou des études de faisabilité, démontrer un potentiel industriel et commercial.

Démarrage (start-up)

L'entreprise dispose alors d'un premier produit industrialisé et commercialisable. Elle doit financer le démarrage des ventes : marketing, commercialisation, logistique.

Décollage *(early stage)*

L'entreprise peut maintenant justifier d'un chiffre d'affaires récurrent. Son taux de croissance peut être supérieur à 100 %. En interne, elle doit survivre au changement permanent puisque, chaque année, les nouveaux recrutements sont supérieurs à tout l'effectif existant. En externe, elle doit convaincre et propulser sa technologie, sa « vision du monde » sur un marché mondial, ou disparaître.

Consolidation *(late stage)*

L'entreprise est devenue rentable. Son taux de croissance n'est plus « que » de 20 % à 50 %. Elle a pris place sur son marché et vise à maintenir son avance marketing et technologique.

Introduction en bourse (pre IPO)

Lorsqu'elle vise l'introduction sur un marché réglementé, l'entreprise doit réaliser un important effort de formalisation, de transparence et de communication financière, y compris éventuellement de normalisation comptable, si elle cherche à s'introduire simultanément sur plusieurs places boursières.

L'introduction en bourse peut intervenir, en théorie, à n'importe quel stade du développement. Dans le cas des technologies de l'information, elle intervient généralement dans la phase de consolidation *(late stage)*. Ce n'est toutefois pas une nécessité. Dans le secteur des biotechnologies, il arrive souvent que les sociétés soient introduites dès la phase II d'agrément des molécules, avant même d'avoir produit le moindre chiffre d'affaires.

Parabole du forestier

Le gestionnaire d'une forêt cherche généralement à lisser sa production de bois dans le temps. Il sait bien que pour obtenir ce résultat, il doit disposer à tout moment d'arbres matures, d'arbres jeunes et de nouvelles pousses. Rien ne servirait de se concentrer sur les arbres prêts à couper : aucune étape de l'existence n'est plus importante que les autres. L'équilibre d'une forêt se gère sur le long terme.

Un arbre donné aura, en revanche, une vision complètement différente de la vie. Il est entouré d'arbres plus jeunes (les pauvres...) et d'autres plus matures (il les envie). Il apprécie que le bûcheron lui fasse de l'espace mais il ne comprend pas nécessairement toutes ses motivations. Il se bat simplement pour une part de lumière. Il est tout occupé à grandir et ne connaît qu'un âge : le sien.

Le forestier lui sait que la jeune pousse deviendra un arbre, qu'il devra lui ménager de l'espace en éliminant d'autres pousses. Il sait qu'il doit réinvestir en permanence une partie de ses gains, quelles essences privilégier, en fonction des qualités du sol et de la demande de bois. Il sait aussi ne pas attendre trop longtemps : un arbre vieux cesse de grandir ; il finit même par pourrir et perdre sa valeur. Le forestier est donc avant tout le spécialiste du cycle de vie des arbres.

Le rôle évolutif de l'entrepreneur

Les questions vitales pour l'entreprise sont peu nombreuses. L'entrepreneur devra simplement se reposer les mêmes avec obstination et y apporter chaque fois des réponses de plus en plus sophistiquées, tout au long de son développement.

Ces interrogations sont les suivantes :

- Combien d'argent faut-il lever ?
- Avec qui s'associer financièrement ? Avec qui diriger ?
- Pour quel projet : quelle équipe, quelle stratégie commerciale, marketing et technologique ?
- Comment contacter et convaincre les investisseurs ?

La réponse à ces questions entraînera une émancipation de plus en plus marquée de l'entreprise par rapport à son créateur, comme un enfant qui grandit s'éloigne de ses parents et leur laisse un sentiment mêlé de nostalgie et de satisfaction du devoir accompli. C'est aussi pour le fondateur une expérience du renoncement.

Choisir ses actionnaires

Le profil de l'associé idéal varie fortement en fonction du stade de développement de l'entreprise. D'une manière générale, plus le besoin d'argent est faible et plus on pourra faire appel à des investisseurs « amis ». Plus le besoin est élevé, plus l'entrepreneur sera confronté à des investisseurs professionnels, exigeants, dont les objectifs seront purement financiers. La typologie des investisseurs, leur mode de fonctionnement et leurs motivations seront détaillés dans un chapitre ultérieur.

Renforcer son conseil d'administration

Le conseil d'administration constitue le noyau de l'entreprise. Il doit se constituer progressivement et se renforcer en intégrant des personnalités reconnues pour leur compétence sur le marché visé ou pour une expertise particulière (marketing, droit...).

Les motivations de membres du conseil peuvent être multiples : participation au capital, rémunération sous forme d'options, image... Plus l'entreprise progresse et plus elle peut attirer des compétences de haut niveau.

Le conseil d'administration est un élément essentiel de la création et du développement de l'entreprise. Il apporte son soutien à l'entrepreneur dans la définition des axes stratégiques et leur suivi. S'il est constitué de personnalités reconnues, il apporte également une grande légitimité vis-à-vis des partenaires commerciaux et financiers.

Respectez l'adage anglo-saxon : *board members, not bored members !*

Ainsi en témoignent les propos tenus par Chenva Tieu, remarquable PDG de Discountis, site de comparaison de taux immobilier : « Comme Discountis développe un site permettant de sélectionner en temps réel les meilleurs taux immobiliers proposés par les banques, j'ai choisi de faire entrer dans son capital des personnalités reconnues de l'industrie et de la banque (telle que J.-M. Descarpentries, ancien PDG du groupe Bull), qui m'ont effectivement permis de crédibiliser mon projet et de nouer plus facilement des contacts avec les établissements financiers ».[26]

Gérer la dilution et la perte du contrôle

La croissance accélérée est devenue une condition de survie, notamment dans le secteur des hautes technologies. Cette croissance a un prix : elle consomme des fonds très importants. Et comme elle présente un risque élevé, surtout dans les premières phases de la vie du projet, les fonds coûtent cher. Le capital, nous le verrons plus loin, a un coût, de même que des intérêts seront à payer comme service de la dette. Ce coût correspond au rendement attendu par l'investisseur (le TRI).

L'entreprise doit donc ouvrir son capital, faire de la place à de nouveaux associés et à leurs exigences... Ceci implique pour les fondateurs et les associés déjà présents de renoncer à une partie de leurs prérogatives et de partager à la fois le pouvoir et les bénéfices de la croissance.

C'est une négociation permanente, qui se renouvelle à chaque étape du développement de l'entreprise. Le résultat de cette négociation est un prix.

Questions clés à résoudre :

- Combien de capital abandonner en contrepartie des fonds nécessaires ?
- Quelles garanties donner aux nouveaux actionnaires ?
- Combien vaut le projet, à un stade donné de son développement et en fonction de ses perspectives de rentabilité ?

La question déterminante de la valorisation sera développée dans un chapitre ultérieur.

Gérer les recrutements et la perte du pouvoir

Financer la croissance, c'est aussi augmenter les effectifs et choisir les collaborateurs les plus compétents. C'est également, pour le fondateur, le moment de mieux cerner ses propres limites et de les accepter. En particulier, les qualités requises pour diriger l'entreprise ne sont pas du tout les mêmes pour démarrer un projet avec quelques amis enthousiastes ou pour convaincre les marchés financiers lors d'une introduction en bourse.

À ce stade, il est essentiel d'introduire une distinction entre le fondateur et l'entrepreneur. Le fondateur est généralement un visionnaire dont la compétence est avant tout technologique. Il peut, dans certains cas, se transformer en entrepreneur, et il existe même des cas (très rares) où il réussit à s'adapter à toutes les étapes du développement de l'entreprise, voire jusqu'à l'introduction en bourse et au-delà. Ce cas demeure exceptionnel (Microsoft, Gemplus…) et ne peut servir d'exemple.

En général, le fondateur atteint très vite son seuil d'incompétence dans le domaine du management et souffre considérablement s'il ne passe pas la main à un manager professionnel. Cette problématique de repli progressif du fondateur est une des causes majeures de conflit avec les investisseurs et d'échec des projets d'entreprises en haute technologie.

C'est aussi l'occasion pour le fondateur de trouver un nouveau positionnement dans l'entreprise, par exemple en recentrant ses efforts sur le pilotage de la fonction de recherche et développement. C'est parfois l'occasion de vendre ses parts avec une confortable plus-value et d'investir ses profits dans un nouveau projet.

En France, cette idée est mal acceptée. Le fonctionnement inconscient de nombreux entrepreneurs est encore dominé par la recherche du pouvoir. La récompense du succès est l'accroissement de ce dernier ou d'une plus grande entreprise. On imagine difficilement, en cas de succès, que les actionnaires félicitent le manager et le mettent à la porte pour le remplacer par un autre, dont les compétences correspondraient pourtant mieux aux nouveaux défis de l'entreprise. Les départs récents de Pascal Brandys et du cofondateur de Genset illustrent ce mouvement : les pertes aggravées de l'entreprise durant quatre ans, après son entrée en bourse, ont conduit les actionnaires à nommer un nouveau PDG à la tête de la société, un ancien d'Abbott.

Aux États-Unis, on accepte plus facilement un départ avec les honneurs, et un gros chèque.

L'entrepreneur devient lui-même financier ou business angel. Il peut passer d'un projet à l'autre et accumule de l'expérience sur un stade bien précis du cycle de vie de l'entreprise.

On assiste actuellement à l'émergence d'une classe de serial entrepreneurs, qui préfèrent enchaîner les projets, plutôt que de s'accrocher à leur premier succès.

Gérer les conseils et les intermédiaires

Le réflexe naturel d'un entrepreneur français, surtout de formation technique ou ingénieur, est souvent de chercher à résoudre ses problèmes. C'est ce qu'on apprend à l'école. Or, pour créer une entreprise, c'est une erreur : mieux vaut faire résoudre ses problèmes par d'autres, accepter que les conseillers « découvrent le sujet » et se concentrer sur la maîtrise d'œuvre du processus de l'ensemble.

Contrairement à ce qu'on pourrait penser, le choix du conseil ne dépend pas des moyens financiers disponibles (les investisseurs sont là pour le financer) mais du problème à résoudre. Il dépend aussi de la capacité de l'entrepreneur à guider son conseil vers les solutions qu'il pressent, tout en respectant sa démarche.

L'entrepreneur apporte la connaissance du problème à résoudre et le conseil apporte la maîtrise des outils disponibles. C'est un équilibre difficile à trouver. Sans autonomie réelle, le conseil ne fait qu'entériner des décisions bonnes ou mauvaises. À l'inverse, s'il est livré à lui-même, on sait bien que « pour qui dispose d'un marteau, tous les problèmes sont des clous »...

On juge donc un manager professionnel à la qualité des conseils qu'il met en œuvre et qu'il est capable de piloter.

Définir une stratégie

C'est sans doute l'exercice le plus difficile. C'est aussi la principale responsabilité de l'entrepreneur qui doit tracer une voie et motiver ses troupes dans une direction clairement exprimée. La définition d'une stratégie implique des choix en termes de développement (et de non-développement) de produits ; en termes de marketing (comment faire connaître une technologie innovante et la vision du monde qui la sous-tend) ; en termes opérationnels (quels moyens déployer).

La stratégie s'exprime dans un document essentiel, qui servira de point de référence pour toute discussion avec des investisseurs : le business plan (voir chapitre 5).

Il faut toutefois garder à l'esprit que le degré de formalisation requis dépend fortement du stade de développement : un des objectifs du business plan initial peut être, précisément, de financer un business plan détaillé...

Nous allons voir, maintenant, comment ces principes s'inscrivent dans les différentes étapes du cycle de vie de l'entreprise.

Étape 1 : amorçage *(seed financing)*

Ce stade de développement est celui des idées : une vision de la technologie et des besoins du marché. On distingue généralement deux sortes d'innovations.

Les innovations de besoin : ce sont les plus nombreuses et les plus faciles à comprendre. En général, un utilisateur avancé bute sur la mauvaise qualité des outils qu'il utilise, développe une solution originale et décide de l'industrialiser. C'est le cas de Netscape, de Mosaïc : ils sont nés de la difficulté à naviguer sur le Web.

Les innovations technologiques sont plus rares et plus difficiles à appréhender parce qu'en rupture franche avec les idées du moment. Elles peuvent surgir de n'importe où et remettre en cause des pans entiers d'une industrie. C'est le cas du microprocesseur, des bases de données relationnelles ou de l'explosion d'Internet.

Financement de l'amorçage

Le promoteur de l'idée dispose généralement d'une source de revenus qui assure son point mort personnel : chercheur dans un laboratoire, ingénieur chez un industriel, dirigeant d'une société de services...

Ses besoins sont de nature :

- Technique : dépôt ou extension d'éventuels brevets, réalisation des prototypes, de maquettes ou des études de faisabilité...
- Marketing : évaluation du marché, définition de la stratégie, constitution d'un dossier financier à l'usage des investisseurs...

À ce stade, le montant des capitaux nécessaires varie généralement entre 500 kF à 1 et 2 MF. La valorisation du projet est extrêmement variable. Dans la mesure où il n'y a pas de références, l'investisseur raisonne sur la base d'une valorisation forfaitaire ou sur la base des dépenses réalisées ou en fonction du niveau de contrôle qu'il souhaite obtenir.

Investisseurs de l'amorçage

Les premiers actionnaires sont généralement les partenaires des premiers jours : collègues, amis... On ne les choisit pas nécessairement : le premier cercle se construit sur un vécu antérieur et un rapport de forces qui n'est pas celui de l'apport réel à l'entreprise (exemple : un chercheur et son chef créent une entreprise). Chacun apporte ses compétences, réelles ou supposées, mais généralement pas de capitaux.

Il est rare à ce stade de pouvoir intéresser des investisseurs professionnels. Ces projets sont complexes, donc chers à étudier. Plus ils sont innovants, plus l'investisseur manque de points de référence.

Le premier réflexe de l'entrepreneur est donc en général de prendre rendez-vous avec son banquier. Avec le résultat qu'on imagine. Le rôle d'un banquier est en effet de minimiser ses risques. Il est hors de question pour lui d'investir, *a fortiori* d'accorder un prêt, dans le cadre d'une jeune société sans références. À moins que vous n'ayez une caution à donner, sur votre maison ou quelques lingots d'or...

Les investisseurs les plus probables à ce stade sont :

- L'entrepreneur lui-même, dans la mesure de ses moyens (*bootstrapping*).
- Le capital de proximité (*love money*). Ce sont les proches, les parents ou les amis. Toutefois, le risque d'interférence entre la vie privée et profesionnelle est très élevé. Les conséquences psychologiques seront lourdes en cas d'échec, qui reste encore très probable à ce stade.
- Les investisseurs privés dits « providentiels » (*business angels*) ont une expérience vécue de la création et de la direction d'entreprise, dans un secteur proche de celui que vous visez. Ils se sont enrichis en cédant leurs actions et souhaitent investir dans de jeunes entreprises pour garder la main. Avantage : ils peuvent se décider rapidement et apportent une expérience vécue très importante pour le candidat entrepreneur. Inconvénient : ils ont tendance à s'immiscer dans la gestion, pour le meilleur ou pour le pire. Les investisseurs privés jouent un rôle majeur dans l'écosystème de la création d'entreprises (voir chapitre 4).

Des fonds d'amorçage, spécialisés dans le financement de projets à un stade très précoce, sont apparus sur ce créneau : I-Source de l'INRIA, Emertech (CEA), Trinova....

Conseils et intermédiaires en phase d'amorçage

Le niveau de formalisation requis à ce stade est encore limité. Il est inutile de présenter un luxe de prévisions financières, qui ne reposeraient sur rien de concret. En revanche, les investisseurs potentiels seront très sensibles à des courriers de prospects ou de partenaires potentiels attestant de leur intérêt pour le projet.

Le rôle des intermédiaires sera essentiellement de vous aider à accoucher d'une formalisation du projet ; à rédiger des documents de présentation ; à rencontrer des investisseurs potentiels.

Disposant de peu de moyens et surtout de peu d'informations, l'entrepreneur a tendance à se tourner vers les personnes qu'il a la chance de rencontrer : un ami directeur financier, un expert-comptable, un avocat... Aucun d'entre eux n'est véritablement compétent en ce qui concerne le financement de créations d'entreprises.

Les principaux acteurs sont :

- des réseaux d'investisseurs privés, à l'image de Léonardo Finance ou de Professional Network ;
- des conseils spécialisés comme MGT ou Chausson Finance.

Les intermédiaires, compte tenu des faibles moyens de financement de l'entreprise (par définition) peuvent accepter une partie variable dans leur rémunération, liée au succès de la levée de capitaux, mais aussi accepter, dans la mesure où ils croient au projet, une rémunération à risque sous forme d'actions (voir chapitre 3).

C'est souvent une bonne solution par rapport à la tentation de s'associer avec une personne physique supplémentaire : elle ne peut apporter qu'une seule compétence (la sienne), alors qu'un cabinet de conseil apporte en une seule fois toutes les compétences dont une start-up a besoin.

Qualités de l'entrepreneur

À ce stade, l'entrepreneur doit composer avec son profil, généralement technologique. Il a développé une idée innovante et souhaite transformer ses intuitions et ses compétences en un véritable projet d'entreprise. Mais tous les cas de figure sont également possibles.

Étape 2 : démarrage (start-up)

Ce stade de développement est celui des premières réalisations commerciales. Attention toutefois au syndrome des premiers utilisateurs *(early adopters)*. Ces clients achètent des produits pour les évaluer, au titre de leur veille technologique. Ils sont prêts à payer, même cher, pour des produits partiellement industrialisés. Mais ils ne représentent pas un chiffre d'affaires récurrent : attention aux extrapolations non fondées de croissance du chiffre d'affaires et gare aux désillusions !

Financement du démarrage

À ce stade, les principaux besoins concernent essentiellement le marketing, même s'il faut mettre en place un circuit logistique, pour la distribution et le service après-vente, et poursuivre l'effort de R&D.

Un effort important doit être réalisé dans le domaine du packaging de la technologie : facilité à comprendre le produit, à l'installer, à l'utiliser, clarté des brochures, des exemples...

Ainsi que le confirment les propos de Michel Herbert, directeur associé de Partech International : « Les start-up françaises innovent très fortement, souvent plus que leurs homologues américaines qui sont moins ambitieuses au plan technique. Reste qu'avec de plus modestes innovations, ces dernières savent orchestrer une mise en scène marketing et un déploiement commercial de type rouleau compresseur. »[27]

Il est essentiel de comprendre le marché et le mode d'achat des clients visés :

- Où recherchent-ils leur information ?
- Quels sont les schémas de prescriptions pertinents ?
- Quels sont les circuits de décisions dans les entreprises clientes ?

Il est, en général, hors de question de monter de toutes pièces une force de vente, pour des raisons de coût et de risque d'échec. L'objectif est de faire en sorte que les clients appellent d'eux-mêmes. Formaliser cette démarche représente un effort important, presque toujours sous-estimé, voire ignoré par les entrepreneurs à ce stade.

La valorisation du projet est extrêmement variable. Elle peut se faire sur la base de premières prévisions financières prudentes.

Investisseurs du démarrage

En France, il existe depuis peu une palette d'investisseurs professionnels prêts à financer un décollage des ventes. Hormis le cas spécifique de l'Internet (pour combien de temps ?) la plupart, même dans le secteur du capital-risque, attendent une validation de la technologie par le marché, c'est-à-dire par les premiers clients ou prospects. Toutefois, les fonds d'investissement ont tendance à étudier les dossiers de plus en plus en amont, à cause notamment de l'intensité concurrentielle croissante dans leur secteur.

Les fonds d'amorçage poussent également à ce stade leurs propres participations. Dès ce stade, il est important de bien choisir son investisseur car il pourra devenir « chef de file » lors des prochains tours de table, ce qui peut permettre de réduire considérablement les délais de levée de fonds. Ainsi, Jean-Bernard Schmidt, président de Sofinnova Partners explique : « L'idée d'un partenariat à long terme, pour plusieurs années, doit être au cœur du débat dès les premières discussions. »[28]

Une autre solution, là encore, est de faire appel aux investisseurs privés, sachant que les besoins se situent à la limite des possibilités de la plupart d'entre eux.

Conseils et intermédiaires en phase de démarrage

Le projet et la stratégie, au stade du démarrage, requièrent un bon niveau de formalisation, sous forme d'un business plan complet. Ce travail d'élaboration doit impérativement être confié à un intermédiaire spécialisé : l'entrepreneur n'a ni le temps, ni l'expérience pour le produire. Le fait qu'il s'en charge directement serait un très mauvais signe pour l'investisseur quant à ses capacités à déléguer les questions importantes.

Un bon business plan peut coûter entre 100 et 150 kF pour la seule formalisation, hors études complémentaires. Les actionnaires doivent le considérer comme un véritable investissement.

Aux États-Unis, les cabinets d'audit se sont fortement engagés dans cette voie, Ernst & Young, en tête. De plus en plus de sociétés de conseil s'y intéressent en France. Le choix d'un tel conseil doit privilégier l'expérience de la stratégie dans le secteur des hautes technologies et la familiarité avec le mode de fonctionnement des investisseurs.

> Il ne sert à rien de payer un business plan (même sous forme d'actions), si sa valeur n'est pas validée par la réussite d'une levée de fonds.

Enfin, il est à noter que certains investisseurs, préfèrent choisir eux-mêmes le cabinet de conseil pour la réalisation du business plan, quitte à le financer directement. On peut donc tenter de les démarcher avec un projet clair mais partiellement formalisé, à condition de rester sélectif et de ne pas inonder la place, ce qui risquerait de galvauder le projet de manière définitive.

Qualités de l'entrepreneur au moment du démarrage

À ce stade, le fondateur, s'il n'a pas déjà passé la main, s'est transformé en une sorte de super homme-orchestre. Il est le seul à connaître tous les paramètres de l'entreprise. En tant que spécialiste reconnu, il ouvre facilement les portes des premiers prospects et s'improvise directeur des ventes. En tant que principal gestionnaire, il signe tous les chèques et devient directeur financier. Il choisit lui-même tous ses collaborateurs et devient directeur des ressources humaines. Il reste directeur de la R&D... quand il en a le temps.

Le risque d'exaltation et d'aveuglement de l'entrepreneur est alors assez élevé. Il en résulte parfois de graves conflits avec les investisseurs, très sensibilisés à l'importance du management dans le succès de l'entreprise.

Il est difficile à ce stade de recruter un manager de haut vol : les moyens financiers sont encore insuffisants. De plus, il faudra pouvoir lui proposer une rémunération attractive sous forme de stock-options, et les rares managers à succès sont de plus en plus gourmands, à un moment où les preuves du succès sont encore minces... Le risque est grand de ne recruter qu'un second couteau, en payant le prix fort, par exemple 30 % du capital.

La meilleure solution est en général pour l'entrepreneur de s'appuyer sur des conseils indépendants, sur la recommandation de ses investisseurs.

Étape 3 : décollage (*early stage*)

Cette fois, le chiffre d'affaires est avéré et récurrent, l'équilibre du résultat est en vue. Le concept et les premiers produits ont été validés sur au moins un marché pertinent. Le temps des pionniers s'achève et il faut maintenant professionnaliser tous les domaines de l'entreprise, en commençant par le management.

À défaut de perdre nécessairement le contrôle du capital, le fondateur devra ménager une place importante aux exigences des investisseurs :

- dans le cadre du pacte d'actionnaires, que nous étudierons plus en détail dans un chapitre ultérieur ;

- éventuellement dans le domaine de la gestion de l'entreprise, si les investisseurs souhaitent s'y impliquer, ce qui est rare en France, mais bien plus courant aux États-Unis.

C'est souvent le temps pour le fondateur de se remettre en question : les cas où il peut assumer efficacement ces nouvelles fonctions sont relativement rares. Les conflits qui en résultent sont lourds de conséquences.

Financement du décollage

Au moment du décollage, les fonds recherchés visent à financer l'expansion, l'objectif étant d'atteindre très vite une part de marché qui rende l'entreprise incontournable, de manière à décourager les concurrents d'investir.

Le montant des capitaux nécessaires à ce stade, à titre d'exemple, peut varier de 5 MF à 15 ou 20 MF, voire davantage selon l'ampleur du projet et son extension géographique. Un schéma classique pour une entreprise française consiste à se développer dans un premier temps en France, de manière à roder ses produits en terrain de connaissance, puis de se lancer aux États-Unis, sachant que la stratégie marketing devra être entièrement repensée. Les VC auront tendance à exiger une ambition mondiale très rapidement. Ainsi, Maurice Tchénio, PDG d'Apax Partners, confie : « Quelqu'un qui a une avance technologique dispose d'une fenêtre de 6 à 9 mois. Il faut lui amener tout de suite une équipe de management de premier ordre et mettre 10 ou 15 millions d'euros sur la table, si l'on veut créer dans ce délai un leader mondial ! »[29]

Toutefois, ce mouvement va sans doute se calmer dans le secteur de l'Internet : la constitution d'une place de leader dans son pays permet aussi de construire une cible de choix incontournable pour ceux qui veulent asseoir rapidement leur domination mondiale. En ce sens, une sortie par acquisition s'avère intéressante...

La valorisation du projet, à ce stade, est généralement fondée sur des perspectives de croissance du chiffre d'affaires, des comparables ou des perspectives de niveau de cotation.

Investisseurs en phase de décollage

En France, la plupart des investisseurs en capital-risque interviennent à partir de ce stade.

Pour ce qui est des investisseurs privés, les besoins dépassent généralement leurs possibilités et ceux qui ont les moyens de suivre se comportent comme des investisseurs professionnels.

Les investisseurs mettent en œuvre un processus relativement lourd de validation de leurs investissements, qui peut durer plusieurs mois.

Leurs critères sont la qualité (et l'expérience) du management, la taille du marché visé, la croissance du marché visé, la solidité de la technologie, l'ouverture d'esprit du fondateur et sa capacité à ouvrir un dialogue constructif avec des financiers.

Conseils et intermédiaires en phase de décollage

Comme à l'étape de démarrage (start-up), il est indispensable de disposer d'un bon niveau de formalisation, sous forme d'un business plan complet, réalisé par un bon intermédiaire, qui prendra en charge également l'organisation des rencontres avec les investisseurs.

Le document de référence sera en général une mise à jour du business plan précédent. À ce stade de développement, la société est supposée être suffisamment mature : il est hors de question de démarcher des investisseurs sans un business plan clair et complet.

Qualités de l'entrepreneur au moment du décollage

À ce stade, la principale qualité du fondateur est de savoir s'entourer, d'étoffer son équipe à bon escient et faire la synthèse entre les points de vue de son équipe, de ses conseils, des dirigeants d'autres start-up qu'il a pu rencontrer, des investisseurs...

Il n'est plus question pour lui de poursuivre son rôle d'homme-orchestre et il doit envisager avec ses actionnaires, le cas échéant, le recrutement d'un manager confirmé. Celui-ci devra impérativement avoir déjà fait la preuve, dans le cadre d'un projet similaire, de ses capacités à lancer un nouveau produit ou à créer une société et l'introduire en bourse. Ce qu'on lui demande, c'est simplement de reprendre ses habitudes et ses réflexes économiques, son carnet d'adresses, son réseau de partenaires et de conseils et d'appliquer les mêmes méthodes qui lui ont déjà réussi. Auréolé de ses anciens succès, il renforcera d'autant la crédibilité du projet.

Il est relativement difficile de recruter ce type de personnes, qui sont par ailleurs très courtisées. En fait, le fondateur et ses actionnaires se trouvent en situation de vendre leur projet à un manager qui reçoit des propositions du même type tous les jours. Il faut le convaincre, comme pour un investisseur, de la solidité du projet et pouvoir lui en offrir une part conséquente, sous forme de stock-options.

Les investisseurs peuvent jouer un rôle majeur dans ce processus de recrutement en activant leurs réseaux de contacts, dans les milieux des entreprises de haute technologie. L'étendue de ce réseau doit être d'ailleurs un des critères de choix parmi les investisseurs possibles.

Étape 4 : consolidation *(late stage)*

La société a réussi son pari : elle fait partie du trio de tête d'un nouveau marché qu'elle a contribué à créer. La visibilité financière est bonne, les perspectives de chiffre d'affaires sont claires et la profitabilité est au rendez-vous. La croissance de l'entreprise est maintenant liée à la croissance du marché. Elle peut être de 20 % à 50 %.

Financement de la consolidation

À ce stade, les fonds recherchés visent à poursuivre l'expansion, l'entreprise devant suivre la croissance du marché et maintenir son avance technologique. Elle doit faire la course en tête et se préparer à l'introduction en bourse, si ce n'est déjà fait.

Le montant des capitaux nécessaires à ce stade est très variable et peut se compter en dizaines de millions de francs.

La valorisation du projet, à ce stade, est généralement fondée sur celle de sociétés comparables déjà cotées ou acquises récemment par de grands industriels.

Type d'investisseurs en phase de consolidation

Les investisseurs sont des fonds de capital-risque (avec des nuances de terminologie selon la maturité de l'entreprise : capital développement, capital investissement...), comme au stade précédent, jusqu'à l'introduction en bourse.

À ce stade, un dossier à succès devient souvent (en France tout au moins), un dossier « de place », dans lequel on retrouve la plupart des acteurs du capital-risque. Un bon dossier est « sursouscrit », c'est-à-dire qu'il reçoit plus de propositions de capitaux que nécessaire. Le rapport de forces entre l'entreprise et les financiers se modifie, les derniers financiers sur le dossier n'ont souvent pas leur mot à dire.

Conseils et intermédiaires de la consolidation

À ce stade, l'entreprise dispose généralement d'un bon directeur financier, ayant déjà vécu, de préférence, l'expérience d'une introduction en bourse. C'est à lui de piloter le processus de l'augmentation de capital, avec l'aide de ses investisseurs qui suivent en général pour une partie des souscriptions.

Bien que coûteuse, l'aide d'une banque d'affaires peut être utile, à condition qu'elle accepte de s'impliquer fortement sur le dossier (engagements de délais, voire engagement de placement des titres). Le principal pour l'entreprise est de ne représenter pour elle qu'un petit dossier non prioritaire.

Le document de référence, à ce stade, est le mémorandum de *placement (placing memo),* plus juridique et plus formel que le business plan. Il décrit les grandes lignes de la stratégie et surtout les conditions financières acceptées par le souscripteur.

Qualités de l'entrepreneur au moment de la consolidation

Le chef d'entreprise est un manager confirmé et reconnu pour ses succès incontestables dans le secteur. Il sait s'entourer d'une équipe de premier plan dont l'entrée dans le projet renforce encore sa crédibilité.

L'entreprise doit également compter, pour les mêmes raisons de visibilité et de crédibilité, des personnalités importantes dans son conseil d'administration et, le cas échéant, s'être dotée d'un comité scientifique.

Là encore, les investisseurs contribuent fortement à la construction du projet par leurs réseaux de contacts.

Étape 5 : introduction en bourse (IPO)

Cette étape, qui peut intervenir à différents moments dans le cycle de développement de l'entreprise, est à la fois une consécration et un nouveau départ. D'un côté, le succès est reconnu par un grand nombre de petits ou de grands investisseurs qui « votent » pour le projet en achetant des actions. De l'autre, la société accède à des montants de capitaux sans comparaison avec ce qu'apportent les fonds d'investissement et les investisseurs privés, ce qui lui permet de pousser encore son développement.

Financement de l'introduction

Dans la phase de préparation, les besoins sont de l'ordre de plusieurs millions de francs. Ils serviront à préparer une campagne de communication, à renseigner les analystes financiers sur le secteur et ses perspectives de croissance, à préparer les documents juridiques et comptables qu'exigent les autorités de régulation des marchés.

L'argent levé lors de l'introduction en bourse, servira en général à acquérir, soit des concurrents, soit des sociétés plus jeunes, dont la technologie permettra de renforcer l'offre de l'entreprise. Ainsi, Michel Meyer, fondateur du site de communautés Multimania.com affichait ses ambitions avant l'entrée au NM de sa société : « Nous allons nous doter d'une « *Internet currency* » indispensable pour acheter avec des titres les cibles qui nous intéressent »[30]. La chute vertigineuse du cours du titre Multimania depuis son introduction a par conséquent fortement réduit son « pouvoir d'achat » exprimé dans cette devise.

C'est la raison pour laquelle, c'est souvent « le premier en bourse qui a gagné », même s'il ne dispose pas de la meilleure technologie. L'introduction est d'abord une question de marketing, sur le plan du produit et sur le plan financier : toutes les start-up cherchent à faire partager à la communauté leur vision du monde, dans laquelle la technologie qu'elles dominent occupe une place centrale.

Conseils et intermédiaires de l'introduction

L'intermédiaire doit avoir le statut d'ITM (Introducteur Teneur de Marché), que lui donne un marché réglementé dont il fait partie (voir chapitre 4). Il s'agit en général d'une banque d'affaires.

Il existe également des investisseurs spécialisés dans les projets d'introduction en bourse : ils apportent les fonds nécessaires en contrepartie d'une place au capital.

Qualités de l'entrepreneur au moment de l'introduction

À ce stade, le chef d'entreprise a le profil classique du dirigeant d'une société cotée, capable de piloter son développement, tout en offrant aux analystes financiers la qualité d'information (et les résultats) qui garantiront l'appréciation du titre.

Pour le fondateur et les premiers actionnaires, c'est souvent l'occasion de sortir progressivement du projet et de prendre leurs bénéfices.

Le parcours d'une start-up qui a réussi : l'exemple de Cyrano

En 1994, Philippe Eyries et Philippe de La Gardette lancent Cyrano pour éditer des logiciels destinés à tester la fiabilité d'autres programmes. Ils misent avec un troisième associé 3,5 millions de francs et détiennent ainsi la quasi-totalité du capital. Dès 1995, il faut implanter une filiale aux États-Unis et investir 12 MF dans l'aventure. Ces fonds sont apportés par deux VC qui prennent alors 30 % de la société sur une valeur multipliée par 10.

En 1996, Cyrano rachète une société britannique deux fois plus grosse, qui nécessite 48 MF. Un nouveau tour de table est organisé qui valorise Cyrano à 180 MF, les dirigeants ne possédant plus que 51 %. Fin 1997, la société s'est développée avec 190 salariés contre 17 en 1994. Mais la structure reste déficitaire. La crise asiatique empêche la cotation au Nasdaq. Il faut un troisième tour de table et de nouveaux investisseurs.

En juin 1998, Cyrano entre au Nouveau Marché : les premiers investisseurs ont multiplié leur mise par 100 ![31]

CYRANO	1994	1995	1996	1997	Juin 1998 (IPO)
Chiffre d'affaires (MF)	NS	NS	43	139	192
Résultat net (MF)	0	-6,3	-35,6	-27,6	12
Valorisation (MF)	3,5	30	180	342	1200

3

UTILISER TOUS LES MOYENS FINANCIERS ET INSTITUTIONNELS

L'entrepreneur est confronté à un grand nombre d'acteurs financiers et institutionnels qui jouent chacun un rôle particulier et qu'il lui faut savoir aborder. Les investisseurs eux-mêmes et leur mode d'intervention feront l'objet d'un chapitre indépendant.

Un peu d'histoire...

Une fois n'est pas coutume, le concept du capital-risque est apparu sous sa forme actuelle à l'initiative d'un Français : le général Doriot, un Français installé aux États-Unis et qui prendra la nationalité américaine. Il enseigna là-bas ses idées révolutionnaires sur l'entrepreneuriat à plus de 6 000 étudiants du MIT et de l'université d'Harvard de 1928 à 1966. Il crée en 1946 une société de financement, l'ARD (l'American Research & Development Corp.) qui fit la fortune des audacieux actionnaires de la toute jeune société d'électronique Digital Equipment.

Les plus-values réalisées atteignirent six mille fois la mise initiale...
En 1945, le monde sort de la guerre. Les États-Unis se remettent au travail avec une industrie déjà forte, mais qui doit se réorienter vers les biens de consommation. Objectif : reconvertir l'outil industriel qui a un

besoin pressant de fonds pour les lourds investissements en matériel. Si les banques prêtent volontiers aux industriels existants, une autre voie s'impose pour les plus jeunes entreprises. C'est à cette période que naît le concept de venture capital, maladroitement traduit par capital-risque.

Le capitalisme à l'américaine est en plein essor et les possibilités pour placer son argent se multiplient. La bourse est déjà bien connue des Américains et une nouvelle forme d'investissement va voir le jour. Le but est de permettre à des investisseurs professionnels de placer leur argent en échange d'une très forte rémunération en cas de réussite. En investissant en amont du développement de l'entreprise et en acceptant de prendre beaucoup plus de risques aussi, le capital-risqueur compte rentabiliser son investissement par une forte plus-value à la sortie. Le cadre juridique a été défini en 1958 par le Small Business Investment Act (SBI) aux États-Unis et assorti de nombreuses mesures fiscales en 1978. Aujourd'hui encore, le rôle des business angels est largement favorisé par les cadeaux fiscaux.

En revanche, en France, le capital-risque n'apparaît qu'au début des années 1970. Et, énorme différence avec nos voisins d'outre-Atlantique, il a émergé sous l'égide des pouvoirs publics. En Europe de l'Ouest et particulièrement en France, il semble qu'il y ait eu une confusion notable, entre le capital-risque et le capital développement, ce dernier ayant rapidement drainé l'essentiel des capitaux disponibles. Le capital développement n'intervient pas lors de la création mais lors d'une phase de forte croissance alors que l'entreprise connaît déjà bien son métier et son marché. Il peut s'agir par exemple de développement à l'international. Les risques sont plus faibles et les placements plus tranquilles. Un environnement culturel peu propice à l'éclosion de *success stories* et une prime de risque jugée insuffisante (*cf.* des taux d'intérêts élevés) expliquent en grande partie le manque de financement en fonds propres dans des sociétés en phase de démarrage ou en phase d'amorçage (start-up et *seed up*). On note en particulier un intérêt accru pour le capital-risque vers la fin des années 1980. Mais il n'a pas survécu au début des années 1990 et à la crise du Golfe. Des échecs répétés de la fin des années 1980 à 1995 ont ainsi engendré des pertes importantes et une rentabilité moyenne de loin inférieure à celle des opérations purement financières, de type LBO et Capital Développement. Mais après cette terrible vague, une nouvelle génération de VC a vu le jour qui a connu un démarrage foudroyant.

En France, les conditions de la réussite sont désormais présentes

Toutes les conditions sont quasiment réunies pour un décollage vertical des start-up alsaciennes, catalanes ou parisiennes… Il ne reste plus qu'à régler le dossier des stock-options et leur traitement fiscal dissuasif. Mais on peut penser que cette question sera bientôt résolue grâce notamment au développement des Bons de Souscriptions de Parts de Créateurs d'Entreprise (B.S.P.C.E.). Les conditions du succès sont en effet réunies avec la mise en place d'un nouveau système financier européen, l'afflux de capitaux anglo-saxons et de nouvelles sources de financement, mais aussi la sollicitude des différents gouvernements français.

Un nouveau système financier européen

Plusieurs marchés ont été mis en place en Europe sur le modèle du Nasdaq : le Nouveau Marché en France, le Neuer Markt en Allemagne, le Nieuwe Markt en Hollande, Euro-NM en Belgique, et l'Easdaq avec une visée européenne… Ces marchés offrent enfin la liquidité aux investisseurs européens de la première heure : ils peuvent sortir sur la base d'une valorisation élevée lors de l'entrée en bourse. Ce qui, pendant longtemps, leur était interdit en Europe : les bourses traditionnelles refusaient de coter les start-up en édictant des critères d'admission inadaptés (historique, rentabilité, etc.). À cet égard, le lancement du Nouveau Marché (NM) en France, en 1996, a marqué un tournant. Le NM est un marché à part entière. Ce n'est donc pas un compartiment de la Bourse de Paris et ses critères d'admission sont beaucoup moins contraignants : en termes de diffusion des titres sur le marché (25 % du capital pour la cote officielle, 10 % pour le Second Marché) et en termes d'historique de comptes (trois exercices audités pour la Cote Officielle, deux dernières années de comptes certifiés pour le Second Marché).

En effet, les entreprises postulantes au Nouveau Marché doivent répondre aux critères suivants :

- Total du bilan : 20 MF minimum.
- Fonds propres : 8 MF minimum.
- Diffusion d'au moins 100 000 actions pour une valeur de 10 millions de francs.

- Présentation d'un plan de développement à trois ans (pas d'historique exigé).
- Obligation de publier chaque trimestre le CA et chaque semestre les principaux éléments d'activités.

Les fondateurs et les dirigeants s'engagent à conserver, pendant trois ans, 80 % des parts qu'ils détiennent au moment de l'introduction (100 % pour les entreprises de moins de deux ans pendant les deux premières années, puis 80 % la troisième).

Ce Nouveau Marché, après un début morose (avec la cotation ratée d'Infonie) a progressivement conquis sa place sur la scène européenne.

En 1997, il s'est même allié avec ses homologues allemands, belges et néerlandais pour constituer l'Euro-NM, une fédération qui devrait rapidement devenir un marché unifié.

La lutte est désormais ouverte entre cette coalition et le marché de l'Easdaq pour devenir le marché boursier européen de référence des valeurs technologiques à fort potentiel de croissance. Au-delà des différences de fonctionnement, les principales caractéristiques des deux marchés sont actuellement les suivantes.

L'Euro-NM compte, en septembre 2000, environ 150 sociétés cotées pour une capitalisation boursière de 34,78 milliards d'euros. L'Easdaq abrite 30 sociétés pour une capitalisation boursière de 77 milliards de francs.

La capitalisation de certaines sociétés du Nouveau Marché est très faible : elles sont 6 à capitaliser moins de 100 MF. Sur l'Easdaq, au contraire, la capitalisation de certaines valeurs peut se comparer à celles de leurs consœurs du règlement mensuel de la bourse de Paris. Les deux tiers ont une capitalisation supérieure à 500 MF. De fait, l'Easdaq attire plus d'investisseurs institutionnels que l'Euro-NM, lui assurant par là même davantage de liquidités. Les fonds de pension anglo-saxons comme Templeton ou Fidelity peuvent y acheter des lignes substantielles. Cela leur est plus difficile sur le Nouveau Marché2 ».

L'afflux de capitaux et les nouvelles sources de financement

Selon les statistiques de l'AFIC, la part des capitaux investis dans des créations et post-création en 1997 est de 1 097 MF, pour 521 opérations financées, en croissance de 12 % par rapport à 1996. Mais l'explosion du capital-risque en France a eu lieu en 1999 : les statistiques de l'AFIC font apparaître des investissements en amorçage, création, post-création de 3 407 MF en 1999. Selon l'indicateur Chausson Finance, les sociétés de capital-risque ont en effet investi 2,27 milliards de francs dans 281 start-up opérant dans le domaine des nouvelles technologies, soit une progression de 236 % par rapport à 1998. Ce développement est aussi dû à l'émergence de nouveaux acteurs, comme les corporate venture funds ou le développement de fonds dédiés aux start-up au sein des structures intervenant initialement en LBO ou en capital développement tels que The Carlyle Group qui a lancé un fonds Internet européen de 730 millions d'euros[32].

L'an 2000 a continué sur la même lancée avec la levée de plusieurs nouveaux fonds : un fonds dédié Internet chez Partech International, le lancement du deuxième fonds Ventech II pour Natexis, les projets de fonds dédiés B to B à la SPEF... Même les fonds américains de LBO partent les uns après les autres à l'assaut des start-up du vieux continent. Ainsi KKR a créé une nouvelle société European Digital Partners (EDP) qui a l'intention de bâtir un portefeuille de 50 millions de dollars, constitué de 20 investissements[33].

En France, un pool d'investisseurs de qualité est en train de se structurer. En voici un premier tableau récapitulatif élaboré par Chausson Finance :

Les 10 sociétés de capital-risque les plus lourdement investies en France	Montant investi en France (1999) (en MF)
3I France	274
Apax Partners	236
Innovacom	201
Galileo	139
SPEF	132
ABN-Amro Venture	131
Sofinnova	128
Viventures	119
CDC Innovation	117
PAI	63

Les 10 sociétés de capital-risque les plus présentes en nombre d'opérations en France	Nombre d'opérations en France (1999)
Innovacom	47
Spef	43
CDC Innovation	31
Natexis Ventech	25
3I France	24
Sofinnova	22
AXA Innovation	17
SGAM	17
Galileo	16
ABN-Amro Venture	15

Il faut y ajouter le développement du Nouveau Marché et le nombre croissant d'entreprises françaises qui vont se faire coter à l'Easdaq... Il est d'ailleurs à noter l'ambition du Nasdaq de s'implanter en Europe, soit en créant une entité indépendante, soit en se rapprochant d'une place européenne reconnue.

Le réveil politique français

Tous les hommes politiques ont désormais intégré l'équation « création d'entreprises = création d'emplois ». Une étude menée par Cognetics1 aux États-Unis démontre d'ailleurs que sur un échantillon de 11 millions d'entreprises étudiées sur la période 1987-1992, 4 % des entreprises (principalement des PME) ont engendré 70 % des créations d'emplois.

Cette prise de conscience s'est traduite notamment sous l'impulsion de Dominique Strauss-Kahn (1997-1999) par des mesures sans précédent en faveur de la création d'entreprises innovantes :

- Développement de fonds d'amorçage : université de Compiègne, I source de l'INRIA, projet du ministère de l'Éducation de 200 MF dans le secteur de l'Éducation Assistée par Ordinateur...
- Mise en place opérationnelle d'un fonds public pour le capital-risque de 600 MF suite à l'ouverture du capital de France Télécom, et qui est géré par la Caisse des dépôts. Un second fond

de 100 MEuros à été lancé en juillet 2000, l'État investissant aux côtés de la Banque Européenne d'Investissement et de la Caisse des dépôts.

- Signature d'un accord entre la Banque européenne d'Investissement et la SOFARIS pour développer les actions de financement dans les PME innovantes.
- Dispositifs en faveur du capital-risque gérés par la Banque européenne d'Investissement et le Fonds Européen d'Investissement.
- Prolongation pour les 5 ans des avantages fiscaux liés à la structure des FCPI.
- Création du concours national de la création d'entreprise.

Pour récompenser la prise de risque des créateurs d'entreprise et donner les moyens de motiver leur équipe, le gouvernement a allégé la pression fiscale qui pesait sur le régime des stock-options. Les bons de souscription de parts de créateurs d'entreprises (BCE) sont aujourd'hui les instruments les plus adaptés pour espérer une juste rémunération d'un parcours du combattant réussi (voir chapitre 10).

De fantastiques opportunités à saisir

Dans notre première édition, nous évoquions trois témoignages qui esquissaient le tableau d'un avenir très prometteur. Selon Price Waterhouse Cooper, les investissements en capital-risque, pour le premier trimestre 1998, dans des sociétés travaillant sur Internet ont atteint 460 millions de dollars. Plus de 100 sociétés ont été financées pendant la même période alors que seulement 4 avaient été soutenues par le capital-risque lors du premier trimestre 1995. Selon Michael Moritz, l'un des associés de la société d'investissement Sequoia Capital, « nous n'avons pas encore vu 10 % des idées intéressantes sur le Web. Nous ne sommes même pas à la fin du chapitre 1. »...

Les événements survenus lors des deux dernières années (1999 et 2000) ont donné raison à ces prédictions. Cependant la structuration du marché du Net parait désormais en cours. Sur de nombreux segments du BtoC l'abondance d'acteurs positionnés sur les mêmes business models annonce des lendemains difficiles ; la contraction des marchés boursiers risque sans doute d'accélérer la phase de consolidation : les entreprises qui n'ont su lever à temps les réserves financières pour tenir risquent rapidement de déposer le bilan ou s'efforcent de se faire racheter par leur compétiteurs...

La société Boo a inauguré en mai 2000 la série tragique des dépôts de bilan : ainsi Alidoo, spécialiste français des animaux domestiques, n'a pas réussi à trouver les 15 MF qu'il cherchait ; il a donc fermé ses portes à la fin juillet 2000. Le Suédois Dressmart, site de vente de prêt-à-porter masculin, Clickmango, site britannique de produits de beauté (lancé en avril 2000) ont déjà succombé à l'épreuve du réel alors que d'autres tels que Letsbuyit.com, leader européen des achats groupés, a licencié 1/5 de ses 400 salariés : il a perdu en effet 67 millions d'euros en exploitation au premier semestre 2000 pour des ventes de 11 millions durant la période[34] !

L'heure est à la mise en place de modèles de développement plus rigoureux, où les sources de revenus et les structures de marge ne reposent ni sur d'hypothétiques rentrées publicitaires, ni sur un délai pour atteindre le point mort trop éloigné dans le temps. Comme le déclare un investisseur : « Maintenant nous voulons savoir dans combien de temps la jeune entreprise peut avoir son premier client, et quelle marge elle peut dégager[35]... ».

Il y a cependant encore de réelles opportunités de croissance et beaucoup d'argent pour les financer ; les règles du jeu sont devenues plus contraignantes mais les dollars ne manquent pas : selon Price Waterhouse Cooper, 11,7 milliards de dollars ont été encore investis par des capitaux-risqueurs dans des sociétés Internet au deuxième trimestre 2000, aux États-Unis.

La preuve par l'exemple : quelques portraits de la réussite à la française

Lorsque Robert Mallet créa la Compagnie Générale d'Informatique (CGI), en 1967, il proposa à ses quatre copains de chambrée de Polytechnique d'investir dans son entreprise. Un seul accepta et investit 1 000 F.

Il empochera 3 millions au moment de la cession à IBM de la CGI, rebaptisée IBM Global Services. En 1993, le premier actionnaire de la CGI a ainsi multiplié sa mise par 3 000 !

Jean-Michel Aulas n'a pas encore vingt-et-un ans en 1969, quand il crée sa première société. Dix-huit mois plus tard, il revendra l'affaire au groupe Cegos qui l'embauche pour diriger une filiale. Mais en 1983, il convainc une centaine d'experts-comptables d'investir dans son projet Cegid, spécialisé dans l'informatique de gestion. L'opération est juteuse. La société connaît une croissance exponentielle et en 1986, juste avant l'introduction en bourse du groupe, les associés ont vendu la moitié de leurs actions à plus de 120 fois la mise. Après l'introduction, certains ont revendu l'autre moitié pour... 500 fois la mise. Aujourd'hui Jean-Michel Aulas détient encore près de 40 % d'un groupe dont la capitalisation boursière s'élevait à fin juillet 1998 à plus d'1,6 MF !

De même GSI, spécialiste des progiciels financiers, créée en 1978, a été revendue en 1995 par ses salariés pour plus de 2,1 milliards de francs !

Denys Payre a 34 ans. Il a quitté Oracle en 1990 avec son futur associé, Bernard Liautaud pour se mettre à son compte et lancer Business Objects, fabricant de logiciels d'analyse de bases de données : il possède aujourd'hui un patrimoine potentiel estimé à 100 MF dont déjà 35 MF ont été réalisés grâce à l'introduction de la société au Nasdaq à New York... Il consacre désormais son temps à exercer le métier de business angel.

Alain Tingaud a 43 ans. Il a vendu son entreprise, Arches Communications, spécialisée dans l'informatique de réseaux, à Siemens en 1995. Il avait créé son entreprise en 1991. Il est aujourd'hui à l'abri du besoin...

Les jumeaux Alain et Christophe Cremer ont 44 ans. Ils ont créé Sybel, éditeur de logiciels, en 1984 avec trois associés. En 1995, ils ont revendu Sybel au groupe britannique Sage pour la coquette somme de 25 MF. Ils détenaient 24 % de la société...

Ces quelques exemples montrent que quelque chose est en train de se produire en France depuis quelques années : l'avènement d'une génération d'entrepreneurs qui ont réussi très rapidement (ils ont moins de 45 ans) en bâtissant des entreprises dont la forte croissance reposait sur la rencontre réussie entre une technologie innovante et un marché souvent mondial.

Le cadre financier français

Les pouvoirs publics ont depuis longtemps le souci de favoriser le développement des PME, dont on sait qu'elles sont la principale source de nouveaux emplois. Il existe donc une longue liste de dispositions législatives en faveur de leur financement, dont il n'est pas question ici de retracer l'historique détaillé, mais qui explique la spécificité de certains acteurs du capital-risque. Avant de se concentrer sur les spécificités françaises, il est utile de présenter en contrepoint le modèle anglo-saxon.

Le modèle anglo-saxon : la *limited partnership*

En Angleterre comme aux États-Unis, la plupart des fonds d'investissement, qui apportent des capitaux aux sociétés non cotées, et en particulier aux sociétés en création, prennent la forme d'une *limited partnership*. Celle-ci regroupe :

- Les *limited partners,* qui apportent l'argent (les souscripteurs) et dont les droits sont limités (en fait, ils n'ont aucun droit sur l'utilisation des capitaux).
- Les *general partners,* qui en assument, avec une très grande autonomie, la gestion et la responsabilité.

Cette forme juridique tient donc à la fois d'une copropriété, entre les *limited partners,* et d'une commandite, puisque la gestion et la propriété des fonds sont séparées.

Aujourd'hui, la plupart des fonds sont dits « fermés » *(closed end),* ce qui signifie que leur durée de vie est limitée dans le temps, généralement entre 5 et 10 ans. Dans un premier temps, les gestionnaires procèdent à des investissements, puis les cèdent lorsque les participations sont parvenues à maturité, de manière à réaliser des plus-values importantes. Les plus-values dégagées au cours de la vie du fonds ne peuvent être réinvesties, car une fois le fonds parvenu à échéance, les *general partners* ont l'obligation de retourner l'intégralité des fonds aux *limited partners,* quitte à brader les participations qui resteraient encore en portefeuille. Un partage des plus-values intervient alors entre les *general partners* et les *limited partners,* sur la base des performances financières obtenues : ce sont les *carried interests* (soit 15 à 20 % en moyenne des plus-values réalisées).

Il est important de bien comprendre ce mécanisme car il explique en grande partie le comportement des gestionnaires de fonds, et en particulier leur horizon de temps : pour réussir, ils doivent investir (et c'est le plus facile), puis vendre leurs participations. Cette préoccupation de la sortie (liquidité) est déterminante et les fonds doivent la prévoir dès le début de l'investissement. C'est d'ailleurs le propre de tout investisseur professionnel que de se préoccuper de la vente avant même d'envisager une acquisition.

Une fois le fonds liquidé, les *general partners* font état de leurs performances (*track record*) pour repasser à la caisse auprès des souscripteurs (*pension funds*, institutionnels, *university endowments*[36]...) et constituer un nouveau fonds. On assiste donc à l'élimination des mauvaises équipes et au renforcement des bonnes, selon un processus darwinien.

Ce mécanisme est, selon nous, à l'origine de la constitution et du succès de l'industrie du capital-risque anglo-saxon.

Les premières structures à la française

Il a fallu très longtemps à la France pour se rapprocher du modèle, capitaliste à l'extrême, de la *limited partnership*. La tendance naturelle de notre pays pour favoriser le développement des entreprises a été longtemps de prendre des mesures administratives et politiques.

Il existe donc de nombreuses structures juridiques, créées de toutes pièces au fil des années pour recevoir différentes formes d'aides, juridiques ou fiscales. Bien entendu, comme elles reçoivent des aides publiques ou une forme de traitement privilégié, l'usage en a été limité aux activités que le législateur cherche à favoriser. Il en résulte à chaque fois des contraintes de gestion plus ou moins lourdes et parfois peu compatibles avec la réalité du métier d'investisseur.

SFI (Sociétés Financières d'Innovation)

La SFI est d'abord une SA (Société Anonyme), elle est définie par la loi du 11 juillet 1972. Elle a pour but de favoriser la « mise en œuvre industrielle de la recherche française ».

La SFI bénéficie d'un avantage important constitué par la garantie gratuite de la SOFARIS (Société Française pour l'Assurance du capital-risque des PME), en cas de défaut des sociétés en portefeuille.

Les actionnaires de la SFI ont également droit à un amortissement fiscal exceptionnel de 50 %, si les titres sont détenus plus de trois ans, et à la non-imposition de la plus-value provenant de la cession d'actions dans la limite dudit amortissement exceptionnel. En contrepartie, la SFI supporte d'importantes contraintes. Elle doit :

- investir au moins 80 % de son capital dans des sociétés innovantes (respectant en cela leur objet) réalisant un chiffre d'affaires au maximum de 50 MF et n'étant pas contrôlées à plus de 50 % par des sociétés dépassant ce plafond ;
- renouveler périodiquement ses investissements et, à l'expiration de chaque période triennale, désinvestir au minimum 33 % du capital aliéné depuis 6 ans au moins, à l'ouverture de la période ;

- disposer d'un capital minimum de 10 MF sans qu'aucun apporteur ne détienne plus de 30 % de celui-ci.

De fait la SFI est aujourd'hui très peu utilisée.

IRP (Instituts Régionaux de Participation)

Les IRP ont été créés pour favoriser l'apport de capitaux aux entreprises régionales. Ils interviennent peu dans la création d'entreprises, mais plutôt dans le développement de sociétés existantes. Leur statut ressemble à celui des SFI, mais varie en fonction de conventions signées au cas par cas avec l'État.

Pour l'essentiel, l'IRP bénéficie d'avantages importants : garantie de la SOFARIS ; transparence fiscale qui entraîne l'exonération de l'impôt sur les sociétés des revenus provenant des produits nets, des plus-values réalisées sur la vente d'actions et des revenus de placements « en attente d'investissement ».

En contrepartie, l'IRP doit distribuer 60 % de ses résultats et détenir moins de 35 % du capital d'une même société, sachant qu'une même participation ne peut représenter plus de 85 % du capital de l'IRP.

SCR (Sociétés de capital-risque)

La SCR est d'abord une SA (Société Anonyme), comme la SFI. Elle est définie par l'article 1 de la loi du 11 Juillet 1985. Elle a pour but de favoriser l'investissement dans les sociétés non cotées.

La SCR bénéficie d'avantages fiscaux comprenant :

- l'exonération de l'impôt sur les sociétés pour les produits et plus-values nets, provenant de titres des sociétés non cotées, ainsi que pour les produits et plus-values nets d'autres placements, dans la limite du tiers du portefeuille de titres de sociétés non cotées ;
- l'exonération pour les actionnaires personnes physiques sur les distributions de produits et plus-values nets exonérés pour la SCR.

En contrepartie, la SCR supporte d'importantes contraintes :

- Sa situation nette comptable doit être représentée de façon constante à concurrence d'au moins 50 % de parts, actions, obligations convertibles ou titres participatifs de sociétés françaises dont les actions ne sont pas admises à la cote ; et ce taux doit être atteint dans un délai de trois ans. Toutefois, les titres admis à la cotation sur un marché réglementé restent pendant 5 ans dans le quota des sociétés non cotées pour la SCR.

- Elle ne peut détenir plus de 40 % d'une participation, ne peut pas employer en titres d'une même société plus de 25 % de son capital (mais de toute manière, aucun gestionnaire ne prendrait ce risque).

Les actionnaires personnes physiques doivent également conserver leurs actions pendant au moins cinq ans, réinvestir dans la SCR immédiatement les produits distribués pendant cette période et ne pas détenir plus de 25 % des droits dans une société financée par la SCR.

Une réforme visant à simplifier le régime juridique et fiscal des SCR, en le rapprochant de celui des Fonds communs de placement à risque (cf. ci-dessous) vient d'être adoptée dans la Loi des Finances Initiale pour 2001.

Les structures plus récentes

Le concept de *Limited Partnership* a été introduit en France en 1979 sous la forme des FCP (Fonds Communs de Placement) et appliqué au capital-risque en 1983, sous la forme des FCPR (Fonds Communs de Placement à Risque), puis des FCPI (Fonds Communs de Placement dans l'Innovation).

FCP (Fonds Communs de Placement)

Le FCP n'est pas une SA, mais un OPCVM, c'est-à-dire une copropriété de valeurs mobilières entre des souscripteurs, gérée par une société de gestion. La société de gestion fait l'objet d'un agrément par le ministère de l'Économie et des Finances, après avis de la Commission des opérations de Bourse.

FCPR (Fonds Communs de Placement à Risque)

Le FCPR est d'abord un FCP. Il a été créé par la loi du 3 janvier 1983, pour favoriser l'investissement dans les sociétés non cotées.

Chaque fonds peut faire le choix de son mode d'action et de sa stratégie d'investissement, déclarée à la COB et définie dans ses statuts : extension géographique, capital développement, capital-risque, sociétés en démarrage.

Le souscripteur de FCPR bénéficie de plusieurs avantages : d'abord de la transparence fiscale de la structure et, pour le souscripteur personne physique, de l'exonération de la taxe sur les plus-values réalisées, s'il conserve ses parts plus de 5 ans.

En contrepartie, le FCPR supporte d'importantes contraintes : investir au minimum 40 % de ses actifs dans des sociétés non cotées, dans un délai d'un an (ce délai irréaliste a été ensuite porté à deux ans) ; et ne pas détenir plus de 10 % de titres d'une même société.

De son côté, le souscripteur doit bloquer son argent au minimum 3 ans dans le FCPR.

FCPR fiscal

Il s'agit d'une variante du FCPR qui donne plusieurs avantages supplémentaires :

- La possibilité pour le souscripteur de comptabiliser les plus-values au moment de leur réalisation, alors que dans le régime général, les plus-values sont taxées par anticipation, au fur et à mesure de l'appréciation du portefeuille.
- L'exonération de la plus-value pour les souscripteurs personnes physiques, s'ils conservent leurs titres plus de 5 ans.

Mais, en contrepartie, les contraintes sont plus fortes : les investissements sont limités à l'Europe et le ratio de titres non cotés est porté à 50 %. Le FCPR est aujourd'hui la structure la plus utilisée par les investisseurs : c'est la mieux adaptée à la logique du capital-risque et elle a connu de nombreuses améliorations au cours des dernières années.

FCPI (Fonds Communs de Placement dans l'Innovation)

Le FCPI est d'abord un FCPR fiscal. Il a été créé pour favoriser le démarrage de sociétés innovantes et pour attirer les investisseurs personnes physiques vers ce marché. Son statut continue à évoluer, au fil des lois de finances. Il s'agit d'un objet hybride, très financier par son profil de risque, mais très grand public de par la nature de ses souscripteurs, et donc éminemment surveillé par la COB.

Il offre, par rapport au FCPR, l'avantage considérable pour les souscripteurs personnes physiques de permettre de réduire l'impôt sur le revenu de 25 % du montant souscrit, dans la limite de 150 000 francs de souscription pour un couple.

En contrepartie, les contraintes sont très fortes et imposent une gestion difficile.

Le souscripteur a l'obligation de conserver ses titres pendant 5 ans. Alors que le FCPR doit (de manière très simplifiée) :

- Investir en 2 ans 60 % des capitaux dans des sociétés dites innovantes, déclarées telles par l'ANVAR (c'est-à-dire indirectement par l'administration).
- Limiter les investissements à la France, dans des sociétés non cotées âgées de moins de 5 ans, soumises à l'IS, détenues majoritairement par des personnes physiques, le pourcentage de détention devant être apprécié en excluant la part des FCPR, FCPI, SCR... Toutefois, les titres admis à la cotation sur un marché réglementé restent pendant 5 ans dans le quota des sociétés non cotées pour la SCR.
- Tenir un compte titre individuel pour chaque souscription de chaque souscripteur (!) ; les coûts de gestion qui en résultent réduisent fortement l'avantage fiscal pour les petites souscriptions.

Fonds dits « DSK »

Il s'agit de la dernière et très médiatique innovation en matière de fonds d'investissements. Son objectif est de reporter sur les fonds propres des entreprises une partie de l'épargne habituellement placée en produits de taux (obligations, bons du trésor...).

Juridiquement, ce sont de simples FCP. Ils sont destinés à recevoir les capitaux collectés dans le cadre des contrats d'assurance-vie DSK.

Le souscripteur du contrat d'assurance bénéficie des réductions d'impôt liées à l'assurance-vie. En contrepartie, 50 % des fonds doivent être investis dans des sociétés françaises, dont 5 % dans des sociétés non cotées. Toutefois, les sociétés cotées au Nouveau Marché sont considérées comme non cotées, pour le calcul de ce ratio...

Bien entendu, ces contraintes s'ajoutent à celles des FCPR, si les capitaux collectés sont investis par ce biais.

Conclusion

L'objet de ce détour réglementaire était de présenter la complexité des sociétés qui répondent en France à l'appellation de « fonds d'investissement ».

Il en découle, pour l'entrepreneur, que des empilements complexes de contraintes, subies par le gestionnaire de fonds, risquent de peser très lourd dans ses décisions d'investissement, au-delà de l'intérêt intrinsèque du projet industriel.

Inutile par exemple de solliciter un FCPI, si le projet passe par une incorporation juridique aux États-Unis, même s'il crée des emplois en France.

Le cadre institutionnel[37]

AFIC (Association Française des Investisseurs en Capital)

L'AFIC est une organisation professionnelle qui regroupe les principaux fonds d'investissement qui opèrent sur le territoire français.

Elle joue un rôle important de syndicat professionnel et représente les intérêts des investisseurs dans le cadre des négociations avec l'État pour l'élaboration des projets réglementaires : FCPR, FCPI, DSK…

Elle publie les statistiques de la profession (sur la base de déclarations de ses adhérents) ainsi qu'un répertoire fort utile de ses membres, investisseurs et prestataires de conseil.

ANVAR (Agence Nationale Pour la Valorisation de la Recherche)

L'ANVAR est un Établissement Public à Caractère Industriel et Commercial (EPIC) chargé de soutenir l'effort d'innovation des PME françaises, dans tous les secteurs d'activité. L'agence est aujourd'hui placée sous la double tutelle du ministère de l'Economie, des Finances et de l'Industrie et du ministère de la Recherche.

Elle propose différentes aides aux créateurs d'entreprises technologiques :

- Aide aux Services d'Innovations (ASI) : subvention plafonnée à 200 kF qui couvre jusqu'à 50 % les dépenses occasionnées par le recours à un consultant. Elle permet aux PMI de moins de 2 000 personnes, non filiale d'un groupe de plus de 2 000 personnes, financièrement saines, qui souhaitent préparer ou compléter un programme innovant, d'être remboursée lorsqu'elles font appel à un consultant externe pour réaliser un diagnostic lié à l'innovation, une étude de marché, déposer un brevet....

Le plafond est porté à 300 kF, couvrant 75 % des dépenses occasionnées par l'appel à un consultant externe, lorsque les études concernent la création d'entreprise. L'ASI est, dans ces conditions, versée à des personnes physiques, ou des sociétés créées depuis moins de 12 mois.

- Aide aux projets d'innovation (API). Cette avance, qui peut atteindre 1 à 2 MF, constitue le deuxième volet de l'aide au financement de l'innovation. Elle est accordée exceptionnellement aux entreprises en création. Accessible à toute société commerciale financièrement saine, en dehors des grands groupes, elle est versée sous forme d'avance remboursable en cas de succès (assimilable à un prêt à taux nul). Elle finance les dépenses (au sens comptable du terme, compte 600...) internes et externes nécessaires à l'élaboration et au lancement commercial d'un produit ou procédé innovant.
- Embauche d'un cadre de R&D engagé sous CDI : l'ANVAR prend en charge une partie de son salaire. Le profil requis est celui d'un scientifique bac + 5.

En 1996, l'ANVAR est intervenue pour un montant total de 1,2 milliard de francs, dont 1,1 milliard directement lié au soutien à l'effort R&D des PME, au travers de 990 projets d'innovation pour la mise au point de produits et procédés nouveaux (900 MF) ; 619 recrutements de chercheurs et ingénieurs de R&D pour créer ou développer des cellules de R&D au sein des PME (94 MF) ; 554 recours à des conseils externes (90 MF).

L'ANVAR joue également un rôle majeur dans le cadre des investissements réalisés par les FCPI, puisqu'elle délivre l'attestation du caractère innovant des projets de création d'entreprise.

L'ANVAR, qui est submergée de visites, accorde une priorité aux personnes ou aux entreprises qui se présentent munies d'un business plan ou qui lui sont recommandées par des institutionnels ou des laboratoires, avec qui elle a l'habitude de travailler.

Avant de vous déplacer à L'ANVAR, préparez votre demande de financement. Rencontrez plusieurs consultants, établissez deux ou trois devis et préparez les documents qui aideront le conseiller de l'ANVAR à justifier son intervention. Ce dernier sera plus à l'aise pour vous expliquer comment procéder. Ainsi, vous maximisez vos chances d'obtenir un financement et évitez de gaspiller votre temps ou votre argent.

Lorsque le conseiller prend en charge votre dossier, les démarches administratives ne sont pas longues. Mais la décision finale du versement effectif de la subvention est souvent lente à venir (plus de huit semaines).

Lorsqu'un créateur d'entreprise obtient une ASI et que son projet se développe, il peut naturellement prétendre à l'API.

AFG-ASFFI (Association Française de la Gestion Financière)

Créée en 1961, l'AFG-ASFFI est l'association syndicale des sociétés de gestion financière (en pratique les sociétés de gestion agréées par la COB). Elle regroupe les acteurs du métier de la gestion sous tous ses aspects : individuelle, institutionnelle ou collective ; sociétés d'investissement, gestionnaires indépendants, organismes de banque et de crédit. Elle compte environ mille adhérents.

L'AFG-ASFFI joue essentiellement un rôle de lobbying institutionnel : promotion de la gestion française et information de ses adhérents ; interlocuteur des pouvoirs publics français et européens ; définition des règles éthiques de la gestion ; élaboration de la législation européenne.

BDPME (Banque de Développement des PME)

La BDPME est issue du regroupement, en 1997, de la SOFARIS et du CEPME. Elle est détenue par l'État, la Caisse des dépôts et consignations et les Banques Populaires. Elle propose, en ce qui concerne la création de sociétés innovantes :

- Un contrat de développement. C'est un prêt sans garantie octroyé aux PME, afin de renforcer leurs fonds propres. Il est assorti d'une clause de participation liées au chiffre d'affaires de l'entreprise.
- Une garantie de la SOFARIS qui garantit les prêts à moyen et long terme accordés par des banques aux entreprises à hauteur de 40 % de leur montant.
- Un financement des commandes publiques, en accordant des avances sur les sommes dues par l'État au titre des marchés

publics, de manière à protéger les PME contre les retards de paiement.

- Et une garantie des fonds d'investissement de capital-risque sur leurs prises de participation.

Toutefois, malgré les discours de son président, la BDPME, pour son activité CEPME, demeure une banque trop souvent frileuse qui ne s'engage qu'en faveur de start-up ayant à la fois une forte croissance, deux exercices rentables derrière elle et un statut de jeune entreprise !

La garantie BDPME, *via* SOFARIS, est une garantie de « dernier rang » qui ne se met en place que lorsque toutes celles données par le dirigeant ont été épuisées par la banque.

De plus, la BDPME *via* SOFARIS porte une analyse complémentaire sur le dossier et suggère parfois à la banque la nécessité de cautions supplémentaires pour la délivrance d'un prêt garanti par BDPME *via* SOFARIS. Dans ces conditions, la banque ne pourra prendre d'hypothèque sur la résidence principale du créateur.

CEPME

Le CEPME a été regroupé avec la SOFARIS pour former la BDPME.

COB (Commission des Opérations de Bourse)

Créée 1967 par ordonnance, puis renforcée par les lois du 2 août 1989 et du 2 juillet 1996, la COB est une autorité administrative indépendante. Elle a pour mission de veiller à la protection des épargnants lorsqu'il est fait appel public à l'épargne, à l'information des investisseurs, dans un souci de transparence et de qualité de l'information et au bon fonctionnement des marchés d'instruments financiers.

La COB définit des règlements concernant le fonctionnement des marchés placés sous son contrôle et les personnes faisant appel public à l'épargne. Dans le cadre qui nous intéresse, elle joue un rôle majeur, puisqu'elle réglemente, autorise et contrôle les principaux types de fonds d'investissements : FCPR, FCPI...

COFACE (Compagnie française d'assurance pour le commerce extérieur)

Créée en 1946, la COFACE protège les entreprises des risques liés à leurs échanges commerciaux et à leurs investissements internationaux.

Selon qu'il existe ou non un marché privé de la réassurance pour ces risques, elle agit comme compagnie d'assurances engageant sa propre responsabilité financière, ou intervient pour le compte et avec la garantie de l'État français, dans le cadre de sa politique de soutien au commerce extérieur. Les opérations réalisées par la compagnie pour le compte de l'État sont financées directement par le Trésor public. Elle garantit 20 à 25 % des exportations françaises.

Outre l'assurance-crédit de marché et la gestion des garanties publiques, le groupe COFACE est également présent, par SCRL et d'autres filiales constituant le réseau Info Alliance, dans le domaine de l'information commerciale et de la gestion de créances.

Dans le cas des sociétés de haute technologie en démarrage, la COFACE peut apporter une aide utile à l'expansion internationale, notamment aux États-Unis, sous forme d'une aide remboursable à la prospection qui peut aller de 1 à 3 MF.

Pour en bénéficier, une entreprise doit notamment justifier de 3 exercices écoulés ou faire sa demande avec le concours d'une société éligible qui se portera caution, dans le cadre d'un partenariat de prospection commerciale.

SOFARIS

La SOFARIS a été regroupée avec le CEPME pour former la BDPME.

DRRT (Délégation Régionale à la Recherche et la Technologie)

Les DRRT ont l'immense avantage de proposer le Crédit d'Impôt Recherche (CIR).

Cette disposition fiscale concerne toutes les sociétés commerciales qui réalisent un effort de recherche important. (cette disposition est particulièrement intéressante pour les « Nouvelles Entreprises Technologiques », dont les frais de développement sont conséquents). Elle leur permet d'économiser 50 % de la différence entre les dépenses de recherche d'une année civile et la moyenne des mêmes dépenses, l'année précédente. Dans le cas des nouvelles entreprises, cette réduction s'élève à 50 % du programme de la première année.

Là aussi, ce sont les dépenses liées au programme de recherche, au sens comptable du terme (compte 600), qui sont prises en compte.

Pour obtenir le CIR, il suffit de contacter la DRRT qui fournit le formulaire de demande. Cette aide est simple à obtenir et le dossier n'est pas complexe à remplir.

Garder toujours un double des documents que vous transmettez.

CRITT (Centres Régionaux d'Innovation et de Transfert de Technologie)

Les CRITT sont des « corollaires » régionaux de l'ANVAR, dépendants de conseils régionaux, ils sont spécialisés par type de technologie. Toutes les technologies ne sont pas forcément représentées dans une région donnée. Ainsi il existe des CRITT-CHIMIE, MECA, COMPOSANT ÉLECTRONIQUES, BIOLOGIE, ENVIRONNEMENT… Les CRITT ont pour vocation de promouvoir et de valoriser le tissu régional des laboratoires de recherche privée ou publique. Ils distribuent principalement : Le Pré Conseil Technologique (PCT et les Aides Régionales au Transfert de Technologie, ARITT.

PCT (Pré Conseil Technologique)

Ce dispositif permet de bénéficier d'un diagnostic technologique, effectué par des spécialistes, appartenant aux laboratoires de la région. Il permet d'optimiser la conception d'un procédé innovant ou novateur.

Il permet à toute entreprise de moins de 500 personnes, appartenant à un groupe de moins de 500 personnes ou bien à un créateur d'entreprise de bénéficier gratuitement de l'intervention d'un expert pendant 4 jours maximum.

Dans certains cas, lorsque l'intervention est importante, le conseil régional peut, dans le cadre de « diagnostics courts » prendre en charge 50 % du coût de six journées supplémentaires.

Ce dispositif, d'une grande souplesse, permet l'intervention d'un expert en moins de 15 jours. Aucune garantie financière n'est nécessaire pour obtenir un PCT.

ARITT (Aide Régionale au Transfert de Technologie)

Ce dispositif facilite le recours aux moyens des organismes de recherche scientifique, dans le cadre de transferts de technologie.

Il permet à toute entreprise de moins de 500 personnes, appartenant à un groupe de moins de 500 personnes, de bénéficier d'une subvention plafonnée à 350 kF, prenant en charge, jusqu'à 50 % des prestations du laboratoire ou de l'organisme de recherche. Cette subvention peut être cumulée avec une subvention, plafonnée, à 100 kF versée pour une étude de faisabilité, réalisée par un cabinet de conseil.

Pour bénéficier de cette aide, vous pouvez soit entreprendre une démarche auprès des ARITT ou du conseil régional ou bien vous laisser guider par le laboratoire que vous aurez choisi, s'il a déjà bénéficié de cette procédure.

Quel que soit l'origine du contact, qui vous ouvre droit à la subvention, c'est votre entreprise et son représentant légal, qui seront concernés par les démarches administratives.

Il est souhaitable de rencontrer le conseiller qui s'occupera de votre dossier, et de l'inviter dans votre entreprise.

Toutes les aides versées par les Régions ou l'Etat s'adressent principalement aux entreprises installées depuis au moins trois ans. Cependant, compte tenu de l'importance que représente l'enjeu de la création d'entreprise, ces aides sont accessibles aux créateurs d'entreprise, dans la mesure où ils consacrent des moyens importants pour leur projet et que la future entreprise est dotée d'un réel potentiel de création d'emplois.

ARIST (Associations pour la Recherche et l'Innovation Scientifique et Technique) et BRIST (Bureau pour la Recherche et l'Innovation Scientifique et Technique)

Ces organismes aident les dirigeants et les créateurs d'entreprise à réaliser des programmes d'innovation et de transfert de technologie et à accéder aux aides et subventions régionales, nationales et européennes (ANVAR, ARITT, etc.).

Ils conseillent sur les choix technologiques, aident à instruire les dossiers de demande de subvention, réalisent des études sectorielles et montent des travaux de veille technologique. Leur intervention est gratuite, le prix des études sectorielles correspond au coût d'extraction des informations à partir de bases de données internationales.

Les conseillers sont rapidement accessibles et peuvent se déplacer en entreprise.

Les conseils et intermédiaires dans la recherche de capitaux

Il s'agit de présenter les principaux types de conseils qui peuvent aider l'entrepreneur dans sa démarche de création d'entreprise, ce qu'on peut raisonnablement en attendre et ce qu'il faut exiger d'eux.

Nous n'aborderons pas les conseils classiques (mais tout à fait indispensables) que peut utiliser tout entreprise dans le cadre de ses activités : stratégie, ressources humaines, marketing des hautes technologies, organisation, développement commercial, études et enquêtes de marché... De ce point de vue, la problématique est la même que pour toute autre entreprise et les investisseurs peuvent se révéler de bon conseil dans le choix des partenaires.

Nous parlerons ici des conseils et intermédiaires nécessaires pour la recherche de capitaux.

Les « boutiques » financières spécialisées

Il s'agit généralement de petites structures indépendantes, constituées par des personnes expérimentées, dont l'objet est précisément de rechercher des capitaux pour le compte d'entrepreneurs et de les mettre en relation, dans les meilleures conditions, avec des investisseurs.

L'intermédiaire permet à l'entrepreneur de gagner du temps et de se concentrer sur le développement de son projet.

Sa principale valeur ajoutée est d'avoir la confiance d'un grand nombre d'investisseurs et de bien les connaître. Il crédibilise l'offre, la rend compréhensible et saura adapter la présentation du projet aux attentes, voire à la psychologie de tel ou tel investisseur. Il devra également accompagner l'entrepreneur lors des séances de présentation du projet à des investisseurs, mais sans jamais se substituer à lui : c'est à l'entrepreneur de se présenter et de convaincre.

L'intermédiaire joue également un rôle de médiateur, dans la mesure où il devra parfois modérer les attentes, parfois excessives et impatientes de l'entrepreneur, tout en l'aidant à valoriser au mieux son projet.

La rémunération

Une part importante, et parfois la totalité de la prestation est rémunérée en fonction du succès de la levée de fonds, selon une échelle proportionnelle dégressive dite « échelle de Lehman », bien qu'elle n'ait absolument rien de standard.

Pour donner un exemple typique, l'intermédiaire, en cas de succès peut recevoir : 15 % du premier million, plus 10 % du MF suivant, plus 5 % des 3 MF suivants, puis 3 % des 10 MF suivants, puis 2 % du reste.

Les intermédiaires acceptent de plus en plus souvent une rémunération en actions, en cas de succès, mais le plus souvent sur la base d'une valorisation privilégiée des titres.

La question de la rémunération est particulièrement délicate pour les projets au début de leur création : comme les montants recherchés sont faibles, la rémunération de l'intermédiaire représente un pourcentage important des fonds trouvés. Mais on n'a rien sans rien...

Le contenu de la mission

Il est indispensable de définir avec l'intermédiaire, préalablement, un mandat détaillé. L'accord doit porter sur :

- l'étendue de la mission et l'exclusion (éventuelle) de certains investisseurs déjà contactés ou indésirables, par exemple des acteurs industriels ;
- les produits finis, le cas échéant : mémo de présentation, business plan ;
- la durée de la mission de recherche de capitaux ;
- la rémunération, sous forme de partie fixe mensuelle *(retainer)* et variable en cas de succès de l'opération de recherche de capitaux *(success fees) ;*
- les droits de suite (éventuels), si le même investisseur remet de l'argent un peu plus tard ;
- l'exclusivité (éventuelle) de l'intermédiaire qui ne prendra pas d'autre mandat pour une société concurrente ;
- l'exclusivité (éventuelle) du client qui ne donnera pas un autre mandat à un intermédiaire concurrent ;
- les conditions (éventuellement indicatives) du placement : prix, part du capital, principales dispositions du pacte d'actionnaire ;
- les conditions de rupture du contrat ;
- protections et indemnités *(represent warranties and indemnifications).*

Il est important de se souvenir que l'intermédiaire financier, même dans le cas d'un paiement fixe, n'a qu'une obligation de moyens : sa rémunération est acquise, sauf en ce qui concerne la partie variable, quel que soit le résultat de ses démarches.

Les services complémentaires

Dans certains cas, selon sa compétence et sa connaissance du secteur des hautes technologies, l'intermédiaire pourra également participer au travail d'élaboration de la stratégie et du business plan.

Certains peuvent également assister le fondateur dans d'autres aspects de son projet et proposer un véritable conseil de direction personnalisé : point d'avancement et suivi régulier, assistance lors des négociations majeures avec des partenaires industriels ou commerciaux, recrutements…

Le choix de l'intermédiaire[38]

Ce métier a connu un fort développement depuis la première édition du guide. L'afflux de capitaux a entraîné une explosion du nombre de dossiers en quête de financements. De fait les intermédiaires se sont multipliés.

Trois acteurs aux profils différents ont construit une réputation de qualité.

Netscapital. une banque d'affaires spécialisée, Netscapital, dirigée par Thierry Lepercq (ancien directeur au sein de ODDO & Cie), compte une cinquantaine de personnes, et s'est établie en France et en Italie pour intervenir en Europe. L'approche développée par Netscapital est de devenir le partenaire des sociétés de haute technologie en les accompagnant sur l'ensemble de la chaîne de financement, depuis la levée du capital initial jusqu'au montage d'IPOs. Netscapital réunit les compétences de conseil en stratégie, banquier d'affaires et d'émetteur financier.

Une place de marché fermée, MGT. Dirigée par Jean-Marc Daumesnil, MGT filtre les dossiers qui lui sont soumis et les présente en première exclusivité à un cercle de capitaux-risqueurs affiliés. La qualité du lien qui unit MGT à ses partenaires garantit son sérieux et la rapidité d'exécution.

Un cabinet d'intermédiaires, Chausson Finance. Son créateur Christophe Chausson, ancien capital-risqueur, a été l'un des premiers intervenants sur le marché. Il apporte une réelle crédibilité aux dossiers qu'il prend en charge. La structure s'est développée et comprend désormais une petite équipe spécialisée par technologie. Chausson Finance a également établi un index statistique qui mesure chaque semestre les montants levés par des start-up auprès des principaux capitaux-risqueurs français.

D'autres acteurs sont aussi présents tels que Léonardo Finance (Y. Delacour), Capital et Croissance (Jean François Prat), Start-up Connection (Jacques Tassi)... On peut retrouver les intermédiaires financiers lors de grandes messes telles que celles organisées par Capital IT (E. Libaudière) ou Planet Start-up (G. Enguehard) qui permettent de nombreuses rencontres. On peut également les contacter sur des forums Internet de discussion dédiés au capital-risque. Certains sont également référencés comme membres associés dans l'annuaire de l'AFIC. D'autres font parler d'eux dans des revues comme *Option Finances* ou *Le Revenu*.

Le bouche à oreille reste encore un bon moyen de trouver l'information nécessaire : ne pas hésiter à poser des questions à d'autres start-up plus avancées dans leur développement, ou tout simplement au gestionnaire d'un fonds d'investissement...

Enfin, l'important pour bien choisir est d'abord de vérifier les références de ces intermédiaires en appelant directement des sociétés pour lesquelles ils ont déjà travaillé, avec ou sans succès.

La folie Internet a entraîné la prolifération des *go between* et leur professionnalisme est très variable.

Les cabinets d'audit

Les grands cabinets d'audit sont de plus en plus intéressés par les projets de création d'entreprise. Leur principale contribution peut se trouver dans la formalisation du business plan, éventuellement accompagné d'une étude de faisabilité commerciale.

Il ne s'agit probablement pas pour eux de gagner beaucoup d'argent en vendant des business plans, mais petit projet deviendra grand et aura bientôt besoin de toutes sortes de services : comptabilité, organisation, études de marché. Si l'entreprise réussit à intéresser des investisseurs, il s'agit bien sûr d'une clientèle particulièrement solvable.

Attention toutefois à la tentation de limiter l'analyse à la seule partie chiffrée des comptes prévisionnels. On voit souvent des business plans très pauvres réalisés par des experts-comptables ou des commissaires aux comptes indépendants : ce n'est pas leur métier.

Dans les premiers stades du développement, ce qui compte en effet c'est de convaincre sur le concept technologique, la stratégie à mettre en œuvre et la qualité de l'équipe, pas de produire des prévisions de chiffre d'affaires, qui ne reposent de toute manière sur rien de solide.

> Rappelons également que la formalisation d'un business plan ne constitue qu'une partie du processus de levée de fond : il ne vaut mieux pas sous-traiter sa réalisation indépendamment d'un contrat de levée de fonds.

Les avocats et conseils juridiques

Les avocats d'affaires jouent un rôle très important dans la conclusion des négociations financières : la précision et la rigueur dans la rédaction des actes sécurisent la transaction et protègent les parties signataires.

La rémunération

Les avocats sont rémunérés au temps passé et coûtent en général très cher. Lorsque c'est possible, il est bon de négocier un forfait mensuel d'assistance, ce qui permet de plafonner les dépenses.

De même, pour certains travaux clairement identifiés, il ne faut pas hésiter à demander un devis et négocier un forfait : constitution de société, rédaction d'un acte, d'un pacte d'actionnaires…

Leurs compétences

Il faut savoir utiliser les conseils juridiques et surtout se méfier de leur comportement dans la partie amont des négociations. En effet, ils sont d'abord les garants de la forme juridique et de l'applicabilité réelle des accords signés. En revanche, sauf exception, ils ne maîtrisent pas le fond des discussions en termes de métier, de technologie ou de rapports de forces dans la négociation. Ils ont alors une tendance naturelle à se focaliser sur ce qui rend l'accord impossible.

Il est essentiel d'entamer les discussions directement, sans la présence d'avocats, en limitant volontairement la négociation à des questions d'affaires, en excluant la partie purement juridique. Attention, il n'en reste pas moins crucial de préparer en parallèle sa stratégie avec son conseil juridique. Une fois l'accord trouvé et exprimé, l'un des avocats propose une rédaction qui sera ensuite négociée en détail. *In fine,* il faut savoir distinguer *business points* et *legal points :* les seconds ne peuvent être traités par les avocats qu'après clarification des premiers.

Évitez la situation dans laquelle chaque partie initie la négociation en présence de son propre conseil juridique, qui se sent alors investi de la mission de protéger son client et peut bloquer la discussion sur des détails.

Ce qu'il faut attendre également d'un conseil juridique, bien que cette qualité soit rare et presque antinomique de la fonction juridique, c'est un esprit de synthèse. Plus que le fignolage des détails de ses contrats, l'entrepreneur a besoin d'une explication de texte sur la signification, en termes d'affaires, des différentes clauses.

Au fur et à mesure du développement de l'entreprise, le rôle du conseil juridique est amené bien sûr à s'étendre : contentieux, droit social...

Le choix du conseil juridique

Les très grands cabinets sont en général hors de portée des entreprises en création, du fait de leurs tarifs. Il existe par contre des cabinets indépendants, généralement constitués par de bons professionnels qui se sont mis à leur compte, et qui peuvent proposer toutes les compétences dont une jeune entreprise a besoin, à des tarifs raisonnables. Certains s'intéressent de plus en plus à la création d'entreprises. Là encore, le bouche à oreille est un bon moyen de sélection : auprès d'autres start-up, d'un gestionnaire d'un fonds d'investissement ou en parcourant l'annuaire de l'AFIC.

Les chasseurs de primes

Il existe des cabinets spécialisés ou des personnes ayant une forte expérience dans la recherche d'aides en tout genre. Certaines de ces aides peuvent être importantes, comme celles de l'ANVAR ou de la COFACE. Le montage des dossiers se révèle en général long et fastidieux. Il risque de détourner l'entrepreneur de ses objectifs d'affaires. Il est donc utile de s'en remettre à des sociétés spécialisées dans ce genre d'assistance, malgré leur coût non négligeable.

La rémunération

Comme dans le cas de la levée de capitaux auprès des fonds, une bonne part de la rémunération doit être liée au succès de l'opération.

Pour donner un exemple, pour l'obtention d'une subvention de 1 MF, une prime de 50 KF, dont la moitié en cas de succès, paraît raisonnable.

Le contenu de la mission

Il est indispensable de définir préalablement un mandat détaillé qui définit :

- l'étendue de la mission et les subventions visées ;
- la durée de la mission de recherche de subvention ;
- les produits finis, le cas échéant : mémo de présentation, business plan ;
- la rémunération, sous forme de paiement préalable et de prime variable en cas de succès de l'opération ;
- l'exclusivité (éventuelle) du client qui ne donnera pas un autre mandat à un intermédiaire concurrent ;
- les conditions de rupture du contrat.

Il est important de se souvenir que l'intermédiaire, même dans le cas d'un paiement fixe, n'a qu'une obligation de moyens : sa rémunération est acquise, sauf en ce qui concerne la partie variable, quel que soit le résultat de ses démarches.

Le choix du chasseur de primes

La principale qualité d'un chasseur de primes est bien sûr l'étendue de ses connexions avec l'administration qui accorde lesdites subventions. Il en est généralement lui-même issu. Le plus souvent, il sera compétent pour certains types de subventions qu'il connaît bien mais pas pour d'autres.

Il est donc essentiel de vérifier ses références par rapport à la subvention recherchée et, lorsque c'est possible, de valider ses contacts avec l'administration.

Les conseils en communication et journalistes

Quoi de mieux que la presse pour faire connaître son projet ? Le fait de pouvoir présenter quelques articles permet d'augmenter sa crédibilité face à des investisseurs. La presse la plus importante à ce niveau est bien sûr la presse professionnelle spécialisée du secteur.

Lorsque l'entreprise en a les moyens, elle peut donc passer par un conseil en relations publiques dont le principal apport est de connaître les journalistes potentiellement intéressés et d'organiser des rencontres.

La rémunération

Les journalistes ne sont bien sûr pas rémunérés pour des questions d'indépendance de jugement, mais ils apprécient l'information qui constitue leur matière première. Si vous les informez régulièrement sur votre secteur d'activité, ils auront tendance à vous citer en retour.

Le conseil en relations publiques fonctionne généralement sur la base d'un abonnement forfaitaire.

Le contenu de la mission

Le contrat établit avec une agence de relations publiques doit préciser :

- l'étendue de la mission et ses objectifs ;
- la durée de la mission et les conditions de rupture du contrat (préavis) ;
- les produits finis, le cas échéant : comptes rendus d'entretiens, plaquette, communiqués de presse…
- la rémunération et le traitement des frais (mieux vaut négocier un forfait) ;
- l'exclusivité (éventuelle) du client qui ne donnera pas de mandat à une autre agence ;
- l'exclusivité (éventuelle) de l'agence qui ne prendra pas d'autre mandat pour une société concurrente.

La relation

C'est ici qu'il faut de la patience. Ce n'est pas parce qu'on appelle les journalistes qu'ils se déplacent. Ce n'est pas parce qu'ils se déplacent qu'ils écrivent. Et ce n'est pas parce qu'ils écrivent qu'on est cité…

L'effort de communication doit être maintenu dans la durée et alimenté par de la nouveauté : événements, sortie de produits...

Le choix du conseil en communication

La principale qualité d'un conseil en communication est un mélange d'organisation et de sens commercial : les rendez-vous s'obtiennent à force de relance, à condition que le discours paraisse intéressant pour les journalistes.

Pour ce qui est des publications, elles s'intéressent de plus en plus au sujet de l'innovation et de la création d'entreprises.

Les clubs et associations

Il existe en France de nombreux clubs d'investisseurs locaux, plus ou moins encouragés par les collectivités locales. Toutefois, leurs moyens sont limités et leur action ne convient pas en général aux besoins de la création d'entreprises de haute technologie. Cette situation est cependant en train d'évoluer.

Les petits déjeuners ou les cocktails dînatoires les plus courus sont ceux qui sont organisés par l'association Léonardo (Yves Delacour), le Business Angel Club (Martine Farnier), le Cercle Planet Start-up (Gilles Enguehard), la Young President Organization (Pascal Leclerc). Ils permettent de rencontrer des business angels, de présenter son dossier, d'échanger avec des experts en marketing, en finance, en ressources humaines... Ces cercles se multiplient actuellement et l'on peut ajouter à la liste l'ensemble des réunions organisées par les associations d'anciens élèves des Grandes Ecoles de gestion (ESCP-EAP, HEC, ESSEC, EM Lyon...) ou d'ingénieurs (Centrale, ENST sont parmi les plus dynamiques), qui multiplient les occasions de rencontre.

L'ANVAR organise également un club informel de rencontres entre start-up de haute technologie : le club Blaise Pascal.

Salons et conférences

Dans la précédente édition de ce guide, nous affirmions qu'il existait de nombreux organisateurs de rencontres entre porteurs de projets et investisseurs. Aujourd'hui c'est un raz-de-marée ! Le créateur de start-up n'a que l'embarras du choix pour entrer dans la danse[39].

L'exercice type consiste à présenter son projet en une dizaine de minutes à l'aide d'une dizaine de transparents au plus, devant un auditoire d'investisseurs qui en verra défiler 20 à 30 en l'espace d'une matinée. Des contacts sélectifs plus approfondis peuvent, par exemple, être organisés dans l'après-midi, sur rendez-vous.

Il s'agit d'un exercice particulièrement exigeant mais indispensable pour l'entrepreneur. C'est aussi l'occasion d'une réflexion sur le fond du projet, au cas où il n'aurait pas encore été formalisé. Il n'est pas forcément nécessaire d'arriver avec un projet totalement finalisé. Au contraire, n'hésitez pas à venir avant votre recherche de capitaux, alors que vous êtes au stade de la réflexion et de la construction de votre business model. Les professionnels sont en la matière de précieux conseillers. Si vous maniez avec art la maïeutique, vous pouvez également leur soutirer des informations utiles, puisées dans leurs expériences. Sachez pour cela parler de votre projet et être à l'écoute des questions qu'ils vous renvoient. Il s'agit d'instaurer un véritable dialogue qui peut s'avérer très fructueux et qui ne vous fera pas regretter les 500 F d'inscription.

Ces rencontres entre investisseurs et entrepreneurs sont actuellement en train de se structurer et de gagner en qualité. La concurrence que l'afflux de capitaux ne manque pas de provoquer entre investisseurs les rend toujours plus actifs. Ils se déplacent non seulement pour la notoriété mais aussi et de plus en plus pour dénicher des dossiers.

Nous distinguerons les grandes manifestations et les rencontres de clubs.

Les grandes manifestations sont les suivantes :

- Capital IT est un forum de rencontres semestriel fondé par Emmanuel Libaudière, un ancien directeur marketing d'Oracle. Capital IT a un business model original puisqu'il permet la rencontre entre des investisseurs et des porteurs de dossiers mais ne se rémunère pas à la commission comme un intermédiaire mais sur les tarifs (élevés) d'entrée qu'il pratique. La cible de start-up présentées semble concerner davantage des opération de levée de fonds de second voire de troisième tour. Cependant les rencontres informelles en marge du show restent très intéressantes.

- Planet Start-up animé par Gilles Enguehard est construit sur un modèle un peu différent. Il s'adresse davantage à des start-up en quête d'un premier financement et a également pour ambition de réunir à chaque fois des représentants de l'écosystème nécessaire au porteur de projet : avocats, cabinets de RH, de communication, …

À Montpellier, par exemple, les rencontres Investisseurs-PME à fort potentiel y sont organisées par l'organisation Montpellier Languedoc-Roussillon Technopole et le réseau France CEEI (qui fédère les Centres Européens d'Entreprises et Innovation). Tous les grands du capital-risque s'y déplacent mais également des sociétés plus modestes qui sont toujours à la recherche de bonnes idées. Dans la même perspective, mais en offrant une dimension réellement européenne, le Sommet du Capital Risque réunit à Sophia-Antipolis au cours de décembre l'ensemble des acteurs qui comptent dans l'univers des start-up.

Le schéma de déroulement de ces rencontres est souvent le même. La matinée se déroule en deux parties. Dans un premier temps, une conférence-débat permet de faire un panorama du financement des entreprises et fait part des projets qui ont pu aboutir grâce aux rencontres de l'année précédente. Dans un deuxième temps, des créateurs viennent présenter leur projet dans une des trois ou quatre salles thématiques (sciences du vivant, nouvelles technologies de l'information et des communications, applications industrielles et commerciales). La présentation dure une dizaine de minutes avant les traditionnelles questions de la salle. L'après-midi est réservé à des rendez-vous confidentiels.

Un système de réservation a été mis en place pour faciliter l'organisation et permettre de bien prévoir son planning. Ces rencontres sont bien organisées et les personnes qui le mettent en œuvre feront tout pour vous aider et répondre à vos attentes. En outre, l'annuaire des participants, avec leur description synthétique permet de reprendre contact avec les personnes que vous n'aurez pas pu rencontrer le jour même.

On peut également citer les rencontres organisées à Grenoble (Forum 4i), Strasbourg… Les conférences les plus professionnelles proposent une assistance (payante et obligatoire) à la préparation des présentations.

Ces rencontres sont surtout l'occasion de confronter ses idées avec celles des autres acteurs de la profession, de repérer des concurrents ou des partenaires. Et puis, on ne sait jamais…

Les soirées tendances pour se mettre dans l'ambiance[40]

La déferlante des soirées du mardi a touché la France de plein fouet : avec son ambiance *rave party* clandestine (au début tout au moins), ses invitations expédiées par Internet, et ses badges de couleur pour repérer les investisseurs, start-up, ou apporteurs de compétences. Il y a vite tant de monde que cela tourne à la foire aux curieux et aux échanges de montagnes de cartes de visite. De fait victime de son succès, l'événement est boudé des professionnels.

Son succès a été tel qu'il s'est propagé à Lyon (avec NovaLink) et Sophia Antipolis (Start-up@Sophia).

De nouveaux rendez-vous ont été mis en place comme Go Bit Win, dont les organisateurs (Sonia Rameau, Edith Nuss, entre autres) filtrent soigneusement les entrées.

On peut également citer le remarquable IE-Club, présidé par Maurice Khawam, qui se propose de rassembler les acteurs du Net à la fois dans un lieu virtuel (site Web : i-e-club.com) et dans un lieu physique (manifestation mensuelle).

Enfin, les conférences souvent internationales du Club GteLab, animées par Daniel Rouach, professeur à l'ESCP-EAP, permettent de faire le point sur un thème de la nouvelle économie et de discuter avec des orateurs de grande qualité lors des cocktails qui suivent le débat public.

4

S'ADAPTER AUX DIFFÉRENTS TYPES D'INVESTISSEURS

Il est important pour l'entrepreneur de connaître le mode de fonctionnement et les objectifs des investisseurs, leur typologie et la meilleure manière de les aborder. Il existe cinq types d'investisseurs aux comportements très différents :

- les incubateurs (*incubator*, *hatchery*) ;
- les investisseurs privés (ou providentiels, *business angels*) ;
- les investisseurs professionnels (ou capitaux risqueurs, *venture capitalists*) ;
- les industriels (et leur *corporate funds*) ;
- les marchés financiers.

Ils interviennent en général au cours des différentes étapes du cycle de vie de l'entreprise en création. Nous allons voir comment ils fonctionnent et comment travailler avec eux. Avant de s'attacher à leur description, nous aimerions rappeler quelques éléments à propos de la phase très amont de l'amorçage, le *love money*.

Le love money

Au démarrage de la start-up, l'entrepreneur doit souvent compter sur ses propres économies et sur la réduction sensible de son train de vie pour financer son entreprise (*bootstrapping*). Nous avons déjà évoqué le passage au menu Domino Pizza et la nécessaire frugalité que doit développer l'entrepreneur dans cette phase initiale. Il est faux de croire que sans être doté d'un million de départ, il est impossible d'initier quelque projet de start-up que ce soit.

L'entrepreneur doit exercer sa créativité sur la recherche et la gestion des ressources.

> Un seul principe : minimiser et contrôler plutôt que maximiser et posséder[41].

Cela signifie que pour chaque pièce du puzzle à composer, il faut toujours penser à une solution qui ne coûte rien : ainsi, rendre variable ses charges de location en sous-louant, échanger de l'expertise contre d'autres services, sous-traiter... Autant de réflexes salutaires qui permettent au tout début de l'aventure de ne pas gaspiller prématurément ses ressources. Cette démarche de pionnier permet également d'avancer sans suspendre l'ensemble des opérations à une levée de fonds qui reste hypothétique tant que l'on n'a pas déjà produit un certain nombre de signes attestant de la dynamique du projet.

C'est dans ce contexte que l'entrepreneur est souvent tenté de recourir au capital de proximité.

La famille constitue souvent la première source spontanée pour collecter de l'argent. Deux problèmes se poseront rapidement. L'entrepreneur risque vite de se lasser de devoir évoquer, durant les repas de famille, la stratégie de la société et d'entendre ses décisions commentées, voire remises en cause sous l'œil bienveillant de ses proches. Enfin, aucun échéancier de remboursement n'est souvent formalisé. Il est délicat d'expliquer à un proche que son argent est désormais dans la société et que vous ne pouvez pas l'en extraire sans délai.

Avec les amis, la nature du risque est la même : absence de professionnalisme dans les relations entrepreneur/actionnaires, faible valeur ajoutée et absence de visibilité de part et d'autre.

Le love money : les 3 F

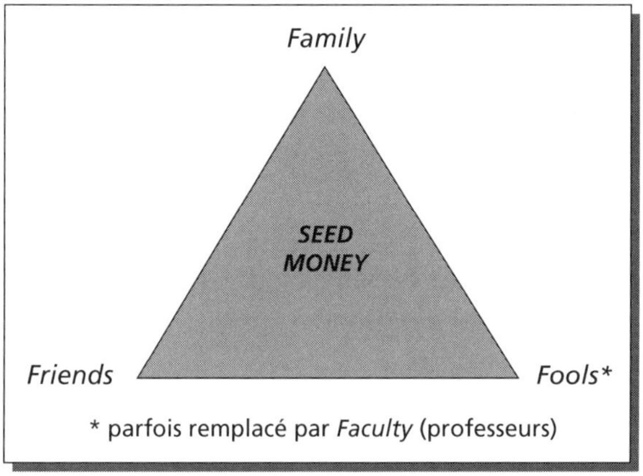

Enfin, le recours aux nigauds (le 3e F, *fools*) n'est pas une solution : un actionnaire berné sur les perspectives de performance peut vous compliquer considérablement la vie et mieux vaut éviter cette option.

Soyez très prudent : une géographie du capital très dispersée, où les managers ont perdu une forte majorité dès le démarrage est un repoussoir pour tout investisseur sérieux, candidat à un premier tour de table.

Les incubateurs[42]

Logique d'action

Les incubateurs sont des structures privées ou publiques qui ont pour vocation d'accueillir un porteur de projet et de l'aider à franchir toutes les étapes de développement, idéalement jusqu'à la cotation en bourse. Cette assistance prend des formes variées : assistance matérielle et logistique, aide à la rédaction du business plan, voire assistance à la levée de fonds. En contrepartie, l'incubateur prend le plus souvent une part du capital des start-up qu'il prend sous son aile. Il n'existe pas un type unique d'incubateur, mais une grande variété de profils, dotés d'une offre de services différente.

Mode de décision

L'incubateur doit, comme tout investisseur, effectuer une sélection à l'entrée de sa structure pour ne se consacrer qu'à des projets à haut potentiel et correspondant à sa spécialisation. Le déroulement de cette étape est simple : une commission examine les différents projets en les passant au crible.

Plusieurs points sont examinés : la viabilité du projet (y a-t-il un marché pour ce produit ou ce service ?) ; la faisabilité opérationnelle (est-ce réalisable ?) ; la pertinence financière (est-ce un business rentable ?).

Il s'agit de démontrer que le projet est doté d'un fort potentiel de développement et qu'il doit être réalisé au plus vite pour conserver son avance de *first mover*. Ce caractère d'urgence donne à l'offre de l'incubateur sa valeur spécifique : les bons incubateurs apportent une réelle force d'accélération au démarrage. Les projets incubés restent dans la structure de six à neuf mois, voire douze pour les start-up non Internet.

Avantages

Une batterie de services, plus ou moins large selon les incubateurs, est mise à la disposition des incubés. Ainsi, Gorilla Park, incubateur vedette en Europe, situé à Amsterdam, pousse à l'extrême cette logique de service : « Plus que l'argent, la société appuie sa jeune réputation sur une équipe de 40 personnes chargées de transmettre ses connaissances des nouvelles technologies mais aussi en marketing, finance et droit. Avec la promesse d'autres faveurs à venir, comme les enquêtes de faisabilité ou le contrôle qualité »[43]. L'objectif est de délester les porteurs de projet de toutes les tâches « chronophages » et sans valeur ajoutée pour leur permettre de se concentrer sur leur cœur de métier. Un expert interne les assiste sur des points techniques (parfois à grand renfort de développeurs), un avocat sur tous les problèmes et les choix juridiques et fiscaux, un *marketer* sur la façon la plus pertinente de positionner leur produit ou leur service, un financier sur la rédaction des parties chiffrées du business plan.

Au-delà de cette offre de services, l'incubateur prévoit parfois la formation des équipes aux difficiles présentations de recherche de capitaux. Certains incubateurs proposent également une possibilité de financement. Startup Avenue a développé cette dimension de fonds d'amorçage en finançant ses projets à hauteur de 5 MF, Défi-Startup (rebaptisée Tocamak) de 150 à 500 kEuros. Cependant, cette capacité d'investissement est fortement perturbée par le ralentissement des cotations en bourse : l'argent disponible pour les nouveaux investissements est le plus souvent consacré au soutien des sociétés incubées qui éprouvent actuellement des difficultés à réussir leur second tour.

La proximité spatiale de nombreuses start-up crée une émulation collective et un partage fructueux des expériences Les réunions informelles autour d'un café permettent d'animer la communauté des projets incubés au sein d'une même structure d'accueil.

Une structure à caractère stratégique

L'incubateur doit permettre aux incubés de créer un *strategic gap*, c'est-à-dire un différentiel de performance par rapport au *statu quo*. Le raisonnement sous-jacent est le suivant : si un porteur de projet décide de tout faire lui-même, il sera confronté à d'innombrables démarches administratives (fortement consommatrices de temps), de fastidieuses recherches d'informations, d'importantes dépenses engendrées par les conseils onéreux qu'il aura à payer sans avoir la garantie de leur qualité... De plus, sur certains sujets, il ne sollicitera l'avis de personne estimant parfois à tort posséder toutes les compétences requises.

Inconvénients

Le prix à payer pour intégrer un incubateur est quelquefois très élevé au regard de la qualité des services proposés. Aux États-Unis, les incubateurs demandent parfois jusqu'à 50 % du capital des incubés, mais la valeur ajoutée des personnes qui en sont salariés/propriétaires justifient ce montant. En France, c'est rarement le cas et une exigence de 20 à 30 % paraît parfois déraisonnable au vu des prestations réellement réalisées. Pensez à vous renseigner sur les équipes d'incubateurs avant de donner 20 % de capital pour de simples prestations d'expertise comptable !

La réactivité d'un incubateur sera également prise en défaut s'il n'est pas suffisamment spécialisé en amont sur le segment visé. De plus, les pics internes d'activité (gestion des incubés) entraînent souvent des retards pour les projets à l'entrée du pipeline.

Comment les approcher ?

Il n'existe pas une forme d'incubateur mais une myriade de structures offrant les mêmes services de manière plus ou moins exhaustive et efficace. En effet, les start-up peuvent être aidées sur site (locaux physiques, conseils directs...) ou de manière virtuelle (hébergement dans un Intranet, conseils on line...), plus ou moins fortement conseillées en interne sur les questions marketing ou sur les complexités techniques... Il existe aussi, comme nous l'avons vu, des incubateurs offrant des possibilités de financement, d'où la difficulté d'identifier l'incubateur qui répond de manière optimale aux besoins et aux attentes de la jeune société.

Quelques noms[44] parmi la vingtaine de projets parisiens commencent à se faire connaître comme :

Startup Avenue	Fondé par Alain Lévy et Daniel Sfez en partenariat avec Pricewaterhouse, Coopers et Apollo Invest, un fonds de business angels.	Projets incubés : Acti-Place, SugarExpress, BtoB Avenue.
Republic Alley	créé par Laurent Eidel, président de Nshow.com	Projets incubés : Streampower, Desfemmes.com (devenu newsfam.com), Trading Central, NPTV, Super-secrétaires.com, Plantes et jardin, Nshow.com
Tocamak	Ancienne association à but non lucratif, baptisée Défi-Startup. Co-fondée en 1998 par Jean-Luc Rivoire et Antoine Decitre, soutenus par Jean-Marie Hullot et Alexandre Mars.	Projets incubés : Magique Emilie (devenu Magic Maman), Buycentral, LookThatUp, Nearquest, L@b, Oxygène Research, Woonoz, To Luna, OnCook, AssureWorld, SpecialChem...

Autres incubateurs à signaler :

- Co-Spirit (groupe de communication né de la fusion des activités de SDGP et de @-Média Track (aujourd'hui AMT Research), dirigé par Florian Grill.
- B2L (filiale de BBDO), dénommé 1QB.
- Kangaroo Village (Philippe Hayat), Business Pace (Loïc Le Meur) à Paris et à Hong Kong.

D'autres structures d'incubation se positionnent en province : à Cherbourg (Premiers Pas), Montpellier...

À l'initiative du ministère de la Recherche et de la Technologie, des incubateurs[45] se sont aussi créés dans des pôles universitaires partout en France. 18 régions ont déjà profité de l'aide de l'État, qui a dû augmenter les fonds alloués, passant de 100 MF à 150 MF. « L'aide est d'abord financière, indique Didier Coulon (représentant du projet au sein du ministère), mais elle peut aussi prendre la forme de prestations de conseil, de formation, d'expertises. Dans certains cas, l'incubateur peut héberger le créateur jusqu'à ce qu'il trouve une place dans une pépinière d'entreprise ou des locaux industriels. »[46]

Chaque incubateur a ses voies et ses critères de recrutement. Les plus grands disposent d'un site où l'on peut directement les contacter et exposer les grandes lignes du projet. Il est demandé une première version de business plan (concept, opportunité, stratégie, business model, cible, avantages compétitifs, éléments financiers, équipe) qui est étudié à la loupe et décide de l'entrée dans l'incubateur. Même s'il n'est pas complété de manière exhaustive, il ne faut pas hésiter à en envoyer une version simplifiée, voire un simple *executive summary*.

Il est primordial, quel que soit le degré de maturité du dossier, de tout mettre en œuvre pour se détacher du lot car certains incubateurs reçoivent plus d'une dizaine de projets par jour !

Startup Avenue propose une façon efficace et plus rapide de traiter les nouveaux dossiers : envoi d'un e-mail mentionnant les coordonnées des porteurs de projet (nom, prénom, e-mail, téléphone...), le nom du projet et le secteur concerné (industrie, services, secteur médical...), enfin, le type de projets et le modèle de génération des revenus (site portail B 2 B, site communautaire, place de marché ; financé par la publicité, commissions sur les transactions, partenariats...).

Tocamak propose un formulaire on line, calqué sur le business plan, et s'engage à répondre sous dix jours ; de même, un questionnaire est proposé pour Republic Alley.

Suivant leur intérêt pour le projet, ils seront plus ou moins réactifs, mais une chose est sûre : tout peut aller très vite, car tous sont conscients de l'importance du facteur temps dans le milieu des NTIC. Il ne faut donc avoir aucune hésitation à contacter plusieurs incubateurs et à faire jouer la concurrence.

Plus qu'un prestataire de services, l'incubateur est un intégrateur de flux. En cela, il représente bien une structure à part entière et s'impose comme un nouveau levier de développement en aidant et en finançant de jeunes entreprises : de l'ébauche de l'idée à la réalisation du produit ou service et à la rédaction d'un business plan solide pour aller affronter les investisseurs.

La grande incertitude concerne la viabilité du business model adopté : avec la baisse des valorisations et l'allongement du cycle de développement jusqu'à l'IPO, il est à craindre que de nombreux incubateurs éprouvent rapidement des difficultés de financement. Rappelons que leur *burn rate* est souvent de plusieurs millions de francs par mois[47] à comparer aux 2-3 % de *fees* annuels des VC et que, à cette charge structurelle, vient s'ajouter la nécessité d'épauler les incubés, lorsque ces derniers ne parviennent pas à lever d'argent à l'extérieur.

Cette pression entraîne des dérives inquiétantes : certains incubateurs se mettent à facturer leurs prestations aux incubés. D'autres, alors même qu'ils sont déjà actionnaires du premier tour, les incitent fortement à leur confier un contrat payant de levée de fonds pour assurer les prochains tours de table.

Ainsi que le confirme l'un d'entre eux : « Le tiers des 17 start-ups que nous avons en incubation ont dû se faire aider en trésorerie pendant l'été 2000. Elles avaient prévu de lever des fonds en avril ou en mai, juste au moment où les investissements ont été gelés[48]. » Un récent rapport d'Aberdeen Group affirme ainsi que « 70 % des 400 incubateurs américains devraient à terme mettre la clef sous la porte ou se reconvertir vers d'autres activités »...

Soyez prudent dans le choix de votre incubateur : évaluez la viabilité de son *business model.*

Les investisseurs privés, ou business angels[49]

Les investisseurs privés, comme nous l'avons vu, sont le plus souvent d'anciens entrepreneurs qui ont réussi et qui ont fait fortune en cédant leurs parts dans une ou plusieurs entreprises. Ils jouent un rôle particulier et déterminant en amont de l'écosystème du financement de l'innovation.

Logique d'action

La problématique de l'investisseur privé, contrairement à celle des fonds d'investissement, n'est pas purement financière. Fortune faite, après trois mois de vacances et deux semaines de golf, l'investisseur privé se sent le plus souvent trop jeune pour cesser de travailler. Il n'en a plus besoin pour vivre, mais son souci est alors de participer à de nouveaux projets passionnants, de préférence dans le secteur qu'il connaît pour y avoir réussi, et montrer qu'il n'a pas perdu la main sans toutefois vouloir refaire le parcours du combattant. Ainsi que l'avoue Philippe Touzin : « J'ai vendu ma société dans de bonnes conditions. À 47 ans, je n'ai plus le punch que l'on à 25 ou 30 ans ».[50] Il aime aussi faire profiter de son expérience des jeunes créateurs d'entreprise tout en faisant fructifier son patrimoine. Il peut donc se montrer à la fois relativement désintéressé et habile investisseur.

Un cas typique, pour un investisseur qui disposerait d'une trentaine de millions de francs, serait de s'acheter une grande maison, de la remplir de voitures de collection ou d'œuvres d'art, de placer une dizaine de millions de francs sur des produits sans risque, une autre dizaine dans des Sicav en actions et de garder 3 à 5 MF pour ses investissements directs. Chacun de ces investissements pourra donc représenter entre 500 kF à 1 MF.

Mode de décision

L'investisseur privé peut se décider relativement vite : un projet le séduit ou pas. Son mode de décision est fortement intuitif, il cherchera surtout à « sentir » l'entrepreneur et à se faire une idée du mode de collaboration susceptible de s'établir entre deux fortes personnalités. Comme le souligne Pierre Barbéris, PDG du groupe textile VEV et investisseur privé : « Je ne lis jamais les business plans. La seule chose que je sais c'est que, à l'origine de tout entreprise, il y a une pulsion et que les entrepreneurs sont un peu déséquilibrés. J'essaie donc de n'investir qu'avec les gens dont le déséquilibre est acceptable. »[51]

L'investisseur privé n'ayant pas nécessairement une démarche d'analyse compliquée, il est important de lui tenir un langage clair. Inutile de le noyer sous les chiffres et les prévisions financières.

Pour lui, les points essentiels sont les bénéfices clients apportés par la technologie et la nature du marché visé. Rien ne vaut une bonne démonstration du produit ou d'une première maquette, complétée par l'avis d'un prospect.

S'il est convaincu et si les besoins en capitaux restent compatibles avec les moyens dont il dispose, l'investisseur privé se décide en quelques semaines.

Avantages

Pour le créateur d'une société innovante, la présence d'un investisseur privé à son capital présente d'énormes avantages.

Il peut se décider vite, à un moment où les besoins de capitaux sont urgents et faire confiance au projet très en amont, sur la base d'une idée encore imprécise.

En tant qu'homme d'action, il aura tendance à réagir à la marche des affaires, à demander des comptes.

En tant qu'entrepreneur, il apporte une aide précieuse sur la meilleure manière de gérer et d'organiser l'entreprise. Son assistance dans les recrutements et les négociations majeures est appréciable.

Il apporte souvent une intime connaissance du marché visé et de la meilleure manière de l'aborder. Disposant d'un portefeuille significatif de contacts personnels, il complète utilement le point de vue du créateur, plutôt tourné vers la technologie.

Auréolé de ses succès passés, il apporte une légitimité au projet, face à des investisseurs professionnels qui le connaissent déjà et qu'il contribuera à convaincre de participer aux tours de financement suivants. Il est également prêt à s'investir dans des secteurs *low tech,* généralement délaissés par les financiers professionnels. Le cocktail apport de capitaux et d'expérience du métier est alors très attractif.

Inconvénients

Les qualités de l'investisseur privé ont également leur revers.

La tendance naturelle à intervenir dans la gestion de l'entreprise, à jouer la mouche du coche, risque de créer des conflits de pouvoir avec l'entrepreneur. Ces derniers constituent le principal danger lié aux investisseurs privés. Mais l'inverse est également possible : un investisseur dilettante pourra se désintéresser rapidement du projet et cesser d'y contribuer. Ayez à l'esprit que l'investisseur privé n'a pas besoin de travailler pour vivre.

S'ils aiment intervenir très en amont des projets, les investisseurs privés sont aussi conscients des risques qu'ils prennent et les font rémunérer...

L'argent qu'ils investissent, ils l'ont eux-mêmes chèrement gagné. Il n'est pas rare, par exemple dans le cadre d'un projet de développement informatique, de demander 20 % à 40 % du capital pour un apport de 1 MF.

Enfin, les capacités financières d'un business angel peuvent limiter sa volonté de vous soutenir, en particulier lors de mauvaises passes, lorsqu'il faut apporter de l'argent frais, en grande quantité, de manière urgente.

Comment les approcher ?

Le créateur d'entreprise devra tout à la fois éveiller l'intérêt pour l'innovation (souvent difficile à expliquer), montrer une sorte de « respect filial » pour celui qui a réussi et tisser une relation de confiance « d'homme à homme » entre créateurs d'entreprise.

En outre, les investisseurs privés sont relativement difficiles à rencontrer. Certains aiment s'afficher, notamment dans la presse, mais la plupart préfèrent l'anonymat et la discrétion, notamment sur le montant de leurs actifs personnels.

Ceux dont les noms sont connus sont extrêmement sollicités et il est presque inutile de les aborder en direct.

Le problème de la confiance est majeur pour eux :

- Que faut-il penser d'un projet éventuellement difficile à comprendre et présenté par un créateur sorti de nulle part ?
- Comment faire la différence entre un entrepreneur honnête et le premier aigrefin venu ? Surtout lorsqu'on reçoit un dossier par jour, dont la plupart sont mal ficelés...

La situation a évolué depuis la première édition de cet ouvrage. L'univers des business angels s'est considérablement développé et commence à se structurer. La typologie suivante peut désormais être esquissée :

Les réseaux structurés

Léonardo Finance, Business Angels Networks...

Ils rassemblent une centaine de membres et offrent les possibilités suivantes :

– Organisation des sessions de présentation de dossiers.

– Confrontation à des jurys professionnels.

– Investissement seul ou à plusieurs.

– Apport de valeur inégale, le porteur de projet doit très vite cerner la valeur ajoutée de chaque interlocuteur.

Les fonds d'amorçage spécialisés

Certains business angels se sont regroupés pour renforcer leur professionnalisme en structurant davantage leur démarche.

Apollo Invest

Une quarantaine d'actionnaires de tous horizons : Patrice Magnard, fondateur d'Alapage.com, revendu à France Télécom, Alain Roubach, patron de Léon de Bruxelles, Gilles Pélisson, ex-PDG de Disneyland et patron de la branche Télécom de Suez Lyonnaise...

– Créé par les fondateurs de Liberty Surf, Hervé Giaoui et Laurent Ascher, doté de 100 MF, il investit à forte cadence dans le développement des sociétés Internet en mettant en avant du réseau d'actionnaires experts.

Seeft-Venture,

– Créé en 1998 par Jean-Michel Renck (fondateur de SOCS, cédée à CSC), F. Poirier (ancien DG d'Astorg, filiale de capital investissement du groupe SUEZ) et Régis Saleur (ancien directeur marketing de SOCS).

– Ils ont levé environ 150 MF, surtout auprès d'investisseurs privés.

– Participations dans des activités d'édition de logiciels ou de commerce électronique, uniquement dans des entreprises très jeunes, naissantes ou même à l'état de projet.

– Leur portefeuille comprend ArtFace.com (plate-forme européenne des professionnels d'art et d'antiquités), Marcopoly[52] (enseigne de vente en ligne de produits d'équipement de la maison sur Internet), Selectaux.com (site de comparaison des performances, en termes de crédit immobilier, de différentes banques)...

Les acteurs individuels

Un grand nombre de business angels restent des chasseurs solitaires, fonctionnant avec leur réseau propre, sans entrer dans un cadre institutionnel précis. Leur professionnalisme est très variable et dépend fortement de la nature de leur expérience professionnelle antérieure. La folie Internet et les sirènes du Nasdaq ont attiré bon nombre de personnes fortunées désireuses de participer à la ruée vers l'or sans avoir toutefois toutes les compétences attendues en sus de leur argent.

« Dans notre cas, explique Thomas Gross, PDG d'Oxydian, société éditrice de logiciels de diagnostic d'anomalies dans les systèmes d'informations, [la présence d'] Alex Vieux, PDG de Dasar Expos, qui avait investi dans Oxydian, nous a permis d'entrer en contact avec Viventure. Son soutien a constitué un atout décisif dans leur décision de nous épauler ».[53]

Autre exemple, la start-up Chapitre.com, qui se définit comme une « librairie de services francophones » a su, dès le début, attirer des business angels renommés tels que Thierry Dassault, Henri de Maublanc (fondateur d'Aquarelle.com)...

Les investisseurs professionnels

Logique d'action

Les investisseurs professionnels sont responsables de la gestion d'un fonds, plus ou moins important et spécialisé, qu'ils doivent faire fructifier pour le compte des souscripteurs. Contrairement aux investisseurs privés qui investissent leur propre argent, les gestionnaires de fonds ont à rendre compte de tous leurs actes à leurs actionnaires. Ils sont jugés et rémunérés sur la base de leurs résultats, mesurés par le taux de rendement interne (TRI) des fonds qui leur sont confiés. Procédurière et financière, leur vision du monde se heurte souvent à celle du créateur, qui est à la fois patrimoniale (s'enrichir), politique (garder le contrôle) et parfois familiale (faire travailler ses proches dans l'entreprise).

Les capitaux-risqueurs se décident sur la base d'une analyse du risque et de la rentabilité potentielle des projets qui leur sont soumis. Cette évaluation est d'autant plus délicate qu'ils sont rarement spécialistes à la fois des technologies et des marchés concernés. Ils mettent donc en œuvre un processus de décision aussi rigoureux *(due diligence)* et collégial que possible (« Tu connais ce projet ? Qu'en penses-tu ? »). Il faut entre un et trois mois à une équipe d'investissement pour rendre une décision positive.

Il en découle également des effets de mode, sur la base, par exemple, de succès boursiers aux États-Unis (*cf.* la catégorie des achats groupés avec Koobuy, Clust...) ou de coups de foudre pour une technologie (*cf.* le WAP).

Les investisseurs professionnels font parfois preuve d'un comportement assez moutonnier : lorsque l'un d'eux se lance, les autres peuvent suivre en pensant qu'il a bien étudié le dossier. Fréquente au début de l'industrie du capital-risque, en France, cette démarche tend à disparaître avec l'accroissement de l'intensité concurrentielle dans l'industrie du capital-risque.

De plus, la plupart des fonds ont une durée de vie limitée dans le temps (en général de cinq à dix ans, appelée *closed end),* ce qui est imposé par les souscripteurs pour mieux mesurer la performance des équipes d'investissement. Une fois le fonds parvenu à échéance, les gestionnaires retournent l'intégralité des capitaux à leurs souscripteurs, quitte à brader les participations restant encore en portefeuille.

Ce mécanisme est essentiel car il explique en grande partie le comportement des gestionnaires de fonds, en particulier leur horizon de temps : pour réussir, ils doivent investir (c'est le plus facile), puis vendre leurs participations. Cette préoccupation de la sortie (liquidité) est déterminante et il leur faut la prévoir dès le début de l'investissement. C'est d'ailleurs le propre de tout investisseur professionnel que de se préoccuper de la vente dès le moment d'une acquisition.

Enfin, travaillant en petites équipes, avec des moyens relativement limités (en général moins de 2 % des fonds gérés), confrontés à une avalanche de plus de cent dossiers par personne et par an, les capitaux-risqueurs sont structurellement débordés.

Mode de décision

Des objectifs ambitieux

Les sociétés de capital-risque recherchent des sociétés à croissance rapide qui axent toute leur stratégie sur la vitesse de développement. L'objectif est de récupérer entre cinq et dix fois la mise, afin de compenser les inévitables échecs dans ce secteur d'activité. La logique de gestion du risque du portefeuille s'est cependant déplacée avec l'ère Internet : il était courant, avant 1997, d'escompter deux bonnes réussites (avec un facteur 10 ou 15 de valorisation) sur dix affaires conclues pour compenser la rentabilité modérée ou négative des huit autres lignes.

Le jeu a changé avec l'époque dorée d'Internet (1997-mars 2000) : les VC ont alors davantage parié sur la réussite exceptionnelle d'une start-up (*home run*) pour compenser l'échec des neuf autres investissements.

À cette époque, les multiples ont pu augmenter de manière vertigineuse, avec des facteurs de valorisation de l'ordre de 100 ou 500 !

Aujourd'hui, la tendance revient à des espérances de gain plus faibles : les modalités de sélection des dossiers retrouvent leur rigueur d'antan...

Une analyse rigoureuse à l'entrée...

Si votre business plan passe le cap de la première lecture, il subira au moins quatre à six semaines d'investigations serrées : ce sont les *due diligence*. Les principaux critères de décision sont : la qualité et l'expérience de l'équipe ; l'attrait du marché ; l'avance technologique et les bénéfices clients apportés par les produits.

Votre entreprise est passée au crible : interviews du management, des prospects, de spécialistes du secteur, vérification des références de l'équipe, analyse de la technologie, analyse financière. Les sociétés de capital-risque aiment investir à plusieurs pour répartir les risques et croiser les points de vue d'analyse. Cependant, elles entrent rarement à plus de trois, pour éviter d'éventuelles divergences entre actionnaires.

...et l'espoir d'une cotation en Bourse à la sortie

L'investisseur vise une sortie au bout de trois ou cinq ans. Cette dernière doit être largement anticipée et peut s'effectuer vers :

- un marché de capitaux (Nasdaq, Nouveau Marché, Easdaq...) ; c'est là que se trouvaient les plus fortes valorisations ;
- un industriel ; il recherche généralement une part de marché et une avance technologique ; la consolidation de certains secteurs de l'industrie internet et les ambitions des entreprises traditionnelles désireuses de combler leur retard sur le Web ont donné la prééminence à la fusion ou la cession comme mode de sortie probable.
- un autre financier ; la plupart des fonds ont une durée de vie limitée à une dizaine d'années. En fin de vie, ils sont tenus de céder l'intégralité de leurs participations restantes. Certains fonds sont spécialisés dans le rachat de ces participations, avec une décote importante.

Processus d'investissement d'un capital-risqueur

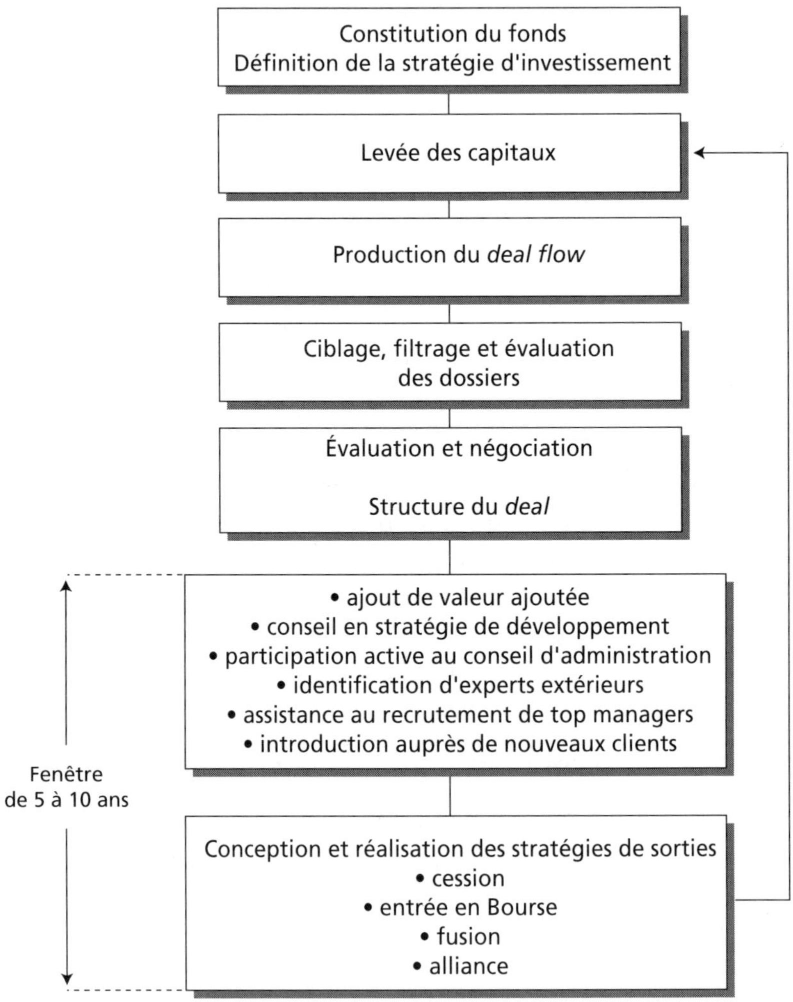

Des sorties de plus en plus internationales

On a assisté à l'introduction de quelques sociétés technologiques françaises sur les marchés américains : Business Objects, Ilog, Neuron Data, Dassault Systèmes, SangStat... Par ailleurs, le développement de l'Easdaq et de l'Euro-NM facilite les ouvertures.

Des montants de plus en plus importants

En raison de la lourdeur de leur processus de décision, les investisseurs professionnels ne placent pas de capitaux dans les petits dossiers car ils ne rentabiliseraient pas leurs frais d'étude. C'est l'une des principales raisons pour lesquelles ils investissent rarement dans des entreprises très jeunes, contrairement aux investisseurs privés qui y sont contraints, du fait de leurs ressources plus limitées. L'investissement typique d'un fonds français en capital-risque sera de l'ordre de 10 ou 15 MF. Une seconde raison qui explique la stratégie de tickets importants tient à la taille des fonds gérés : un fonds de 500 MF ne peut envisager de gérer à terme une centaine de lignes …

On assiste actuellement à une inflation de la taille des dossiers. D'une part, les créateurs proposent des projets professionnels et ambitieux, avec une stratégie internationale, qui est souvent la seule possible. D'autre part, les *due diligence,* très détaillées, doivent être amorties sur des investissements de plus en plus importants.

Avantages

La présence d'un fonds d'investissement dans le capital d'une jeune société a pour effet d'en renforcer le professionnalisme.

L'élaboration d'un business plan complet est une excellente occasion de prendre du recul par rapport à sa propre stratégie et d'en discuter avec des professionnels, est indispensable dans le cadre des discussions avec le gestionnaire de fonds.

Le gestionnaire apporte sa connaissance du cycle de vie des créations d'entreprises et aura le souci de préparer le terrain pour des évolutions à venir. Il doit pouvoir remettre de l'argent aux tours suivants pour convaincre les autres investisseurs de participer au projet. Mais, surtout, il mobilisera un réseau important pour attirer d'autres talents au sein de la start-up, faciliter des contacts commerciaux de haut niveau, permettre la réalisation d'alliances stratégiques…

Il est frappant de constater que les meilleurs VC américains (Draper Fischer Jurvetson, Hummer Winblad, Kleiner Perkins Caufield & Byers, Benchmark Capital …) ont bâti une grande part de leur réputation sur leur capacité à attirer de hauts potentiels pour compléter les équipes des start-up dans lesquels ils investissent. Ils se définissent à partir d'un triple rôle : coaches, membres à part entière de l'équipe fondatrice, et spécialistes de la réduction des risques, en aidant l'entrepreneur à moins commettre d'erreurs. En France, les capitaux-risqueurs capables d'apporter ce niveau de valeur ajoutée sont encore rares.

Inconvénients

La présence d'un investisseur professionnel présente également des contraintes non négligeables.

Le gestionnaire du fonds attend d'abord un *reporting* précis et régulier. Il faut savoir faire des promesses réalistes et les tenir avec régularité. L'entrepreneur doit désormais des comptes. Il impose un formalisme juridique relativement lourd (pacte d'actionnaires), surtout en ce qui concerne ses conditions de sortie, puisque l'un de ses principaux soucis reste la liquidité de l'investissement. Il en découle une certaine perte de contrôle pour le fondateur, en particulier si le pacte prévoit la possibilité de vendre des parts du capital à un concurrent. L'investisseur demande souvent une représentation au conseil d'administration (*board seat*).

La liquidité est une exigence fondamentale de l'investisseur professionnel et entraîne implicitement une perte de contrôle pour le fondateur, dans la mesure où il pourra vendre ses parts à un concurrent, le cas échéant.

Si le gestionnaire de fonds perd confiance dans le management et s'il en a les moyens (par exemple, s'il détient avec d'autres financiers une majorité du capital), il n'aura aucun état d'âme à débarquer l'équipe dirigeante. C'est gênant pour le créateur s'il se trouve dans une logique de pouvoir, mais nettement moins si son objectif est financier.

À l'inverse, s'il y a trop de financiers et s'ils interviennent en ordre dispersé, aucun d'entre eux ne fera l'effort d'apporter de la valeur au projet. Cela renvoie à la nécessité d'un « actionnariat de référence ».

D'une manière générale, lorsqu'ils sont au capital, il vaut mieux prendre en compte sérieusement les exigences des investisseurs professionnels, même s'ils paraissent « piégés », une fois l'argent versé. D'une part, leur approche du dossier est fondée sur l'expérience d'un grand nombre de situations similaires, donc pertinente en général. D'autre part, lors des tours suivants de financement, le premier réflexe des nouveaux investisseurs sera d'interroger leurs confrères sur la qualité des relations entretenues avec le management…

Comment les approcher ?

Les fonds d'investissement sont apparemment plus faciles à contacter que les investisseurs privés. Ils sont moins nombreux et, pour la plupart, répertoriés par l'Association Française des Investisseurs en Capital (AFIC, voir chapitre 3).

En France, pendant longtemps, peu de fonds d'investissement ont été véritablement orientés vers les hautes technologies et les sociétés en démarrage. Les investissements correspondants ne constituaient que 5 % à 10 % des investissements des adhérents de l'AFIC. La situation a fortement évolué.

Évaluez soigneusement vos besoins

Par exemple, dans le secteur du logiciel en France, une start-up peut lever entre 2 et 5 MF pour un premier tour. Toutefois, sous-estimer ses besoins nuit à la crédibilité du business plan. À l'inverse, les surestimer oblige à offrir davantage de parts aux investisseurs et ce n'est pas la surévaluation du projet qui vous permettra nécessairement de garder un fort pourcentage. Une valorisation trop élevée au premier tour place la barre très haut pour la suite. Si, au second tour, les objectifs ne sont pas atteints et si, corrélativement, la valeur de la société n'a pas été sensiblement augmentée, l'effet rétro-dilutif risque d'être douloureux. Les premiers investisseurs n'accepteront pas de voir leur part en capital dépréciée au regard des conditions de la nouvelle levée et vous demanderont de leur rétrocéder du capital.

Pour trouver rapidement des capitaux, il est impératif de cibler les investisseurs potentiels, en fonction de leur profil, de la taille et de la nature du dossier : technologie concernée, ampleur du projet, couverture géographique (France, Angleterre, États-Unis).

> Adressez-vous en priorité aux spécialistes de votre secteur et cherchez à rencontrer les dirigeants des participations existantes. Un investisseur qui ne connaît pas votre secteur ne vous sera d'aucune utilité.

Dans tous les cas, il est maladroit d'inonder le marché, du fait du comportement moutonnier des investisseurs. Un business plan connu de tous est naturellement dévalorisé : tout le monde pense que personne ne s'y est intéressé. De plus, la probabilité de faire affaire décroît avec le nombre de candidats investisseurs et personne ne fera l'effort d'étudier le dossier en détail. Mieux vaut souvent commencer avec deux ou trois investisseurs.

Un travail sérieux de levée de fonds commence par un ciblage précis des investisseurs que l'on souhaite faire entrer dans son capital. Il faut considérer la recherche d'un capital-risqueur comme le processus d'embauche d'un futur membre du Comité de direction.

La démarche requiert donc un minimum d'enquête préalable pour s'assurer de la qualité de la future recrue.

Voici quatre dimensions à considérer dans l'analyse des investisseurs que vous souhaitez contacter.

1. Sont-ils spécialistes du secteur où évolue la start-up ? En effet, ou ils ont déjà investi chez les concurrents (motif de refus) ou plusieurs sociétés de leur portefeuille opèrent sur des métiers/segments connexes.
2. Quel est le nombre moyen de participations gérées par chaque investisseur ? Au-delà de six sièges au conseil d'administration, il semble difficile d'espérer un apport de valeur ajoutée conséquent de la part de l'investisseur. Malgré ses grands discours sur le caractère actif de son implication, l'investisseur ne pourra dégager assez de temps. L'intensité de son engagement réel peut être vérifié auprès des PDG des autres lignes en portefeuille.
3. Quel est le cycle de vie du fonds ? Si le fonds arrive bientôt à échéance, on peut penser que l'essentiel du temps des *partners* sera vite consacré à la levée du fonds suivant, au détriment du soutien à apporter aux participations présentes dans le portefeuille à liquider.
4. Seront-ils toujours avec vous en cas de coups durs ou coupent-ils tout de suite les ponts pour prendre la fuite ?

Ne contactez jamais un capital-risqueur sans recommandation. Vous serez refoulé : le temps d'un investisseur est trop précieux pour accorder de l'attention à un dossier qui n'aura pas été préalablement filtré par un intermédiaire de qualité, un expert reconnu et ami ou l'un des PDG d'une des start-up en portefeuille.

La seule exception à cette règle est sans doute le passage par des intermédiaires de type marché, comme MGT. Ils présentent effectivement les dossiers à l'ensemble de leurs adhérents, mais bénéficient d'une image d'intermédiaire sérieux qui ne présente que des dossiers sélectionnés. Cela dit, ces intermédiaires de qualité seront eux-mêmes à la recherche des signes de légitimité extérieurs de votre projet.

Ne sous-estimez pas le temps nécessaire. Prévoyez trois à neuf mois pour l'ensemble du processus : préparation du business plan, recherche de partenaires, *due diligences,* négociation, *closing* (formalités légales et finalisation de l'ouverture du capital).

Calculez soigneusement le timing de votre levée de fonds. Il y a deux écueils à éviter : lever trop tôt de l'argent au détriment de la valorisation de l'existant et avoir sous-estimé les réserves de cash disponible pour tenir le temps de la levée de fonds en ayant une position sereine dans la négociation.

Enfin, lors des entretiens, ne dissimulez pas les zones d'ombre, les risques inhérents à votre projet... Soyez directs et sincères : les capitaux-risqueurs n'aiment pas perdre leur temps et la création d'un lien de confiance commence dès le premier échange.

Les investisseurs industriels

Logique d'action

L'investisseur industriel a souvent le temps avec lui et sa vision de la rentabilité est bien différente de celle de l'investisseur professionnel : il réfléchit à plus long terme et peut payer très cher des positions stratégiques.

Contrairement à l'investisseur professionnel, qui forme volontiers des groupes, l'investisseur industriel déteste partager. Il peut se le permettre en amont, tant que les enjeux sont limités et que la faisabilité technologique et commerciale n'est pas encore démontrée. Il s'agit alors d'investissements « pré compétitifs ». Mais une fois cette étape franchie, il veut souvent le contrôle ou rien. Lorsqu'il le prend, il commence en général par débarquer l'équipe fondatrice, avec une période de transition de deux à cinq ans. La technologie acquise est transférée dans les structures de R&D de l'acquéreur et les forces de vente sont victimes de synergies. La logique de l'investisseur industriel est « c'est pour moi ».

Dans le cas d'une cession à un industriel, il est indispensable de prévoir une vente de la totalité du capital : si 51 % suffisent à l'industriel pour exercer son contrôle, les 49 % restants ne trouveront plus jamais d'acquéreur dans de bonnes conditions.

Mode de décision

Les investisseurs industriels interviennent dans trois cas de figure :

1. Financement direct de R&D, avec ou sans participation, par le biais de contrats d'étude ou par la commande de prototypes.
2. Corporate Venture : participation minoritaire dans une entreprise en démarrage, avec des accords de collaboration.
3. Acquisition pure et simple, en aval, lorsqu'une technologie est suffisamment mûre.

Financement de R&D

Bien que l'idée paraisse parfois relever du mécénat, de nombreuses entreprises ont été et sont encore financées par des contrats passés par de grandes entreprises d'État ou des centres de recherche publique. Le bénéficiaire est en général un ancien collaborateur qui crée son entreprise dans le cadre d'un essaimage *(spin off)* et bénéficie de la bénédiction de son ancienne hiérarchie.

Une équipe de R&D a mis au point une technologie prometteuse. Pour des raisons budgétaires ou stratégiques, l'industriel ne souhaite pas investir les montants nécessaires pour développer le nouveau concept. L'équipe a alors la possibilité de créer, éventuellement avec l'aide d'un fonds d'investissement, une société indépendante avec cet objectif.

La spécialisation de la nouvelle entité et la motivation des créateurs conduira peut-être à un succès qui serait impossible dans le cadre de la structure industrielle, du fait de sa lourdeur. La nouvelle société bénéficie en outre de liens « d'amitié » qui facilitent l'accès à des infrastructures de test, de calcul... L'industriel peut matérialiser, dans certains cas, son apport en industrie et d'éventuels brevets sous la forme d'une participation minoritaire au capital.

L'entreprise qui finance les développements a souvent différents objectifs tels que favoriser l'emploi, faciliter l'adoption d'une technologie développée par ses laboratoires, valoriser financièrement une technologie non stratégique, renforcer son potentiel de veille concurrentielle...

Un tel adossement constitue pour toute start-up un atout considérable.

Corporate Venture

Dans certaines entreprises, comme Rank Xerox ou Thermelectron, on assiste à la constitution de véritables pépinières technologiques. Une sorte de centre de recherche fondamentale privé produit des idées qui sont systématiquement organisées en *spin off* dès qu'elles parviennent à maturité. L'industriel convertit son investissement de recherche en capital et fait appel à des fonds de capital-risque pour prendre le relais. L'industriel gagne donc sur deux tableaux simultanément : il bénéficie de l'effet de levier des fonds qui contribuent à financer sa R&D ; il peut ensuite revendre ses parts et financer ainsi le laboratoire central. Une sorte d'usine à idées...

Le cas Novell

C'est ainsi que Novell édite le logiciel Netware, système d'exploitation destiné aux réseaux d'ordinateurs. En ce sens, Novell est un concurrent direct de Microsoft, qui propose le système d'exploitation Windows NT server.

Qui a besoin de Netware ? Le système d'exploitation en lui-même ne sert à rien. Il n'est utile que s'il existe des données à partager sur le réseau et surtout des outils qui prolongent les fonctionnalités de Netware ou qui les utilisent pour rendre des services aux utilisateurs. De même, personne n'achèterait Windows s'il n'y avait pas des logiciels comme Word ou Excel, qui en ont besoin pour fonctionner.

En situation de faiblesse face à Microsoft, Novell doit absolument renforcer l'écosystème de logiciels qui vivent de leur spécialisation sur Netware et sans lesquels Netware disparaîtrait purement et simplement.

Novell a donc créé un fonds d'investissement spécialisé, qui investit dans des entreprises proposant de nouveaux développements sous Netware. La société vient ainsi de prendre plusieurs participations dans des sociétés utilisant Netware ou son composant d'annuaire NDS comme Globcast (diffusion ciblée ou multicast), Evergreen (commerce électronique), Netpro (administration d'annuaires) et Netvision (intégration de solutions à base d'annuaires).

Suivant l'exemple des grands groupes industriels, un certain nombre de start-up françaises performantes se sont lancées dans le *corporate venture*. Fi System (Access2Net), Gemplus (GemVentures), Guillemot

Corporation, Jet Multimédia ou encore Ubi Soft ont créé des fonds de capital-risque dédiés à Internet.

Frédéric Chevalier, président du directoire de High Co explique que ce mouvement est venu des nouvelles start-up à la recherche de conseils et de capitaux. « Après un test positif d'un an avec RueduCommerce.com, dont nous avons pris l'année dernière 8 % du capital, nous avons décidé de renouveler l'expérience et de lancer High Co Venture. »[54] Ces fonds sont autofinancés, la plupart du temps, par l'entreprise ou ses principaux cadres, et le choix de la structure juridique d'une SA évite les contraintes d'un FCPR : l'agrément de la COB et le montage d'une structure de gestion indépendante.

Par exemple, GemVentures est une *joint venture* détenue à 50-50 par Gemplus et Vertex (véhicule de capital-risque de Singapour Technology, actionnaire de Gemplus), Access2Net regroupe les trente premiers managers de Fi System, qui détiennent 65 % de la structure, le solde étant la propriété de la société. Les capitaux gérés (voir tableau ci-après) sont plus modestes que ceux des autres acteurs de la profession (inférieur en moyenne à 100 MF), mais la logique qui les anime est double : il s'agit de réaliser des investissements technologiques et marketing de premier ordre. Ces deux dimensions se rejoignent parfois lorsque les cibles sont les clients dont l'entreprise accompagne le développement.

Mais ces participations représentent aussi un formidable moyen de fidéliser les hauts potentiels en interne, ainsi que l'explique le PDG d'Access2Net : « En plus de l'accès aux stock-options, largement utilisé, il nous fallait trouver un moyen pour éviter qu'un trop grand nombre de nos 750 salariés ne partent dans des start-up et attirer de nouvelles recrues. »[55]

Ces nouveaux opérateurs en capital-risque se présentent volontiers comme des investisseurs industriels avec une prise de participation souvent minoritaire et la volonté de participer à l'expansion de la société. Le porteur de projet pourra être séduit par la connaissance opérationnelle du secteur de ces nouveaux fonds et par leur maîtrise de l'opérationnel. Cependant, plusieurs inconnues demeurent sur leur comportement réel à moyen terme : réalisation d'une belle plus-value au-delà du contrat de confiance, absorption d'une partie des effectifs et de l'expertise de la start-up, conflit sur un axe stratégique jugé trop dangereux pour la société matrice, volonté trop forte de se rémunérer sur les prestations de services facturées à la cible…

Tableau récapitulatif

Fonds	Affiliation	Participation	Montant des fonds
Jet Ventures (déc. 1999)	Jet Multimédia	100 %	100 MF
Access2Net (fin 1999)	Fi System	35 %	70 MF
GemVentures (mars 2000)	Gemplus	50 %	600 MF
GuillemotVentures (mars 2000)	Guillemot corp	99,8 %	30 MF
UbiVentures (mars 2000)	Ubisoft	100 %	70 MF
High Co Ventures (avril 2000)	High co	100 %	30-50 MF

Source : *Option Finance,* 9 mai 2000.

Le cas inverse est possible : de grands industriels, qui font appel à de nombreuses technologies, peuvent prendre des participations minoritaires dans des jeunes sociétés technologiques « pour voir », au titre d'une simple veille concurrentielle. Dans ce cas, la rémunération de leurs apports tient plus à un recueil d'informations privilégiées qu'à la rentabilité des projets. Certains opérateurs sont même allés jusqu'au bout de cette logique en participant à la création de fonds d'investissements dédiés. Ce fut le cas d'EDF qui avait confié à l'IDI la gestion du fonds Finnovelec, spécialisé dans les technologies de l'électricité. Cette démarche se heurte toutefois à la question de sa rentabilité, dès que les montants deviennent supérieurs à ceux d'une veille technologique. Ceci étant, hormis EDF, France Télécom et Thomson, les grands groupes industriels français n'avaient quasiment pas intégré la notion de *corporate venture* lors de la première édition. Les choses ont fortement évolué depuis, et ce pour plusieurs raisons.

D'une part, les grands groupes industriels tels que Air Liquide (Air Liquide Venture) ou Schneider doivent faire face à la vague du e-business, dont l'impact est très fort sur leur métier de base. La plupart du temps, ils ne possèdent en interne ni les savoir-faire, ni les talents capables de monter ces nouveaux *businesses* qui nécessitent de nouvelles formes d'organisation, peu compatibles avec les organigrammes des grands groupes.[56]

D'autre part, la course de l'innovation s'est accélérée avec la multiplication des start-up high-tech, rendue possible par l'afflux de capitaux : il y a donc de plus en plus de projets qui ont statistiquement quelque chance d'aboutir. Les grandes firmes high-tech ne peuvent pas laisser passer cette partie de la R&D, qui leur donnera peut-être les avantages stratégiques de demain. Pour cette raison, Aventis, par exemple, a créé un fonds qui lui permet de prendre des tickets dans des start-up intéressantes et de se constituer un portefeuille supplémentaire de produits possibles.

Enfin, les grands groupes diversifiés tels que Vivendi (avec Viventure), PPR (avec PPR Interactive) ont emboîté le pas à Intel dont le portefeuille de start-up représente une fraction très importante de sa valeur de cotation ! Les ROI s'étant très appréciés (on parle de TRI de l'ordre de 140 % sur les trois dernières années), le métier de capital-risqueur avec sa forte rentabilité a fini par tenter les groupes les plus traditionnels.

Des fonds d'investissement continuent toutefois d'être alimentés par de grands groupes industriels. Ainsi, « Rhône-Poulenc, Danone et le groupe pharmaceutique Servier ont [...] apporté plus de 80 MF à Auriga, un fonds de capital-risque géré par une société indépendante. De même, EDF a confié la gestion de ses fonds de capital-risque à des professionnels, comme Natexis Ventech ou Sofinnova. »[57]

Acquisitions

L'industriel peut également intervenir dans un projet bien avancé. Il peut alors le faire avec plusieurs logiques, mais toujours dans l'optique d'une acquisition majoritaire.

Un cas classique est celui du leader débordé par une nouvelle technologie. Il s'agit simplement d'acheter du temps : celui qu'il faudrait en interne pour développer de nouveau un produit équivalent. Or, avec le raccourcissement des cycles de développement, le temps n'a pas de prix. Par exemple, Microsoft a mis plus d'un an pour rattraper Nestscape sur la technologie, somme toute assez simple, des navigateurs, avec cinq fois plus de développeurs et la distribution gratuite du logiciel.

Un autre cas est celui du rachat d'une position de marché, par exemple dans le cadre d'une extension géographique (le leader américain veut s'implanter en Europe) ou d'une complémentarité de technologies (différentes catégories de progiciels spécialisés convergent vers un produit généraliste). Certains acteurs, dont Microsoft, adoptent une stratégie d'attente délibérée. Ils préfèrent payer plus cher les technologies qui ont émergé, plutôt que d'investir en amont. Leur apport est alors essentiellement de mettre leur puissance marketing au service des technologies choisies.

Avantages

Les investisseurs industriels sont prêts à payer très cher, lorsque la technologie ou le marché visé ont un impact stratégique sur une activité plus importante encore. Ils peuvent permettre à une jeune entreprise d'accéder à une nouvelle dimension, en particulier aux plans commercial et marketing.

Inconvénients

Les investisseurs industriels détestent payer leurs acquisitions. Tant qu'ils n'y sont pas contraints par l'évolution du marché, ils valorisent les prises de participation au coût de développement des produits ou d'acquisition des clients.

Ces investisseurs préfèrent débaucher une équipe de développement plutôt que de racheter le capital d'une entreprise.

La présence d'un investisseur industriel au capital a pour effet de dissuader d'autres industriels (ils n'aiment pas partager). Du coup, les possibilités de revente diminuent et l'intérêt des investisseurs professionnels baisse également. À l'inverse, si l'industriel vend, les autres industriels acquéreurs peuvent considérer qu'il ne croit pas au succès de sa propre technologie.

Enfin, bien que rares, certaines pratiques malhonnêtes ne sont pas à exclure, ce qui serait impossible pour un investisseur professionnel qui vit de sa réputation d'investisseur. Une manière simple de capter une jeune entreprise est de lui proposer un service de sous-traitance de fabrication (« ne vous embêtez pas avec ça, concentrez-vous sur ce que vous savez faire : la R&D, le marketing… »). Puis les retards s'accumulent et s'ajoutent aux défauts de fabrication. La jeune société fait faillite. Le fournisseur la reprend à bon prix. Les problèmes de fabrication disparaissent comme par magie. Ce cas est fréquent. Méfiance…

Un autre cas connu est celui de Microsoft, que beaucoup accusent d'abuser de sa position dominante en faisant du chantage : « J'achète votre technologie à 50 % de sa valeur, sinon j'annonce que je vais la combattre et tous vos partenaires perdront confiance. »

Comment les approcher ?

Les intermédiaires privilégiés pour les acquisitions industrielles sont les banques d'affaires. Le choix d'une banque d'affaires doit être proportionné à la taille et la nature de la transaction. Les grandes banques d'affaires offrent une visibilité considérable, gage de succès de l'opération, mais ne s'intéressent qu'aux très grands dossiers industriels. Il existe également des banques d'affaires de taille moyenne et spécialisées par secteur économique : médias, informatique, téléphone, biotechnologie... Elles permettent à l'entreprise d'entrer en contact avec un portefeuille international de partenaires potentiels dans un secteur donné. Enfin, les relations avec les industriels peuvent aussi se tisser dans le temps, sous forme de partenariats technologiques ou commerciaux qui constituent des occasions de faire progressivement connaissance avec des partenaires naturels.

Les marchés de capitaux

Les principaux marchés de capitaux, pour des projets français de haute technologie sont donc le Nouveau Marché (France), l'Easdaq (Europe) et le Nasdaq (États-Unis). On assiste actuellement à un regroupement des « Nouveaux Marchés » des différents pays européens, en concurrence avec l'Easdaq. Ces investisseurs interviennent généralement au stade de maturité de l'entreprise. L'introduction en Bourse est donc une alternative à la cession à un investisseur industriel. L'intérêt de l'un ou de l'autre varie en fonction des cycles économiques et des performances boursières. La valorisation des start-up cotées a été telle durant les années 1997/2000 que la bourse a été, jusqu'à la fin du premier trimestre 2000, la sortie privilégiée par les créateurs et les investisseurs professionnels. Mais cette situation a évolué et nombre de start-up européennes dans l'Internet seront certainement acquises à terme par les grands acteurs traditionnels, grands groupes médias (France Télécom, Bertelsmann...) ou grands opérateurs de distribution (Casino s'est constitué un pôle Internet avec CDiscount, Vitego, Freesbee, Booston). Un dirigeant d'incubateur déclarait en septembre 2000 : « Il y a encore quatre mois, presque toutes les start-up de notre portefeuille pensaient sortir en bourse. Plus de la moitié d'entre elles seront acquises par des industriels. »[58]

Logique d'action

L'investisseur en Bourse est un « honnête homme » qui peut s'intéresser aux technologies mais qui n'a ni le temps, ni les compétences de développer une analyse approfondie. La Bourse est en quelque sorte le « grand public » de l'investissement, même si beaucoup d'intervenants sont en réalité des intervenants professionnels, comme les gestionnaires de Sicav.

L'investisseur en Bourse doit se décider sur la base d'informations simples à comprendre et faciles à obtenir, contrairement à l'investisseur professionnel qui passe beaucoup de temps pour se décider, mais traite des questions difficiles. Le mécanisme d'allocation de ressources de la Bourse est donc plus efficace que celui des fonds d'investissement, mais seulement lorsqu'il existe une information financière de qualité. Cette efficience se retrouve d'ailleurs dans les commissions de gestion des Sicav, qui sont jusqu'à dix fois inférieures à celles des fonds d'investissement. Elle se retrouve aussi dans les colossales sommes en jeu : chacun sait qu'il y a plus de gens ordinaires que d'experts.

L'investisseur boursier s'en remet donc à des « analystes », qui émettent des jugements plus ou moins réguliers (et approfondis) sur les marchés, en général, et les entreprises, en particulier. Les analystes ont plus de temps à consacrer à leurs analyses, mais ne sont pas non plus des experts et doivent traiter un grand nombre de sociétés. Ce sont parfois des journalistes économiques, parfois des salariés de banques d'affaires, pour qui la publication d'analyses est une forme de marketing. Une des conditions indispensables du succès des marchés financiers de haute technologie est d'ailleurs la constitution d'une classe d'analystes spécialisés par technologie ou par secteur.

La logique de l'investisseur en bourse est celle du bon tuyau : « On me dit que ça va monter. » D'où l'importance considérable de la communication financière pour l'entreprise cotée, qui devient une véritable forme de marketing. Il ne s'agit plus seulement de vendre des produits sur le marché mais de promouvoir les titres cotés de la société aussi professionnellement que les produits de la société.

Mode de décision

L'entrée en bourse se fait avec l'aide d'un Introducteur Teneur de Marché (ITM), membre de la société qui contrôle le marché. Son rôle est de préparer la nouvelle société à l'introduction : rédaction des documents légaux de présentation, communication financière, estimation du prix d'introduction, soutien éventuel du cours au début de la cotation. La phase de préparation de l'introduction en Bourse est relativement longue et coûteuse : une introduction au Nouveau Marché peut coûter 2 MF et la cotation au Nasdaq aller de 1 à 5 millions de dollars.

Une attention particulière sera portée à la qualité et à la transparence des documents d'introduction. La présentation des comptes, en particulier, implique un lourd retraitement, s'il faut par exemple remettre des comptes français aux normes américaines (US GAAP). Le choix du moment d'introduction est également déterminant. Il existe des effets de mode et des saisonnalités qui conduisent à éviter certaines dates pour certaines technologies. Un accident boursier mineur peut entraîner l'échec ou le report de l'introduction.

Il est essentiel de bien comprendre ce point et de l'avoir anticipé dans les tours précédents de financement pour que la société soit à même de survivre à un report de cotation. On estime en général qu'une société qui se présente en Bourse doit disposer d'au moins un an à un an et demi de trésorerie d'avance.

Lorsque l'entreprise introduite a su séduire les investisseurs, par la qualité de son concept technologique et par un bon marketing financier, l'ITM reçoit un nombre de demandes d'achats supérieur à celui des titres mis en vente. On dit alors que le titre est « sursouscrit ». Les effets de mode sont tels qu'une introduction réussie peut être 100 ou 200 fois sursouscrite. Tout le monde en veut ! L'ITM doit alors organiser la « réduction » des souscriptions. En général, le nombre de titres obtenus est proportionnel à la quantité demandée, dans le rapport du nombre de titres effectivement disponibles.

Avantages

Les marchés financiers sont de très loin les plus gros pourvoyeurs de capitaux pour les entreprises. Une augmentation de capital réussie pour une start-up à succès peut aller jusqu'à des centaines de millions de dollars, parfois davantage.

L'introduction en Bourse apporte la liquidité aux fondateurs, qui sont alors autorisés à céder une partie de leurs parts et recevoir les premiers fruits légitimes de leurs efforts. Il en va de même pour les investisseurs qui les ont accompagnés.

Enfin, bien souvent, le compétiteur qui entre en bourse lève ainsi très vite assez de capitaux pour consolider ses positions commerciales, voire racheter un concurrent dont la technologie serait meilleure que la sienne. Le premier en bourse a de grandes chances de gagner. Il devient lui-même un investisseur industriel.

Inconvénients

La Bourse étant très sensible aux effets de mode et d'opinion, on demande en général aux fondateurs de conserver leurs titres pendant une certaine période après l'introduction, puis de les vendre dans des conditions surveillées. Les fondateurs bénéficient en effet d'une information privilégiée sur leur entreprise. Une sortie brutale serait interprétée comme un signe de défiance et entraînerait un mouvement de panique des autres investisseurs.

Une fois cotée, l'entreprise poursuit dans la durée son exercice de séduction des investisseurs et de marketing financier. Pour maintenir le cours, il faut sans cesse faire rêver ses actionnaires et, en plus, tenir ses promesses tous les trimestres.

Les réactions de la Bourse sont en général aussi brutales à la baisse qu'à la hausse. Portés aux nues, l'entreprise et ses dirigeants peuvent être voués aux gémonies quelques mois plus tard...

En outre, il faut faire preuve d'inventivité pour sans cesse se rappeler au souvenir des analystes par des prises de position sur l'avenir du secteur, par la mise en avant du PDG, par une croisade pour tel « standard ouvert »... Le pire ennemi du cours de bourse, c'est l'oubli.

Comment les approcher ?

Les intermédiaires obligés de l'introduction en bourse sont les Introducteurs Teneurs de Marché (ITM). Plus encore que le choix d'une banque d'affaires pour la vente à un industriel, la qualité de signature de l'ITM est déterminante. C'est le principal élément de visibilité des investisseurs à l'introduction. À noter toutefois qu'ils ne prendront pas en compte un projet de trop petite taille. Une capitalisation envisagée *(pre money)* de 100 MF semble actuellement un minimum au Nouveau Marché. Au Nasdaq on parlerait plutôt du quintuple.

La présence, dans le capital, d'une société de capital-risque (c'est le cas de plus de 60 % des sociétés introduites jusqu'alors sur le Nouveau Marché) apporte une crédibilité accrue et augmente les chances de succès de l'introduction. L'aide d'une société de conseil spécialisée dans la communication financière peut également se révéler indispensable, même si la maîtrise d'œuvre du processus doit rester au sein de l'entreprise. Dans bien des cas, le projet de l'introduction en bourse est l'occasion de recruter un directeur financier de haut niveau, ayant déjà vécu cette expérience.

Pour ce qui est du choix du marché d'introduction, il dépend beaucoup du territoire visé par l'entreprise. Une introduction au Nasdaq suppose notamment d'être actif aux États-Unis, voire de paraître américain. Un préalable à cette cotation est d'ailleurs souvent de transférer l'entreprise aux États-Unis pour qu'elle paraisse américaine aux yeux des investisseurs. Ceci étant, les valorisations obtenues sur l'Easdaq et le Nouveau Marché tendent à se rapprocher de celles obtenues sur le Nasdaq. De plus en plus d'entreprises françaises de haute technologie visent d'ailleurs explicitement le Nouveau Marché et non plus le Nasdaq. Des cotations multiples sont également possibles.

5

PRÉPARER LE BUSINESS PLAN

La communication avec les investisseurs se fait essentiellement sur un mode écrit. Les documents destinés à assurer le succès de la start-up dans la recherche de partenaires sont au nombre de trois : le mémo, note de présentation rapide en deux ou trois pages ; le *teaser* (plaquette), présentation sous forme de transparents ; enfin, le business plan, document de référence. Chacun joue un rôle précis dans le processus de levée de fond.

Il s'agit à présent de détailler le contenu et le format de ces documents et d'en expliciter le rôle exact.

Le mémo

Souvent utilisé au stade initial du projet, il constitue en quelque sorte son bulletin de naissance. Cette courte note de deux ou trois pages doit permettre à un lecteur extérieur de comprendre la nature du projet. C'est donc une brève introduction qui explique : le caractère innovant du produit ; les conditions d'un succès possible ; l'état d'avancement du projet de création et les grandes références ; le profil des créateurs.

Ce document a pour but de laisser une trace lors de vos premières rencontres exploratoires avec des partenaires potentiels (banquiers, associés, partenaires industriels...).

Il marque votre souci de la formalisation et vous obligera à noter, très vite, les idées principales qui président à la création de votre entreprise. Il ne doit pas être confondu avec l'*executive summary* du business plan, qui expose un état plus avancé du projet. Le mémo permet d'exposer ses idées sans dévoiler de secrets et de les confronter sur un plan encore informel avec quelques partenaires amicaux.

Le teaser

Le *teaser* (de l'anglais *to tease :* taquiner, titiller) est un document destiné à éveiller l'intérêt des partenaires potentiels.

Le but est de permettre à votre interlocuteur de comprendre instantanément si le projet est intéressant (oui/non) : si oui, dans quelle mesure il est lui-même concerné (oui/non) ; si oui, ce qu'il peut apporter, si non vers qui vous orienter.

Il se compose généralement d'un ensemble d'une dizaine de transparents, qui présentent de manière attractive l'activité de la start-up et ses différents atouts :

- métier (1 planche), définition stratégique de l'activité ;
- marchés (1 ou 2 planches), c'est-à-dire besoins, segmentation, projection, croissance ;
- équipe (1 ou 2 planches), résumé des CV ;
- produit (1 planche), description des fonctionnalités, technologies, bénéfices clients, innovation ;
- concurrence (1 planche), tableau de synthèse sur les concurrents, technologies employées, taille, performance et votre avantage compétitif ;
- partenariats (1 planche), tableau de synthèse sur les partenaires stratégiques ;
- axes de développement, stratégie de croissance ;
- besoin financier (1 planche), capital recherché, affectation (*use of proceeds*).

Il existe de plus en plus d'occasions[59] de présenter en 10 ou 15 minutes votre entreprise devant un auditoire d'investisseurs (business angels,

VC...), au cours d'un petit déjeuner ou lors d'une manifestation à Paris, Montpellier, Sophia Antipolis, ...

C'est une épreuve redoutable (et minutée) pour laquelle il faut se préparer et soigner son show : c'est sur cet avant-goût que vous pourrez ou non amener un investisseur potentiel à s'intéresser à votre société.

Ne cherchez surtout pas à tout dire, n'accablez pas votre public de formules outrecuidantes (« nous sommes les meilleurs au monde »). Restez concentrés sur les qualités du marché visé, les atouts de votre positionnement (produit, avantage stratégique...) et sur ce que vous recherchez : financement, alliances...

Le business plan : un outil polyvalent

Un document de référence

Le business plan, plan d'affaires ou encore de développement, désigne un document d'une vingtaine de pages, qui décrit de manière précise le projet de l'entrepreneur. Celui-ci en est alors au stade d'émergence de l'activité ou déjà à la tête d'une jeune entreprise (start-up).

> L'objectif du business plan, quel que soit son destinataire, est de vaincre l'inquiétude de son lecteur : inquiétude devant la complexité du projet, les risques encourus, la possibilité d'un échec...

Le document doit permettre au lecteur de comprendre en quoi consiste l'activité, souvent complexe, de l'entreprise et les raisons de son futur succès. Il se décompose en trois grands volets :

- le résumé opérationnel *(executive summary) ;*
- la description qualitative et quantitative de l'activité et de son environnement ;
- le chiffrage des opérations (bilans, comptes de résultat, tableaux de financement prévisionnels).

Le business plan est donc un document conçu d'un point de vue stratégique : il définit l'ensemble des dimensions critique du projet, en reliant les éléments de marchés et l'angle économique et financier. De fait, sa rédaction requiert un ensemble de compétences techniques. Document prévisionnel, il présente les performances attendues à un horizon de trois ans et détaille les éléments essentiels du projet durant les phases critiques de sa vie.

Il doit servir certains objectifs

Présentation du projet : la complexité du projet fait que très souvent ses différentes composantes s'enchevêtrent et que l'on ne sait plus comment le décrire, tout étant par définition lié.

Maîtrise et organisation du projet : la structuration rigoureuse du document plaide en faveur de votre maîtrise du projet et indique la clarté de votre vision.

Analyse et évaluation objective du projet : seule une mise à plat fidèle du projet permet d'en peser tous les éléments clés et facilite donc le travail de compréhension critique du lecteur.

Organisation du travail en équipe : l'écriture collective du business plan ou son analyse en comité de direction accélère la création d'un langage et d'un référentiel commun en interne.

Amélioration des expertises de l'équipe : le caractère multidimensionnel du business plan conduit chacun à approfondir sa vision globale du projet et à adopter des points de complémentaires

Recherche de partenaires : les investisseurs, les partenaires industriels… ont besoin de discerner les risques et les opportunités du projet avant de s'engager.

Plusieurs destinataires possibles

Pour le porteur du projet et son équipe

Le business plan formalise tout d'abord la démarche et éprouve la solidité du projet en termes de cohérence, d'ampleur des moyens, d'horizon de temps… Le business plan donne des repères. Le projet tient-il la route ? La bonne idée se révèle-t-elle être une réelle opportunité de développement ? Chacun de nous a spontanément des dizaines de bonnes idées : combien d'entre elles constituent le fondement de réels projets ? Seule l'écriture d'un business plan permet de répondre à cette question. Une bonne idée sans business plan ne vaut littéralement rien : elle ne saurait convaincre un investisseur puisqu'elle ne peut se défendre en termes de faisabilité et de rentabilité…

Le second intérêt du business plan réside dans sa capacité à donner des points de repère concrets et chiffrables dans l'avancement du projet. Il constitue le plan de route de l'entrepreneur, en lui donnant les étapes *(milestones)* qu'il s'engage à respecter[60].

Pour le banquier

Le business plan constitue la preuve du sérieux de l'entrepreneur. Il démontre sa capacité à expliquer le contenu de son activité, souvent d'une technicité difficile à comprendre. Il lui permet aussi de montrer comment les principaux risques ont été identifiés et comment l'entrepreneur a éprouvé la cohérence du projet, notamment en matière de financement et de rentabilité. En effet, le plan de trésorerie est l'une des parties fondamentales pour tout accord de financement. Le banquier doit notamment comprendre la sensibilité de la trésorerie aux éventuels décalages dans les prévisions de chiffre d'affaires. Il s'attache essentiellement à l'équilibre du financement : besoin de fonds de roulement, fonds de roulement. Là aussi, le business plan a pour finalité de le rassurer en montrant comment les chiffres présentés s'appuient sur des hypothèses argumentées. Les notions spécifiquement financières seront abordées plus longuement dans le chapitre 9.

Pour le chercheur

Dans le cadre de la valorisation de la recherche, un document de ce type constitue un argumentaire fort pour obtenir le dépôt d'un brevet que l'on juge prometteur. De plus en plus de directions de la recherche procèdent désormais par mini-business plans pour allouer leurs ressources aux différents axes de recherche et exigent des éléments sur le potentiel des marchés visés et la rentabilité du produit visé avant de s'engager plus avant dans la mise de fonds (*funding*).

Pour l'investisseur

Le résumé opérationnel du business plan constitue le sésame pour entrer en contact avec le capital-risqueur. C'est ce document, reconnu comme intéressant par un intermédiaire, qui le conduira éventuellement à vous rencontrer pour pousser ses analyses et s'intéresser à votre projet. Ce n'est jamais sur une vague idée que vous pourrez intéresser un investisseur sérieux.

Un outil de communication puissant

Le business plan, quel que soit le destinataire, permet aux différents partenaires (investisseurs, prêteurs, industriels...) de se décider sur le projet lui-même en tant qu'idée. Le porteur de projet doit pouvoir montrer qu'un marché à fort potentiel existe et justifier ses facteurs de différenciation par rapport à d'autres produits et services qui lui préexistent.

> La question posée est simple : « Quelle est la valeur de l'opportunité que je décris et en quoi suis-je le mieux placé pour être capable de la capturer ? »

Tout investisseur adoptera *a priori* une position sceptique sur la viabilité d'un projet : trop d'éléments hétérogènes interagissent (erreurs de prévision commerciales, sous-estimation de la réactivité concurrentielle, mauvais calcul des marges, défaut de timing...). Les inconnues sont trop nombreuses pour éliminer l'incertitude. Le business plan aide donc à susciter la confiance de l'investisseur dans le projet[61]. L'investisseur doit trouver dans le business plan les réponses à ses inquiétudes. De fait, pour être un outil de communication puissant, l'écriture du business plan doit obéir à quelques règles simples :

La clarté d'écriture s'avère essentielle ; le lecteur n'est pas toujours un expert du domaine technique ou commercial concerné[62]. Il a rarement le temps de passer des heures sur le plan d'affaire pour s'imprégner de détails par trop techniques. Il faut donc définir précisément les termes clés, utiliser le cas échéant des schémas explicatifs, aérer la présentation, mettre des titres messages...

Le style sera objectif avec une argumentation chiffrée, précise, des exemples concrets pour illustrer et soutenir ce que l'on avance.

Un plan bien défini doit impérativement être suivi : sans le respect de cette trame précise, l'investisseur ne peut s'y retrouver. La structuration du document permet d'exposer pas à pas la complexité du projet sans tomber dans les redondances en déroulant le projet dans toutes ses dimensions.

Trop de business plan sont illisibles : soit parce qu'ils sont émaillés de termes techniques incompréhensibles car non définis, soit parce que tout ce qui concerne les marchés et les besoins est expédié en quelques lignes dénuées d'informations quantitatives, soit parce que, au contraire, le business plan se réduit à des documents financiers qui ne disent rien de la stratégie de l'entreprise.

Enfin, le business plan est par définition un document en devenir : il ne peut être relié car il va subir des modifications plus ou moins importantes, au cours de l'avancement du projet. Le créateur du projet devra sans cesse l'actualiser pour intégrer de nouveaux faits, de nouvelles inflexions stratégiques. Il est par essence inachevé.

Dernier point pratique : ne pas oublier de porter sur la page de couverture une image attractive (en lien avec votre activité) et les coordonnées de votre société. On n'a pas deux fois l'occasion de faire une première impression : la page de titre est le premier contact du partenaire potentiel avec le projet. Plus ou moins consciemment, il sera influencé dans son approche et sa lecture du document.

La page de couverture comporte le nom du projet, une rapide définition permettant de comprendre tout de suite le domaine d'activité et l'originalité du projet, les noms et les coordonnées (adresse, téléphone et e-mail) des personnes à contacter, la date de rédaction du projet (un business plan étant par nature évolutif, il faut que le lecteur connaisse la date de la version qu'il a sous les yeux). Enfin, une illustration accrocheuse constitue un plus.

Tous ces éléments sont indispensables : ils représentent la véritable « carte de visite » du projet et éviteront, de surcroît, au lecteur pressé (ou à son assistante à qui il a demandé de vous contacter) de perdre du temps et de l'énergie à vous retrouver.

Le contenu du business plan

Dans le présent paragraphe, nous proposons une approche simple pour écrire correctement un business plan. C'est ce squelette standard qui facilitera la lecture du document par les investisseurs. Bien sûr, ce plan peut être modifié, mais il a le mérite d'intégrer toutes les rubriques que l'on doit trouver dans un tel document.

L'ordre des rubriques du business plan répond aux interrogations légitimes de l'investisseur.

Voici une liste quasi exhaustive des rubriques que peut comprendre un business plan : résumé opérationnel ; concept et mission ; marchés ; produits/services ; concurrence ; business model ; partenariats stratégiques ; historique ; stratégie de développement ; équipe ; besoins de financement ; sorties ; plan financier.

Cette liste est bien sûr seulement indicative. Il ne s'agit pas d'écrire un document qui comprendrait nécessairement l'ensemble de ces rubriques. Nous allons voir les plus importantes. De plus, nous proposons en annexes deux exemples réels de business plans qui ont déjà permis de lever des fonds.

Le résumé opérationnel

Le résumé opérationnel *(executive summary)* constitue la partie capitale du business plan. Présentant en 15 à 20 lignes les points clés du projet, il permet au décideur de se faire une idée globale du projet en ayant lu une synthèse brève mais essentielle pour l'inciter à aller plus loin dans sa lecture.

Recevant une moyenne de quinze à vingt dossiers par semaine, l'investisseur en capital-risque doit pouvoir filtrer et éliminer rapidement les dossiers sans intérêt. Il est évident qu'un business plan peu clair et mal présenté ne peut retenir son attention. Après la lecture du résumé, l'investisseur décide s'il va plus avant dans la lecture du business plan ou s'il le met à la poubelle (classement vertical).

C'est un exercice assez difficile qui doit intégrer les six items suivants :

- une présentation du concept/métier de l'entreprise ;
- une définition et une quantification des marchés visés et des besoins clients à satisfaire ;
- un rappel des facteurs de différenciation par rapport à d'autres produits et services qui lui préexistent, en définissant la valeur ajoutée qu'apporte le nouveau produit ;
- une brève présentation du *track record* des membres de l'équipe ;
- une définition de la performance visée dans 3-5 ans (chiffre d'affaires, résultats, part de marché…) ;

- une estimation du montant des fonds recherchés et de leur utilisation ;
- une idée du mode de sortie à terme des investisseurs.

Cette partie est la clé d'entrée du business plan mais on ne peut la rédiger qu'à la fin.

> Êtes-vous prêt pour le test de l'ascenseur (elevator pitch) ? On a coutume de dire que le bon entrepreneur doit pouvoir débiter le résumé[63] de son *executive summary* à un investisseur potentiel, rencontré dans un ascenseur, durant la descente (sans préciser bien sûr la hauteur du bâtiment).

Il est rare que le résumé opérationnel soit écrit à la fin de la rédaction du business plan, car les investisseurs demandent de plus en plus un premier document reprenant le plan du résumé opérationnel, avant d'aller plus avant.

Il est conseillé de rédiger un premier résumé opérationnel en pesant chaque mot avant d'avoir achevé l'ensemble du business plan. Le faire parvenir aux quelques investisseurs sélectionnés permet de gagner du temps. Joindre à ce document quelques lettres de futurs clients ne peut que renforcer la crédibilité de votre approche.

La définition de la mission

Cette partie a pour objectif de définir rapidement le segment stratégique auquel la start-up appartient et de caractériser ses facteurs de différenciation. En d'autres termes, il s'agit de définir le métier de l'entreprise pour la situer dans son secteur et exprimer sa vocation. L'analyse stratégique permet d'énoncer la mission de l'entreprise. Il faut pouvoir expliquer en quelques lignes ce que fait l'entreprise et signifier avec force sa mission, sa raison d'être. Cette pratique est fréquente aux États-Unis, où la majeure partie des rapports annuels commence effectivement par le rappel de la mission de l'entreprise.

Les marchés

Nous avons souvent rencontré des inventeurs qui nous récitaient le credo suivant : « Nous n'avons procédé à aucune étude de marché car nous créons le marché. » ou encore : « On ne peut rien prévoir de certain. » « Toutes ces projections, c'est du bluff : on ne peut rien dire, on n'a pas de chiffres précis ; de toute façon, on ne tiendra pas le business plan. »

Ces affirmations ont pourtant leur part de vérité : une offre réellement créatrice révèle un marché dont l'ampleur étonne parfois. Ainsi, Gemplus est devenu en dix ans une entreprise multinationale avec un CA de plus de 3 milliards de francs, employant plus de 4 000 personnes. À partir d'un objet totalement nouveau : la carte à puce. Les États-Unis ont longuement résisté[64] à l'utilisation de la *smart card* car ils ont privilégié d'autres moyens (produits de substitution), dématérialisés, pour répondre aux besoins ainsi révélés.

L'étude de marché

Elle demeure indispensable pour prendre la mesure de l'activité (sa taille, son potentiel de croissance…) dans laquelle l'entrepreneur souhaite entrer :

- Parle-t-on d'un marché de plusieurs MF, de centaines de MF, de milliards de dollars ?
- Le marché visé est-il une niche, nationale comme pour cette start-up qui a développé des logiciels intégrés de gestion pour les notaires français ?
- Est-ce un marché international comme celui que vise Genset en travaillant sur le génome humain ?

Nous proposons au rédacteur du business plan de suivre le plan suivant :

- mise en évidence du besoin à satisfaire ;
- identification des différents segments de marché possibles, caractéristiques qualitatives et chiffrage des potentiels ;
- description de l'environnement du client/utilisateur/prescripteurs et des logiques de son acte d'achat ;
- chiffrage des potentiels (en statique et en dynamique).

Les premières analyses portent sur les besoins du client que peut satisfaire le nouveau produit.

Définir les besoins du client

- Est-ce un besoin latent ou implicite qu'une offre créatrice va révéler en réponse à un besoin non satisfait (par exemple, le gain de temps et le confort supplémentaire induits par la livraison à domicile de produits *via* le Minitel et Internet) ?
- Est-ce la possibilité d'un gain de productivité (par exemple, l'optimisation des tâches de conception apportés par les logiciel CAO aux architectes) ?
- Est-ce le résultat d'une tendance sociale de fond que l'on peut discerner (par exemple, les désirs d'authenticité et de naturel exaucés par les boutique de produits diététiques et les nouvelles chaînes) ?
- Est-ce la réponse à une nouvelle contrainte réglementaire (par exemple, en réponse aux pressions des consommateurs et à l'édiction de normes environnementales draconiennes, l'offre d'éco-bilan, qui analyse le coût écologique comparé de différentes filières industrielles pour la fabrication d'un même produit) ?

La meilleure preuve de l'existence ou non d'un besoin : présenter quelques lettres attestant l'intérêt manifesté par des clients potentiels qui expliquent précisément leurs besoins et confirment les analyses proposées.

Cibler sa clientèle ?

La segmentation marketing consiste à découper la population en plusieurs catégories d'acheteurs, qui ont des besoins différenciés à satisfaire de façon différente. Il faut donc diviser le marché pour discerner avec précision les catégories de consommateurs[65] potentiels du produit.

Le business plan doit donc décrire qualitativement le profil des différentes populations susceptibles d'utiliser le produit et d'expliquer pourquoi elles en ont besoin.

Cerner les caractéristiques de la demande permet de comprendre la pertinence de l'offre en ayant défini le comportement du consommateur. La question clé est donc : qui sont les clients ? On travaille alors à partir des caractéristiques générales de la clientèle.

En grande consommation *(business to consumer),* on s'intéressera aux critères suivants : sexe, âge, situation matrimoniale, niveau d'éducation, revenus, activité, statut professionnel, style de vie… autant de variables de découpage qui seront plus ou moins pertinentes selon la nature du besoin auquel on répond.

Pour chaque segment identifié, il faudra avoir analysé les comportements d'achat. C'est alors seulement qu'il sera possible de passer à la phase de quantification des potentiels de marchés. Cette analyse en volume et en valeur est indispensable : c'est elle qui permet d'appréhender, même grossièrement, les ordres de grandeur de l'activité visée. La taille du marché est un critère essentiel dans la décision d'investir des capitaux-risqueurs.

« We look for markets the size of Texas. »[66]

Ceci s'explique par plusieurs raisons :

- un grand marché autorise plus d'erreurs : si le marché est suffisamment grand, même une équipe moyenne et une exécution moyenne peuvent déboucher sur un grand succès.
- le timing est un autre ingrédient critique : même si l'opportunité de marché est forte, une approche trop précoce peut porter ses fruits si, au final, la position occupée est forte. Ainsi, il a fallu presque dix ans pour qu'AOL profite de l'opportunité de marché, mais elle était si importante que cela valait la peine pour les investisseurs de patienter. En termes financiers, si la plus-value finale, corrélée à la croissance de l'entreprise, est suffisamment grande, alors l'horizon de temps requis pour le calcul du TRI annuel peut être plus étendu.

L'estimation du marché doit être précisément ciblée. Par exemple, si l'on cherche à donner une idée de la taille du marché des serrures électroniques de haute sécurité, on ne se contentera pas des données agrégées du ministère de l'Industrie... On cherchera à apprécier l'importance du potentiel en recoupant différentes sources, en extrapolant à partir des segments visés (sécurité bancaire, sécurité pour les prisons, sécurité individuelle...).

Il ne faut pas confondre la quantification par le volume et la quantification par la valeur, liée au niveau de prix pratiqué par le marché.

Ainsi la numérisation des transmissions audiovisuelles a sans aucun doute favorisé l'essor de programmes numériques sur satellite (bouquets, chaînes thématiques...) mais a aussi entraîné une baisse du prix de vente des ressources de transmission. En effet, la logique économique de l'ancien système analogique reposait sur la rareté de la ressource (bande passante hertzienne). Avec le partage des ressources numériques (multiplexage) la rareté disparaît. Attention aux business plans qui avaient « tablé » (acte spéculatif commis au moyen d'un tableur), au seul vu de la hausse des volumes, sur une envolée des performances financières...

Lorsque l'on cherche à quantifier un marché pour un produit innovant, il est rare de trouver des chiffres précis. Il est bon de recourir à plusieurs méthodes d'évaluation grossières ou intuitives (*rules of the thumb*) et de voir si les résultats ainsi obtenus sont cohérents entre eux (triangulation). Cela permet souvent d'approcher la taille globale du marché.

Un exercice parmi d'autres, pour vous entraîner : essayez de reconstituer « à la louche » le nombre de stations-service en France (en faisant des hypothèses de consommation, de répartition statistique...) et vérifiez ensuite vos conclusions par rapport aux données réelles.

Nous voyons trop souvent des analyses vagues qui, sous prétexte du manque d'informations précises, s'en tiennent à des généralités sur le macro-marché dont le produit ne vise qu'un sous-segment spécifique. Comme si l'inventeur d'un nouveau type d'essuie-glace électroniques ne se fondait que sur les chiffres globaux de production de nouvelles voitures dans le monde pour évaluer son marché, sans tenir compte des disparités de niveau de gamme au sein de l'industrie de la voiture, de la diversité des pouvoirs d'achat selon les pays, de la spécificité des réseaux de sous-traitants, des réseaux de distribution...

Voici une liste de questions auxquelles vous devez avoir répondu :

- Qui va payer ?
- Combien serait-il prêt à payer pour ce type de produit ?
- Faudra-t-il éduquer l'utilisateur et l'amener à modifier son comportement[67] ?
- Qu'est-ce qui motive l'utilisation du produit ou du service ?
- À quoi les utilisateurs sont-ils les plus sensibles ?
- Cela correspond-il réellement à vos « plus » produits ?

L'idéal est d'achever ce chapitre en enrichissant l'analyse statistique par une mise en évidence des causes d'un développement fort à venir : il s'agit de montrer que la demande va exploser.

Le lancement d'une start-up repose souvent sur des perspectives de croissance très fortes. Ainsi, la société française Ingenia, spécialisée dans les composants logiciels à base de technologie objet, créée en 1989, est passée de 8 MF de CA en 1991 à 100 MF en 1995, soit un taux moyen de croissance annuel de près de 90 %[68] !

Attention toutefois à ne pas exagérer : l'investisseur tient avant tout à se rendre compte de votre sérieux et de votre connaissance du marché. Il n'appréciera ni un excès de prudence ni un excès d'optimisme.

L'offre des produits et des services

Cette partie est délicate : il faut que le lecteur comprenne les éléments de l'offre, sans pour autant être brutalement confronté à un univers inaccessible. Dans les domaines high-tech, les produits développés par les start-up sont souvent complexes et innovants dans des domaines très techniques. Il est alors essentiel de parvenir à exposer simplement les caractéristiques du produit.

Le risque est grand de noyer le lecteur sous une prose technique où la complexité du produit fait totalement oublier sa fonctionnalité.

Au-delà d'une description physique des produits et services, cinq points sont à préciser :

- Fonctionnalités et bénéfice clients : c'est le cœur de l'explication.
- À quoi sert le produit ?
- Quelle est sa valeur ajoutée ? Est-ce qu'il facilite la vie ?
- Est-ce qu'il augmente la productivité ?
- Est-ce qu'il permet de faire de nouvelles choses ? Avec quels bénéfices ?

Ainsi, la société ACROBA[69] a révolutionné le métier des chemins de câble (des guides métalliques qui servent de supports aux câbles électriques). Leur avantage concurrentiel réside dans la simplification de l'installation : avec leur système breveté, qui permet d'emboîter les pièces sans vis ni boulon, l'installateur gagne 30 % de temps au moment de la pose.

Autre exemple de valeur ajoutée immédiate pour l'utilisateur : le logiciel DemoLink. Bertrand Levavasseur[70], son inven-

> teur et co fondateur de la société Netquartz, est parti d'un constat simple : les versions de démonstration d'un logiciel sont toujours frustrantes car incomplètes ou à durée de vie limitée. Grâce à DemoLink, un prospect peut tester un logiciel dans une version identique à celle qu'il achètera. DemoLink le connecte d'office à un serveur Web, qui donne accès à toutes les fonctions uniquement pendant le temps de connexion. Chaque partenaire est satisfait : l'utilisateur parce qu'il a accès à l'intégralité du produit, et l'éditeur qui économise de l'argent et accroît sa sécurité.

On voit qu'il s'agit de lister les fonctionnalités du produit et de les détailler en les expliquant simplement et clairement, sans noyer le lecteur sous une cascade de termes techniques. C'est un exercice difficile au cours duquel l'entrepreneur doit savoir prendre du recul par rapport à la technique, à l'innovation, afin de pouvoir expliquer son invention à un public non spécialiste.

Quelques dimensions à aborder

Performance

Il s'agit d'évaluer le produit en le rapportant à différents critères : coûts, confort, rapidité, adaptabilité pour montrer sa valeur d'usage pour l'utilisateur.

Gamme de produits

- Propose-t-on un produit isolé ou, au contraire, ce dernier s'inscrit-il dans une offre déjà structurée ?
- Le produit est-il au centre d'un maillage de services associés ?
- L'entreprise propose-t-elle d'autres produits de même nature, mais qui diffèrent selon le budget de l'utilisateur, la technicité de l'utilisation ?

Stades de développement

Est-il question d'une idée, d'un prototype, d'un produit pré industrialisé, bêta testé, référencé, déjà en vente ? N'oublions pas que le lecteur ignore tout de votre projet. Il faut donc être très précis pour ne pas l'égarer.

Technologies/standard utilisées

Utilise-t-on des composants de base déjà standardisés ou bien parle-t-on d'une fabrication maison ?

La définition du produit doit intégrer la dimension de la valeur perçue par le client : les différentes fonctionnalités techniques peuvent être extraordinaires du point de vue de l'innovation mais n'être absolument pas valorisées par le client qui préférera conserver ses anciens produits. Il est donc capital de montrer que le client va acheter des fonctionnalités dont il reconnaît la valeur ajoutée.

Un exemple connu est celui de cette firme qui avait inventé et commercialisé en France, au début des années 1960, le premier marteau-piqueur insonore et qui a déposé son bilan peu après. Pourquoi ? À l'époque, personne n'était prêt à payer pour ce qui n'était pas considéré légalement comme une nuisance. La valeur ajoutée du produit ne se transformait pas en valeur achetée.

L'interrogation sur la valeur perçue du produit est fondamentale et passe par deux questions :
- Je peux créer de la valeur d'usage mais va-t-elle être perçue comme telle ?
- La valeur créée perçue sera-t-elle finalement objet d'achat ?

Les investisseurs en capital-risque permettent à la start-up de parier sur des marchés en émergence, sans avoir une focalisation immédiate sur le profit. Toutefois, une fois que l'entreprise a pris ces risques et, pour ce faire, consommé le cash levé, les marchés n'ont pas nécessairement décollé. Quand un marché prend trop de temps pour émerger ou qu'il se révèle trop compétitif ou trop petit, ce sont souvent des millions de francs qui ont été investis avant même que la situation problématique ne devienne évidente. Pour cette raison, les investisseurs se demanderont toujours si ce produit (ou ce service) est vraiment irrésistible ou s'il permet de résoudre un réel problème du client ?

La grande crainte des investisseurs : avoir affaire à une entreprise qui commercialise des vitamines plutôt que de l'aspirine.

En d'autres termes, n'est-on pas face à une entreprise qui a pour vocation de vendre un produit optionnel pour le client (toujours superflu) plutôt qu'un produit de première nécessité[71]. La difficulté est que les marchés reposant sur l'innovation passent souvent du statut de « marché vitamine » au statut de « marché aspirine ». Les produits qui apparaissaient, à première vue, comme optionnels ou frivoles sont devenus des biens de première nécessité : téléphone, télévision, fax, e-mail, entre autres. Le problème est alors celui du timing et de la taille de l'opportunité qui émerge[72].

La dynamique concurrentielle

Un entrepreneur n'est jamais seul sur son marché, mais il doit avoir conscience de la forte différenciation compétitive du produit qu'il propose. Cette conscience doit transparaître sous cette rubrique, qui comporte classiquement trois sous-parties :

- les concurrents directement présents sur ce domaine ;
- la concurrence indirecte que l'entreprise doit affronter ;
- une étude des nouveaux entrants possibles.

En ce qui concerne les concurrents déjà installés sur le marché visé et proposant une offre similaire à la vôtre, évoquez impérativement :

- des données chiffrées sur leur profil (actionnariat, chiffre d'affaires, rentabilité, parts de marché...) ;
- un bilan des avantages et des inconvénients de leur offre par rapport à la vôtre ;
- une représentation, même sommaire, de leur stratégie de développement.

In fine, vous devez être capable d'expliquer précisément pourquoi, selon vous, ces compétiteurs ne répondent pas bien, ou insuffisamment, à la nouvelle demande.

Concurrents indirects ou produits de substitution

Cette catégorie est plus délicate à appréhender. À la suite de Michael Porter, il faut revenir à la définition d'un produit comme un bouquet de fonctionnalités répondant à un ou plusieurs besoins. C'est sur la base de cette définition d'un produit ou d'un service que l'on parvient à changer de schéma mental quand on analyse la concurrence et que l'on peut concevoir des moyens très différents de répondre à un même besoin.

Trois exemples permettent de bien comprendre le concept de produits de substitution, qui remet notamment en cause les frontières de filière de production :

- Les fabricants de tapettes pour souris les plus performants ont été terrassés par les producteurs de raticides.
- Les fabricants de pesticides et autres insecticides ont racheté frénétiquement[73] les start-up spécialisées dans la génomique végétale pour éviter de voir leur marché disparaître. Une plante modifiée génétiquement peut ainsi produire son propre insecticide, augmenter ses capacités nutritives, sans l'adjonction d'un produit chimique.
- La lutte contre la pollution des voitures passe par différents moyens d'action : les nouveaux pots catalytiques, les nouveaux types de moteur à combustion, les nouveaux carburants, l'allégement des véhicules. La lutte est ouverte entre les prétendants à la voiture propre.

Dans chacun de ces cas, l'attaque est frontale, mais elle ne vient pas de la filière habituelle. Il y a eu déplacement du champ de bataille et extension de son périmètre.

Règle 1

Il faut toujours avoir identifié ses concurrents actuels ou à venir : ne pas avoir de concurrents signifie souvent que le marché n'existe pas. Au contraire, dans le cadre d'une innovation radicale, qui doit créer son propre marché, il vaut mieux avoir un concurrent leader qui a ouvert la voie et dont on veut imiter et dépasser l'exemple.

Règle 2

Dans l'esprit d'un investisseur, un marché sans concurrent est probablement sans intérêt.

Enfin, une troisième catégorie de concurrents regroupe les entrants potentiels sur le marché visé. Ces acteurs ne sont pas aujourd'hui parties prenantes des luttes concurrentielles mais ils se positionnent à terme avec une réponse aux mêmes clients.

Dans tous les cas de figure, il s'agit de montrer que vous faites partie de ceux qui ont identifié et compris les règles du jeu, et que vous possédez un avantage stratégique décisif *(unfair advantage)* assurant votre développement.

> Ne sous-estimez pas vos concurrents : n'oubliez jamais qu'il y a quelqu'un au-dehors qui veut prendre votre place au soleil.

Ainsi, une manœuvre classique, dite du « *fudding* », pour un concurrent qui a du retard, est de s'appuyer sur un grand partenaire stratégique pour jouer sur des effets d'annonce destructeurs : les prospects sont alors ébranlés, incertains et le cycle de décision d'achat s'allonge. Les clients attendent en effet la sortie prochaine du nouveau produit pour arbitrer ; pendant ce temps, la start-up concurrencée voit ses ventes sensiblement décalées et son niveau de trésorerie diminuer rapidement…

Le business model ou la logique commerciale du projet

Que recouvre cette expression fétiche des *venture capitalists* ? Avant tout, l'assurance que l'entrepreneur a compris et formalisé les nouvelles règles du jeu qu'il essaie de mettre en place.

Le business model est donc au fondement du succès de l'entreprise innovante : la start-up trace une nouvelle route et il est extrêmement difficile de décrire dans le détail ce qui sortira réellement de ce pari. En effet, le caractère radicalement novateur du produit ou service bouleverse les règles du jeu du marché traditionnel. Mais ce qui demeure c'est la nécessité d'expliquer clairement la manière de commercialiser le produit et le moyen d'en tirer des bénéfices.

Il s'agit en effet de répondre à quelques questions de base que se pose l'investisseur à propos de l'entrepreneur parce qu'elles conditionnent la capacité de survie puis de développement du projet :

- Comment va-t-il gagner de l'argent ?
- Combien ?
- Quand ?
- À quelles conditions ?

L'efficacité du *business model* dépend de la compréhension préalable de plusieurs facteurs :

- la dynamique du marché ;
- les moyens de maximiser les chances de succès ;
- la structure du marché ;
- les partenariats possibles.

Il ne s'agit pas d'énumérer chacun des points, mais plutôt de montrer leur imbrication. La question est de savoir comment la structure du marché joue sur sa dynamique et comment utiliser cette dynamique pour maximiser vos chances de succès. Le contenu du business model doit être explicite. Il faut montrer que votre stratégie globale vous permet d'attaquer victorieusement ce marché, en mobilisant intelligemment l'ensemble des acteurs concernés : prescripteurs, fournisseurs, clients, utilisateurs…

L'idée est bien de montrer comment vous optimisez votre « architecture » de relations à l'environnement en liant les acteurs dans votre offre et en en faisant des alliés, volontaires ou non, de votre création de valeur. C'est alors que l'on parle de business model.

Comme on le voit, construire un business model est complexe, puisqu'il s'agit de mettre en œuvre des règles du jeu cohérentes et réalistes. Pour cette raison, les VC aiment à recourir à des références pour caractériser les différents business model.

Ce raisonnement par analogie (« je vais faire ce que X a fait dans tel marché ») permet de comprendre en raccourci la trajectoire visée. Nous listons ici quelques stratégies génériques qui ont fait leur preuve.

Le « faux cadeau »

Offrir quasiment l'équipement pour vendre du service récurrent : par exemple, le téléphone portable en contrepartie d'un abonnement minimal. Ce procédé permet d'initier un développement régulier de chiffre d'affaires généré dû aux communications téléphoniques et à l'utilisation de services associés.

Le « cadeau liant »

Faire un quasi-cadeau du logiciel pour constituer une base installée. L'investissement est financé par la publicité : il s'agit de maintenir un contact client, créer des habitudes de consommation à la maison et vendre ensuite de l'Intranet Entreprise. Par exemple : Netscape Navigator et Internet Explorer.

Le « beaujolais nouveau »

On établit une plate-forme standard (Windows), on vend en direct des logiciels grand public (Office...) et l'on fidélise les développeurs d'applications spécifiques pour renforcer le standard. Une fois l'effet de parc atteint, chaque année, une nouvelle version apparaît à la grande joie des utilisateurs obligés de suivre pour remetttre au niveau leur matériel... Par exemple : Windows, consoles de jeux Nitendo, Sega.

Le « modèle additionnel »

On noue des partenariats avec des constructeurs, qui possèdent déjà un parc installé, et l'on fait pré-installer le système sur les machines. On reçoit alors une commission par machine vendue, en bénéficiant d'une base installée importante et en économisant de coûteux frais de distribution.

> Glaenzer Informatique édite un système d'exploitation simplifié permettant au grand public un accès facile et intuitif au micro-ordinateur. Ce produit s'adresse notamment aux personnes âgées et aux réfractaires à l'informatique refusant d'apprendre les commandes de Windows mais souhaitant simplement écrire des lettres, envoyer des messages... Quel que soit le niveau d'innovation technologique d'un tel produit, il est presque impossible à distribuer directement car il faudrait convaincre des utilisateurs potentiels, qui ne connaissent rien à l'informatique, ni même à Windows. La solution envisagée par Glaenzer Informatique (et par nombre de ses concurrents) consiste donc à nouer un partenariat avec un constructeur d'ordinateurs grand public comme Packard Bell. Le système d'exploitation simplifié serait préchargé sur toutes les machines. Tout le monde y gagne : Glaenzer Informatique économise une coûteuse campagne de communication et construit une base installée ; le constructeur améliore son image auprès du grand public (facilité d'utilisation) et enrichit son contact client (le système d'exploitation est personnalisé aux couleurs du constructeur et peut donner lieu à des ventes complémentaires).

Intel Inside

La société vend en OEM (*Other Equipment Manufacturer*) pour la diffusion grand public et fait de la publicité de notoriété. Le client final devient demandeur et incite les assembleurs et les constructeurs de machines à intégrer les puces d'Intel Inside.

> Intel équipe la plupart des micro-ordinateurs avec ses microprocesseurs et fournit la plupart des grandes marques comme IBM et Compaq en sous-traitance (OEM). Intel reste totalement inconnu du grand public, mais la société redoute la montée en puissance de processeurs *me too*, tels que AMD, Cyrix... La stratégie retenue consiste donc à affronter les constructeurs (les propres clients d'Intel) sur le terrain de la notoriété grand public : c'est l'origine de la campagne *Intel Inside*. Il s'agit de convaincre les utilisateurs que les ordinateurs équipés de microprocesseurs Intel sont les plus performants, pour obliger les constructeurs à s'approvisionner chez Intel. Cependant, il ne faut pas non plus s'aliéner des clients puissants. La voie étroite consiste à « parasiter » les publicités des constructeurs avec le logo *Intel Inside*. Intel contribue modestement au coût de la campagne. Le constructeur doit également afficher le logo *Intel Inside* sur la machine elle-même. Certains prétendent qu'Intel aurait fait usage de sa position dominante dans le secteur des microprocesseurs pour faire avaler cette couleuvre à ses clients...

Plug-in

Pour développer un outil logiciel très spécialisé : soit vendre l'outil directement, soit le faire intégrer comme *add on* dans un logiciel généraliste (enrichissement de fonctions) qui a déjà une forte base installée.

> La société Straco édite des modules de calcul et de simulation dans le domaine acoustique et vibratoire. Ces calculs sont nécessaires pour simuler, par exemple, le niveau sonore d'une voiture ou d'un bâtiment. Bien entendu, la simulation suppose de décrire au préalable les objets à simuler en indiquant la taille, la forme et la nature de chaque partie. Le module de calcul ne peut pas fonctionner sans un module de saisie. Plutôt que de développer un tel module et d'imposer aux bureaux d'études l'apprentissage d'une nouvelle interface, Straco a noué un partenariat avec

SDRC, qui édite un logiciel de CAO généraliste I-Deas et inclut un module de saisie. Straco fournit un module qui s'intègre dans I-Deas. Tout le monde y gagne.

- Straco économise la mise au point du module de saisie ;
- SDRC dispose d'un module d'analyse pointu dans son catalogue qui conforte les bureaux d'études dans le choix qu'ils ont fait de I-Deas ;
- Straco accède sans frais de commercialisation à la base installée mondiale et à la force commerciale de SDRC ;
- SDRC perçoit d'importantes commissions sur les ventes de Straco.

Le rasoir et les lames

C'est le plus célèbre des *business models*. Il prend forme en trois temps :

- On invente un produit facilitateur qui permet de passer de l'achat d'un service récurrent rendu par des professionnels équipés (le barbier et son coupe-chou) à l'acquisition d'un nécessaire de rasage personnel.
- Cependant le prix initial du rasoir excède le montant de plusieurs passages chez le barbier, d'où une forte réticence à l'achat par les particuliers.
- Le coup de génie consiste à faire migrer la valeur du support au consommable. Le support sera vendu un prix modique et la marge sera faite sur les lames. Éventuellement l'utilisateur passe même au jetable. C'est ce *business model* qu'a suivi à la même époque l'industrie photographique en passant des créations de Nadar photographiant Baudelaire au Kodak jetable…

L'équipe

Cette partie permet de présenter les hommes clés, en mettant en lumière leur expérience et leur complémentarité au regard du projet de start-up. Le raisonnement de l'investisseur est le suivant : l'attractivité de l'opportunité de développement étant démontrée *(opportunity identification),* il doit s'assurer maintenant d'avoir une équipe performante capable de la réaliser *(opportunity capture).*

Une équipe confirmée

Pour juger de la qualité d'une équipe, l'investisseur part d'un principe : celui qui a déjà affronté un problème similaire sera mieux armé pour réussir. Si l'entrepreneur et l'équipe débutent sur le sujet, cette dernière est hors sujet. On ne peut lui faire confiance. En clair, l'investisseur n'est pas prêt à financer la formation sur le terrain du porteur de projet. De fait, l'équipe idéale démontrera grâce aux CV de ses membres l'expérience collective construite autour de la problématique du projet.

D'autre part, l'investisseur sera sensible au mode de constitution de l'équipe et au fait que les principaux fondateurs ont déjà eu l'occasion de travailler ensemble. Là encore il ne veut pas payer pour voir si les relations de travail seront ou non harmonieuses et fructueuses.

Cela dit, l'équipe de direction peut être encore incomplète au moment de la levée de fonds et rechercher explicitement d'autres compétences. N'hésitez pas à expliciter les manques au sein de l'équipe.

Un investisseur de renom tel qu'Ann Winblad de la société Hummer Winblad, n'hésite pas à affirmer que l'erreur n°1 des porteurs de projets, c'est de vouloir assembler à tout prix une équipe complète avant de se présenter devant les capitaux-risqueurs alors même que, ce faisant, ils augmentent le niveau de risque du projet. En effet, la tentation est toujours grande d'embaucher une personne de second rang mais disponible pour occuper une position clé dans la société.

Ne cédez pas à la pression du court terme : le coût d'une telle solution de facilité n'apparaîtra que plus tard. Recrutez agressivement et maintenez une forte exigence de qualité.

En termes de présentation, il s'agira d'écrire un CV bref pour chaque personne clé, en insistant sur son expertise et ses références professionnelles passées (son *track record*), sa place et son rôle dans le projet.

Premier grand principe des *venture capitalists* anglo-saxons : « Il y a trois éléments clés de réussite dans un projet, qui sont le management, le management et le management. » Second grand principe : « Il vaut mieux une équipe de rang A avec un projet de rang B que l'inverse. »

« Seules les bonnes équipes réussissent ! » Sur le Web, pas de brevets pour se protéger de la concurrence. Il faut se battre autrement. L'imitation est facile, les règles changent souvent. Les capitaux-risqueurs l'ont bien compris et choisissent sérieusement leurs poulains. Ils sont souvent jeunes (30-35 ans) et ont malgré cela une forte expérience dans une industrie proche du marché qu'ils attaquent.

> Les dirigeants de Sportsite.com, distributeur de produits de sport *via* Internet, sont tous d'anciens professionnels de l'industrie du sport. Parmi l'équipe de direction, on retrouve un ex-directeur du marketing de Cobra (marque de golf), un responsable des achats « Sport » du grand magasin américain Bloomingdales, etc. »[1]

La validité du projet et la crédibilité de l'équipe

L'investisseur dispose de très peu d'éléments factuels passés pour juger de la validité du projet. Il n'y a pas d'histoire pouvant attester d'une trajectoire de réussite, pas de business plan qui puisse s'appuyer sur des antécédents de performance avérés. L'entreprise va démarrer : l'essentiel appartient encore au domaine du possible.

Il y a donc peu d'éléments tangibles pour fonder la croyance en la réussite du projet : promesse d'une forte croissance, incertitude sur les résultats.

In fine, on peut dire que la décision d'investissement du capital-risque dans une start-up repose fortement sur son appréciation de la qualité de l'entrepreneur : il s'agit plus de faire confiance à la capacité d'un individu à réussir que de s'appuyer sur un ensemble de documents, qui demeurent fortement prospectifs.

L'investisseur passe très vite d'une analyse, validée, du projet à l'analyse du porteur de projet.

Par conséquent, le business plan vise davantage à éprouver les qualités de vision et de structuration de l'entrepreneur. Il constitue une présentation du projet, qui tente d'en cerner précisément les risques. Mais le business plan ne sera généralement pas tenu. Le *venture capitalist* le sait ; il s'agit pour lui d'être capable de juger de la qualité de l'acteur à réagir, à faire face aux aléas et réussir malgré tout.

Pour l'investisseur, la maîtrise de l'incertitude repose en grande part sur sa capacité à déléguer ce contrôle à l'entrepreneur.

Arthur Rock, partner à Arthur Rock and Co. et l'un des premiers investisseurs dans Apple, a souvent affirmé qu'une grande équipe de management sera toujours capable de trouver une bonne opportunité, même si elle doit effectuer un grand saut à partir de la position de marché qu'elle occupe actuellement[74].

L'organigramme de l'entreprise

La présentation des hommes clés est complétée par une esquisse de l'organigramme de l'entreprise. Bien sûr, la start-up fonctionne encore de manière informelle, mais il est intéressant de pointer les effectifs et de montrer comment certaines fonctions sont déjà identifiées et attribuées.

Les fondateurs démontrent ainsi leur capacité à déléguer, gérer le développement, et accepter dès le départ de s'effacer à un moment précis de la croissance de l'entreprise, si nécessaire, et selon les possibilités de sortie envisagées. C'est souvent le cas lors d'un rachat par un industriel après quelques mois de transition, mais également lorsqu'il s'agit de conduire l'entreprise vers l'introduction en bourse. Encore une fois, l'entrepreneur doit apprendre à bien se connaître et à accepter son seuil d'incompétence par rapport aux intérêts de ses bailleurs de fonds. Ceux-ci gèrent leur participation uniquement en fonction de la règle financière du TRI qui régit leur activité d'investisseur. C'est un point sur lequel il faut les rassurer dès le départ.

Les partenaires stratégiques

Cette thématique peut être insérée dans d'autres rubriques telles que la partie business model ou la partie axes stratégiques.

La notion de partenariat est centrale dans la stratégie et dans la valeur des projets de start-up en haute technologie. L'importance des partenariats va souvent de pair avec la complexité des business models et la nécessité « d'acheter du temps ». Les partenariats permettent de se développer plus vite. Ils constituent également la preuve de l'intérêt d'une technologie. La liste des partenaires célèbres qui croient au projet et qui ont passé des accords est donc tout aussi importante pour l'investisseur que celle des dirigeants et leurs CV.

Attention au phénomène Amazon.com : le nombre de start-up qui ont passé un « accord stratégique » avec Amazon.com ne cesse de s'accroître et la valeur ajoutée d'un tel accord pour la start-up en est pour ainsi dire chaque fois diminuée.

L'historique

Cette brève rubrique (de 1 à 2 pages) présente la genèse du projet en répondant à quelques questions de base qui indiquent l'état de développement de la start-up.

Elle comprend notamment les questions suivantes :

- D'où vient le projet ? Quelle en a été la source ? Corporate venture, *spin off*, valorisation de la recherche…
- La société est-elle déjà créée ? Si oui, quelles sont ses coordonnées légales ?
- A-t-elle déjà réalisé du chiffre d'affaires ? Possède-t-elle un prototype ?
- Quels sont les actionnaires actuels ? Comment se répartissent-ils le capital et le pouvoir ?

Il s'agit en somme d'expliciter tout ce que le lecteur doit connaître très vite sur l'existant. Il peut ainsi comprendre les conditions de naissance du projet et se forger une vision précise de ce qui a déjà été réalisé et des principaux partenaires du projet (validation des références).

La stratégie de développement

Cette rubrique expose précisément les moyens nécessaires pour la mise en place de l'activité. Elle comprend deux grand volets.

La politique commerciale et marketing

Pour définir les fondements de votre politique commerciale et marketing, vous partirez du choix des segments de population (voir la rubrique Marchés) et des éléments évoqués dans la partie Offre produits.

À partir de là, vous devez détailler votre *marketing mix*, c'est-à-dire la combinaison des quatre éléments clés de votre offre : produits, prix, distribution et communication. Cette offre doit être parfaitement cohérente avec la cible que vous avez identifiée.

Les futurs clients apprécieront les caractéristiques du produit (fonctionnalités, conditionnement, matériaux...). Le prix leur paraîtra correspondre au niveau de gamme ou de rareté qu'ils perçoivent (rapport qualité/prix). Ils pourront se procurer ces produits de la manière la plus simple pour eux ; par exemple, en VPC, chez un détaillant, par Internet (pour un produit téléchargeable...), dans les GMS, en hypermarché ou par l'intermédiaire de votre force de vente (pour un produit B to B complexe). Enfin, ils apprendront l'existence de ces produits et ils seront tentés de les acheter parce que vous aurez su choisir les meilleurs moyens de communication (publicité, promotion, sponsoring) et les médias qu'ils affectionnent (journaux spécialisés, marketing direct, chaînes thématiques, Internet, émissions radio...).

Il s'agit de montrer que vous maîtrisez la politique commerciale à mettre en œuvre très précisément.

Il ne faut pas négliger les choix de réseaux de distribution : identifier un client n'est qu'une partie du raisonnement. Encore faut-il pouvoir l'atteindre. Pour cette raison, nous vous invitions à répondre aux questions suivantes :

- Un canal de distribution existe-t-il déjà ?
- Votre start-up est-elle équipée (savoir-faire, contacts, ...) pour utiliser ce canal ?
- Peut-on dégager des profits en utilisant ce canal (structures de coûts et de marge d'intermédiation) ?
- Comment le client cible peut-il trouver votre produit ?
- Avez-vous les ressources financières suffisantes pour atteindre ce type de client ?
- Y a-t-il d'autres entreprises qui ont réussi en vendant à votre client cible à travers ce canal de distribution ?
- Avez-vous le même *business model* que cette compagnie ou êtes-vous totalement différent ?

La stratégie industrielle

Elle comporte plusieurs points décisifs.

La politique de recherche

Il faut avoir défini les compétences clés maîtrisées, les sujets et les moyens de veille technologique, les éventuelles alliances.

La stratégie de protection industrielle

Il est bon de rappeler que les inventeurs de la planche à voile ont omis de déposer une protection dans le pays qui allait devenir le second marché au monde, la France.

Le créateur ou le dirigeant d'une start-up accaparé par le développement technologique et commercial de son produit ne manque jamais de laisser de côté les aspects juridiques et fiscaux, tant en ce qui concerne la protection de celui-ci, sa concession, que sa propriété.

Protection du brevet. Qu'il s'agisse du développement d'un logiciel, d'un produit informatique assimilé à un logiciel, ou d'une invention brevetable, le premier réflexe consiste à en assurer le minimum de protection, c'est-à-dire l'antériorité. Tant au plan interne qu'international, les brevets sont infiniment mieux protégés que les logiciels.

En France, les démarches sont effectuées auprès de l'Institut National de la Propriété Industrielle et ne peuvent l'être, à notre sens, qu'avec l'accompagnement d'un conseil en propriété industrielle, conseil spécialisé exerçant une profession réglementée, indispensable, en particulier, en ce qui concerne la rédaction des demandes de brevets.

À compter de ce dépôt s'engage une période d'environ neuf mois aboutissant à la remise par les ingénieurs de l'INPI d'un rapport de recherches confirmant le caractère original et brevetable de l'invention pour laquelle la demande de brevet a été déposée. Le brevet est alors définitivement protégé.

Ainsi, dès avant le dépôt de cette demande, il est nécessaire, pour garantir les droits de l'invention, de déposer à chaque étape de son évolution une enveloppe SOLEAU auprès de l'INPI permettant le cas échéant d'attester de l'antériorité de l'idée.

Protection des logiciels. La démarche est sensiblement différente car la protection issue de la réglementation en matière de droit d'auteur, complétée par la loi de 1985, et plus récemment par la loi du 10 mai 1994, n'est ni aussi forte, ni aussi aboutie qu'en matière de brevets.

Il est expressément conseillé, avant même le dépôt de codes source auprès de l'Agence de Dépôt des Programmes ou par simple procès-verbal de constat d'huissier, de déposer par une enveloppe Soleau, par exemple, les éléments d'architecture retenus dans la construction du logiciel original.

Le produit étant maintenant légalement protégé, il est nécessaire dans tout rapport entre le titulaire des droits sur ce produit et les tiers, en particulier les salariés et les clients, de les informer de l'existence de cette protection, des conséquences de son éventuelle violation, mais aussi de certaines règles légales.

Contrat des salariés. Le créateur d'une start-up doit faire figurer dans le contrat de travail, ou en annexe de celui-ci, les clauses de protection suivantes : une clause de secret relative au produit développé par la société ; une clause d'attribution exclusive à l'employeur de tous les droits nés des créations dans la société ; une clause de non concurrence interdisant aux salariés, dans des conditions strictement définies, d'apporter à un concurrent les technologies et savoir-faire développés dans la société.

Il est nécessaire d'insérer une clause relative à la mission inventive expressément confiée aux salariés (chargés du développement de brevets) ainsi qu'à la rémunération supplémentaire à laquelle elle donne droit. À défaut, le salarié pourrait exiger l'application du deuxième alinéa de l'article 611-7 du CPI et demander le juste prix de son invention, fonction du chiffre d'affaires généré par l'entreprise grâce à l'invention du salarié.

Propriété intellectuelle. En ce qui concerne les logiciels, l'article 113-9 du code de propriété intellectuelle a expressément prévu que les droits patrimoniaux nés de toute création d'un salarié sont attribués directement à l'employeur s'il est effectivement démontré que le salarié avait pour mission le développement dudit logiciel. Cette présomption, qui peut être combattue dans certains secteurs, l'est difficilement quand l'objet même de la start-up est de développer des logiciels.

Dans le même sens, dans le rapport entre la start-up et ses co-contractants, il sera toujours nécessaire de faire figurer la mention de la propriété du produit, de sa protection et du secret qui s'y attache.

En matière fiscale, le législateur a organisé au profit des créateurs de logiciels ainsi que des inventeurs de brevets une législation très favorable leur permettant de voir taxer les redevances qu'ils perçoivent selon le régime fiscal des plus-values à long terme au taux unique et proportionnel de 26 % à comparer au taux marginal d'imposition à l'impôt sur le revenu (supérieur à 60 %).

Les conditions de bénéfice de ce régime sont les suivantes :

« Le régime de faveur est réservé aux logiciels présentant un caractère original, c'est-à-dire : ce résultat d'un travail intellectuel et personnel de leur créateur allant au-delà de la simple mise en œuvre d'une logique automatique et contraignante et constituant une œuvre originale dans leur conception et dans leur expression et n'empruntant pas des logiciels déjà créés notamment en les traduisant dans un autre langage ou en les adaptant à d'autres matériels ou à des utilisations spécifiques. »

L'article 39 *quindecies* 1 du C.G.I. exclut le bénéfice de ce régime de faveur quand il existe « un lien de dépendance » entre l'auteur du logiciel et la société à laquelle il concède ce logiciel. Ce lien de dépendance est démontré lorsque l'auteur du logiciel détient directement ou par personne interposée la majorité du capital social ou exerce le pouvoir de décision dans l'entreprise (gérant, directeur général, PDG). Par exception, la loi fiscale a prévu un cas particulier dans lequel l'inventeur de brevet pourrait bénéficier du régime de faveur malgré sa détention majoritaire du capital dans le cas où la société à laquelle il concède son brevet a été constitué dans le seul but de la commercialisation de ce brevet. Cependant, l'administration fiscale n'a pas retenu, à ce jour, de faire bénéficier les créateurs de logiciels de cette dernière mesure.

Le process

Il concerne le cycle de production, les technologies mises en œuvre, les matières premières utilisées.

Les moyens de production

Ce sont les installations industrielles, les matériels, la surface des bâtiments, mais aussi les autres immobilisations.

Il faut avoir clairement indiqué ce que l'on choisit de faire ou de sous-traiter (*make or buy decision*).

Les besoins en financement

Après la description des principaux axes de développement, l'évaluation des besoins de financement apparaît comme cruciale. Vous devez ici démontrer que vous savez précisément ce dont vous avez besoin pour réaliser vos objectifs.

Ceci implique de s'interroger sur trois points : le besoin de financement global ; le calendrier des besoins ; la destination du financement (*use of proceeds*).

La détermination du besoin de financement global entraîne une question centrale : que faut-il financer dans un projet ?

Répondre à cette question implique de distinguer[75] :

- Le cash flow utilisé, c'est ce que je vais dépenser dans l'année pour couvrir les investissements et le besoin en fonds de roulement, ou BFR (initial dans le cas de la création ou supplémentaire en régime courant). Le BFR représente le solde net des besoins d'exploitation de la société ;
- Le moyen de financer ces dépenses par le cash flow que je génère avec le résultat net de l'exercice et les amortissements ;
- Le cas échéant, le financement du solde en faisant appel aux actionnaires (apports en compte courant ou nouvelle augmentation de capital) ou à des prêteurs professionnels (endettement).

Le besoin de financement ne doit pas être sous-estimé. Il est fréquent de pratiquer ce qu'on appelle « l'acide test ». Cette technique de projection financière s'applique à des projets en démarrage (amorçage ou start-up). Elle a pour objectif d'anticiper les effets d'un retard (assez fréquent) dans le décollage des ventes. Le test consiste à décaler les prévisions de ventes dans le modèle financier sur une période de 6 à 12 mois et estimer la capacité de l'entreprise à survivre à ce traitement avec les capitaux qu'elle réclame.

In fine, on peut donc définir le besoin de financement d'un projet en calculant le pic de trésorerie consolidé le plus important évalué sur la période de temps prise en compte par le prévisionnel (de 3 à 5 ans).

Si le besoin est mal estimé, deux risques fréquents se présentent :

- le montant demandé est trop faible, les VC rejettent le dossier ;
- le montant effectivement levé est insuffisant, la start-up sera ensuite obligée d'organiser dans l'urgence un second tour de table pour faire face à son nouveau besoin de financement. Il est important de négocier l'argent dont on a besoin alors que la situation est bonne plutôt qu'au dernier moment lorsqu'il s'agit de négocier la survie de l'entreprise. Conséquences : une position de négociation plus faible, et des actionnaires peu contents de se voir diluer sans l'avoir anticipé.

Les options de sorties

Cette partie a pour but de donner aux actionnaires une idée sur leur mode de sortie *(exit strategy).*

En effet, deux éléments intéressent l'actionnaire financier :

- le montant de la plus-value créée par l'entrepreneur par rapport au ticket d'entrée dans le capital lui permettra d'obtenir un bon TRI (taux de rendement interne) des capitaux investis ;
- la liquidité de ses titres lui permettra de réaliser sa plus-value par la cession effective de ses actions ; pendant trop longtemps, le capital-risque français a été synonyme de non-liquidité.

> Là où vous repérez un business à développer, les VC voient un investissement. Sans une IPO ou une cession, vous pouvez toujours discuter de méthodologies différentes pour évaluer la société... seule une transaction donnera réalité à un chiffre.

La détermination des modes de sortie possibles pour l'investisseur renforce donc la crédibilité du projet. L'entrepreneur montre aussi qu'il prend en compte les intérêts de l'investisseur et qu'il a déjà pensé à ses modalités de sortie.

Ces modalités peuvent être de trois ordres : une introduction en bourse (Initial Public Offering, ou IPO) ; le rachat par un industriel ; le rachat par un fonds de développement.

Premier mode de sortie : l'introduction en bourse

Elle est souvent présentée comme le sommet de la réussite pour une start-up. La mise sur le marché d'une partie de ses titres est souvent la consécration de sa valeur par la communauté financière. Celle-ci peut avoir lieu sur le marché américain du Nasdaq, sur le marché européen de l'Easdaq ou encore sur le Nouveau Marché français.

C'est là que se trouvent les plus fortes valorisations (voir chapitre 6). Rappelons toutefois que le marché boursier est soumis à des cycles et que les introductions de start-up sont très sensibles aux conditions économiques générales. « La bourse n'a pas toujours été au plus haut et ne le restera pas éternellement » écrivions-nous dans la première édition du présent guide. Les fluctuations récentes des cours ont diminué les espérances de gain...

Deuxième mode de sortie : le rachat par un industriel

Dans ce type d'acquisition, l'opérateur cherche généralement à acheter une part de marché et une avance technologique. Il sait que le fait pour lui de prendre le train en route lui économisera de longs et coûteux efforts d'apprentissage et de poursuite pour rester dans la course de l'innovation.

Deux type d'acteurs

Le premier, un grand opérateur déjà puissamment établi sur des marchés connexes ne peut laisser s'échapper une niche appelée à devenir à terme peut-être son cœur de métier.

Ainsi Microsoft a racheté la start-up WebTV en 1997 pour rattraper son retard dans l'alliance entre Internet et la TV. Il lui en a coûté la bagatelle de 425 millions de dollars… à peu près ce qu'Apple avait payé pour Next. De même l'Américain Monsanto a investi près de 1,7 milliard de dollars pour contrôler des sociétés de biotechnologie (Calgene) et des semenciers (Holden, Asgrow). L'Allemand AgrEvo (Groupe Hoechst) a dépensé 0,5 milliard de dollars pour prendre le contrôle de Plant Genetic Systems. Enfin, Holistic Systems, spécialisé dans l'analyse de données, était en train de travailler sur un éventuel IPO quand il fut approché par Seagate Software, bras armé dans le logiciel du fabricant de lecteurs de disques, Seagate Technology. L'affaire a été conclue pour 84 millions de dollars. L'introduction en bourse a pour objectif avoué l'obtention de cash et la publicité. L'inconvénient est la pression du reporting trimestriel qui modifie la nature de l'activité et qui étouffe l'étincelle entrepreneuriale. De même, le secteur français de la librairie sur le Net a vu plusieurs opérateurs passer sous le contrôle de groupes industriels : Alapage a été acheté par France Télécom et Alibabook repris par la FNAC. La dernière start-up indépendante a dû lever 40 MF (ABN Amro Venture, JP Morgan et la Compagnie financière de Rothschild) pour pouvoir réaliser ses ambitions (ouverture de filiales en Europe du Sud et en Amérique latine…).

Le second, une start-up qui ne peut pas se laisser distancer sur un marché dont la croissance implique des moyens décuplés.

Dès leurs premières années, les PME innovantes s'attaquent le plus souvent à des marchés européens ou mondiaux. Elles sont obligées de s'imposer rapidement sur des marchés gigantesques, où la concurrence est rude, avec des produits à cycle de vie réduit (de 12 à 16 mois). Il n'est pas rare de voir des start-up racheter leur concurrent ou fusionner avec lui pour atteindre plus rapidement une taille critique.

Troisième mode de sortie : le rachat par un financier

Celui-ci prend le relais d'une partie des anciens actionnaires pour effectuer les derniers investissements lourds avant de procéder à la cotation. C'est le cas de certains fonds pre-IPO.

Le plan financier

Cette partie permet de vérifier que vous maîtrisez bien les fondamentaux économiques de votre activité. Elle contribue à rassurer vos interlocuteurs. Le plan financier démontre le réalisme du projet. Toutes les hypothèses de coûts et d'investissements doivent être justifiées et détaillées. Les documents attendus comprennent : les comptes de résultat mensuels sur la première année ; les comptes annuels prévisionnels sur 3 à 5 ans[76] ; le plan de trésorerie mensuel sur 1 an ; les tableaux de financement prévisionnels ; les prévisions de dilutions à venir (augmentations de capital successives). Ces documents impliquent d'établir :

- un modèle de génération de revenus calculant, à partir de la stratégie commerciale, les différents éléments constituant le chiffre d'affaires : fixation du prix des produits selon les segments, volumes de ventes prévues, identification des revenus récurrents liés à du service, éventuelles remises commerciales programmées dans le temps en anticipation d'une intensification de la lutte concurrentielle sur les prix...
- une structure de coûts. La distinction essentielle à maîtriser est celle qui existe entre les coûts fixes et les coûts variables.

Les coûts fixes et les coûts variables

Les coûts fixes sont indépendants du volume des ventes. Ils sont supportés par l'entreprise quel que soit son niveau d'activité : frais de structure ; études de marché ; prestations de conseils ; publicité ; vente ; R&D ; matériel ; salaires, etc.

Le comportement des coûts fixes

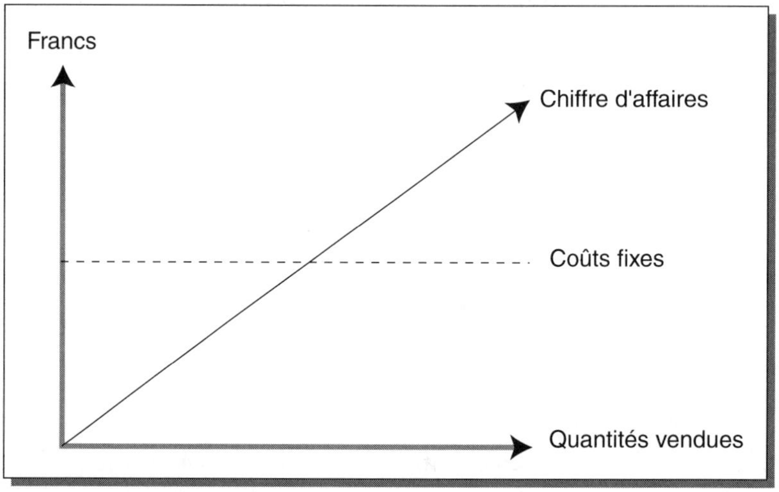

Les coûts proportionnels au chiffre d'affaires sont engagés lors de la production : matières premières ; logistique ; énergie ; frais commerciaux (commissions) ; sous-traitance, etc.

Le comportement des coûts variables

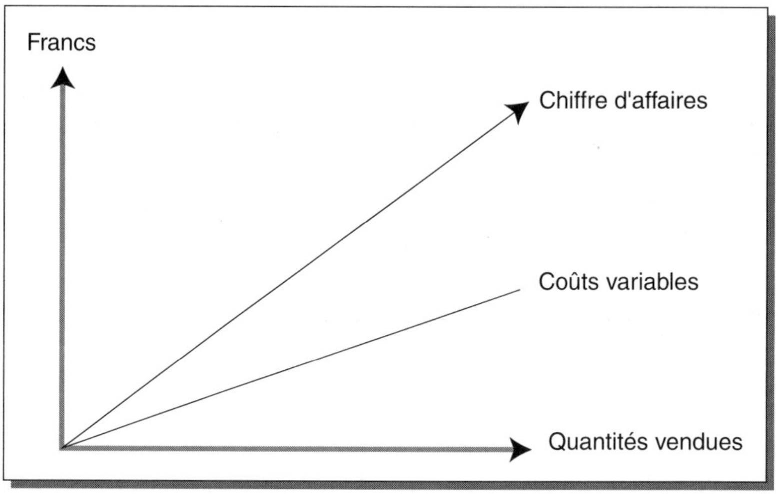

Cette distinction est moins tranchée dans la réalité où il y a beaucoup de frais semi-variables et de charges fixes à plateau. Mais elle constitue un excellent outil pour modéliser même approximativement l'économie d'une activité, et notamment calculer le point mort.

Le point mort est le CA minimum à réaliser pour couvrir les frais fixes avec un bénéfice nul

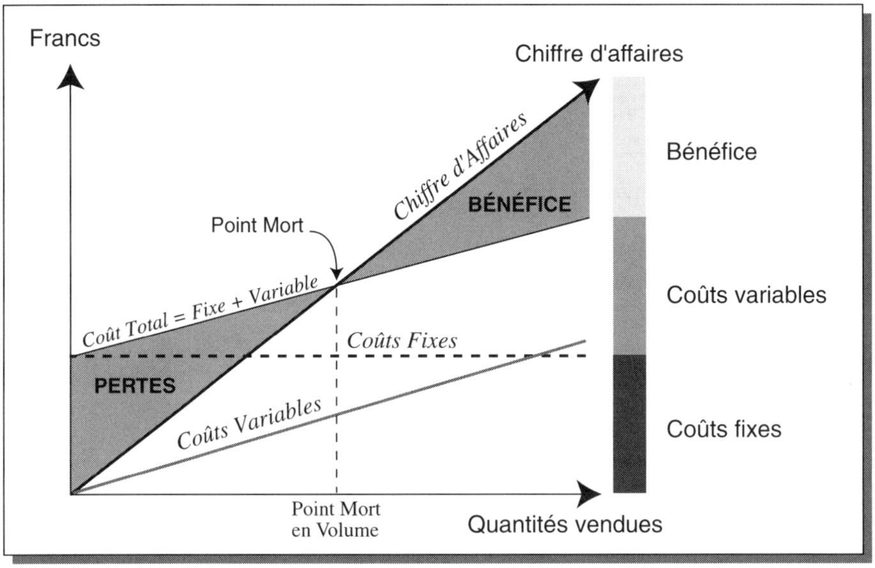

Cette partie chiffrée n'est que l'aboutissement des chapitres précédents : une petite part du business plan. Elle permet de montrer que votre projet est financièrement cohérent et attractif. Les annexes financières doivent démontrer la rationalité économique de votre projet : n'omettez pas, par exemple, d'intégrer dans votre modèle les coûts accrus de force de vente si vous prévoyez une croissance très forte du chiffre d'affaires.

Il s'agit toujours de montrer à quel moment la société peut devenir profitable en dépassant le point mort.

Quelques compléments pour renforcer ses chances

Pour tester votre business plan, relisez-le avec le regard critique d'un investisseur potentiel.

Voici quelques questions clés qu'il ne manquera pas de se poser :

- Les ambitions de développement (prise de parts de marché, croissance du secteur) sont-elles suffisamment fortes ?
- La dynamique de la concurrence est-elle intégrée dans le calcul des parts de marché à prendre ?

- Le business model retenu est-il formalisé ?
- Le besoin en fonds de roulement à 3 ans, calculé en nombre de mois de CA à financer, est-il cohérent avec les besoins de financement demandés ?
- Les prévisions commerciales à court terme sont-elles fantaisistes[77] ?
- Le taux de marge est-il compatible avec celui du secteur ?
- Y a-t-il des étapes bien définies dans le processus de développement ?
- Que se passe-t-il si les prévisions ne sont pas tenues ?
- L'équipe paraît-elle apte à réussir le projet ?
- Quels sont les risques majeurs du projet ? Comment sont-ils pris en compte ?

La levée de capitaux suppose une formalisation de votre discours stratégique et financier et la rédaction du business plan, élément clé de réussite de votre projet d'entreprise. Il doit être élaboré avec soin et rigueur pour franchir le stade de premier filtrage des fonds d'investissement. Il sert d'une part de carte de visite, pour présenter votre projet à des investisseurs, et, d'autre part, de plan jalonné pour suivre les étapes de votre développement. Il est essentiel à ce stade de présenter vos idées dans le vocabulaire propre aux investisseurs : souvent submergés par les dossiers qu'ils reçoivent, ils réagissent à certains mot clés, et pas à d'autres.

Pour réussir les réunions de levée de fonds, il faut respecter les dix règles du succès.

Règle 1 : *ayez toujours une introduction personnelle auprès des VC*

Le seul accès de qualité aux investisseurs de premier rang, c'est la qualité de la signature de la recommandation.

Règle 2 : *préparez toujours et sans cesse les réunions de présentation*

La démonstration doit avoir été vérifiée plusieurs fois[78], les présentations PowerPoint doivent être disponibles sous trois formes (papiers, transparents, support informatique), le déroulé du teaser ne doit pas excéder 20 minutes.

Répondez directement et sans détour aux questions. Ne partez pas dans des digressions. Les investisseurs veulent très vite savoir à qui ils ont affaire. Vous n'aurez souvent qu'une heure.

Règle 3 : *ne racontez pas d'histoires aux VC*

Votre crédibilité est en jeu. Ne survendez pas, ne citez pas de références fictives, jouez toujours le jeu de la franchise. À la fin, au moment de la décision finale, tout se saura.

Règle 4 : *pendant les présentations, négociez*

Choisissez un VC qui a déjà l'expérience de votre secteur et ne perdez pas votre temps à former ceux qui ne l'ont pas encore.

Règle 5 : *soyez concentré sur chaque entretien*

La négociation est un processus long mais, au final, votre interlocuteur reliera tous vos propos pour donner son évaluation de vos besoins de financement et fixer son prix d'entrée au capital.

Règle 6 : *l'executive summary est la clé*

C'est le seul document que les VC auront le temps de lire ; vous présenterez le reste lors de la première session.

Règle 7 : *conservez le momentum*

Entre chaque rencontre avec le VC vous devez montrer que le mouvement est toujours là et que vous continuez de progresser.

Règle 8 : *maintenez toujours plusieurs fers au feu*

Sans tomber dans la banalisation du dossier, ayez toujours au moins deux investisseurs en course.

Règle 9 : *attachez-vous les services d'un intermédiaire professionnel*

Levez des fonds est une opération longue et fastidieuse. Si vous n'avez aucune expérience préalable de cette démarche, travaillez avec un intermédiaire. Mais soyez vigilants : sélectionnez avec soin ce conseil et précisez la nature de son contrat (offre de service, modalités de rémunération).

Règle 10 : *ne soyez jamais désespéré par un refus*

C'est le résultat commun auquel tout vendeur est régulièrement confronté. On ne peut pas réussir à vendre à tout le monde, il y a bien quelque part un investisseur pour vous. Mais rappelez-vous : tout feedback (critiques, suggestions,…) obtenu à la suite d'un entretien avec un VC doit être valorisé ; vous avez eu la chance de faire auditer votre projet gratuitement, profitez-en…

6

NÉGOCIER L'AUGMENTATION DE CAPITAL : ÉVALUATION ET LEVÉE DE FONDS

Nous abordons ici la délicate question de la valeur d'un projet d'entreprise. Quelle que soit la qualité des relations entre l'entrepreneur et les investisseurs, il vient un moment où il faut bien trancher : quelle part de capital les fondateurs sont-ils prêts à céder en contrepartie des capitaux dont ils ont besoin ? Répondre à cette question revient, bien entendu, à s'accorder sur un prix pour l'ensemble du projet, à un moment donné. Avant d'entrer dans les détails, il est important de replacer l'acte de la valorisation dans le processus global de la levée de fonds.

La campagne de levée de fonds

L'organisation de la campagne de levée de fonds est une démarche fondamentale.

Principe 1 : les premiers investisseurs apporteront très rarement les suivants. C'est donc souvent à la start-up de séduire et d'aller chercher les investisseurs des *rounds* suivants.

Principe 2 : l'unique moyen de réussir à lever des fonds est que le fondateur (PDG) se charge de cette mission, aidé par un intermédiaire. Cette tâche ne peut donc pas être déléguée.

Plusieurs étapes doivent être définies précisément avant de se lancer dans le processus de levée de fonds.

Étape 1 : définir les objectifs

Les questions principales sont les suivantes :

- Combien de temps allons-nous consacrer à la recherche de capitaux ? Au bout de combien de temps abandonnerons-nous cette idée ?
- Quel est le plancher pour la dilution à cette étape ? Quelle part de capital sommes-nous prêts à lâcher pour obtenir le financement ?
- Quel montant de capital devons-nous lever à cette étape de développement ?
- Quel est le montant à demander en première approche ? Sachant que ce chiffre sera fortement challengé durant les présentations aux investisseurs. Les fondateurs doivent être prêts à répondre d'une même voix.

Étape 2 : préparer le business plan et sélectionner le bon profil d'investisseur

Les questions clés sont les suivantes :

- Quels sont les investisseurs cibles à contacter ?
- Quel est le planning pour écrire le business plan ?

Étape 3 : segmenter les tâches

Les tâches sont au nombre de trois :

- tenir un carnet de bord des rendez-vous effectués avec les VC et un calendrier à jour
- actualiser en permanence la présentation pour avoir toujours le jour J la dernière version et un jeu de transparents
- s'entraîner toujours et toujours à présenter votre plan. La meilleure critique vient souvent des membres de l'équipe. Multiplier les séances à froid. Recommencez jusqu'à la perfection. Les

VC sont blasés : ils voient des dizaines et des dizaines de projets et ne retiendront que les meilleurs.

Étape 4 : lancer la campagne de levée de fonds

Ne perdez pas votre temps à démarcher des investisseurs qui ne connaissent pas votre secteur : ils risquent de vous recevoir seulement pour combler leur manque d'information. Le processus de levée est toujours difficile et long : les impétrants doivent être prêts à effectuer de nombreuses présentations et essuyer de nombreux refus avant de décrocher finalement leur financement.

Étape 5 : réussir sa présentation

Nos amis américains sont toujours très à l'aise pour effectuer de belles présentations. Rappelez-vous que le but du jeu n'est pas d'impressionner les VC avec votre innovation technologique mais de leur démontrer qu'ils peuvent avoir un fort ROI en peu de temps. C'est la seule mesure du succès pour un VC, et cela fait donc partie de la vente. Le créateur qui n'est pas à l'aise avec les chiffres gagnera beaucoup à se faire aider d'un consultant pour maîtriser les enjeux. L'entrepreneur doit être prêt à affronter toutes les critiques sur son business : les VC vont chercher à l'ébranler et à tester la solidité de ses positions. La première confrontation est souvent courte (moins d'une heure).

Étape 6 : *feedback* de la présentation

La chose la plus difficile est de savoir ensuite clairement dans quelle mesure le VC a été intéressé par la présentation. Le grand risque est de voir l'intérêt faiblir au cours du temps : l'entrepreneur doit donc être obstiné et garder confiance durant le processus. Il ne faut pas hésiter à demander conseil aux VC pour reconfigurer le business plan. Que doit-on changer ? Le plan, la valorisation, ou le business model ? L'équipe fondatrice de Compaq a dû revoir profondément plusieurs fois son business plan avant d'obtenir un financement.

Étape 7 : les *due diligence*

Le terme de *due diligence* désigne les investigations préalables à mener avant de signer l'acte d'achat : il s'agit de vérifier toutes les références, contacter des cabinets d'études, faire intervenir des experts en technologies, appeler des clients… Le futur investisseur ne veut pas laisser passer le moindre détail susceptible de transformer une apparente opportunité en mauvaise affaire.

Étape 8 : le *closing*

Il faut choisir un avocat habitué à traiter des dossiers de financement de start-up avec des VC pour avoir toutes les chances de son côté et ne pas gaspiller de temps ni d'argent avec un conseil qui apprend son métier à partir de votre cas.

Une grande diversité de méthodes

Dans tous les cas de figures il faut garder en tête que l'entreprise vaut ce que les acheteurs veulent bien en donner. C'est la grande différence entre la valeur, définie selon des méthodes différentes d'évaluation, et le prix, résultat d'une rencontre entre une offre et une demande. Ceci est particulièrement vrai des entreprises innovantes où les approches sont très pragmatiques tant les inconnues sont nombreuses.

Il ne faut pas confondre les valeurs calculées d'une entreprise et le prix qu'en offriront les acheteurs potentiels.

La négociation y revêt donc une place essentielle, et justifie souvent l'intervention d'un spécialiste pour accompagner l'entrepreneur dans cette phase importante de sa démarche.

Il n'y a pas d'autorité extérieure indépendante pour déterminer une valorisation objective d'une entreprise : tout est affaire de négociation.

Avant toute considération financière, le prix d'une jeune société se lançant sur un marché en forte croissance dépend de nombreux facteurs.

L'évaluation repose pour beaucoup sur l'appréciation par les investisseurs de facteurs exogènes : potentiel du marché et pénétrabilité, concurrence, degré d'innovation et donc de risque, sortie envisagée. Les facteurs intrinsèques de l'entreprise concernent surtout la qualité du management, le produit et son avance technologique, la stratégie de pénétration du marché, le partage du pouvoir. Ce dernier point est essentiel, les fondateurs et les investisseurs devront convenir d'une règle du jeu, généralement fixée dans un document juridique à part entière : le pacte d'actionnaires. Bien que non financière, cette négocia-

Différents paramètres de l'évaluation d'une start-up high-tech

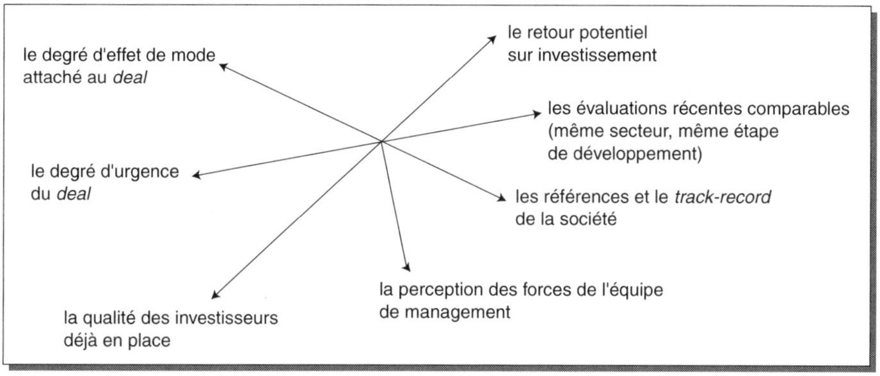

tion entraîne d'importantes conséquences tant sur la répartition des pouvoirs entre actionnaires qu'en termes de rentabilité ou de liquidité pour certains d'entre eux.

> Le prix n'est qu'un élément de la négociation qui intègre d'autres paramètres (répartition du pouvoir, définition de *milestones*, clauses antidilutives et montant du financement requis[79]).

La valorisation est donc un art difficile à maîtriser. Les problèmes d'évaluation sont réputés être parmi les exercices les plus complexes de la finance. Il n'existe pas une recette mais des méthodes d'évaluation qui donnent des ordres de grandeur. Chacune accentue particulièrement une certaine vision de l'entreprise et de son marché. Ainsi la méthode de l'actif net comptable réévalué (ANCR), peu adaptée aux entreprises en création, donne une valeur plancher, correspondant à une approche patrimoniale tandis que les DFC (discounted cash flows ou cash flows actualisés) prennent en compte la capacité future de l'entreprise à générer des bénéfices.

D'une manière générale, ces méthodes varient en fonction du cycle de vie de l'entreprise. Très sommaires dans le cas d'une société en création, elles deviennent particulièrement sophistiquées lors de l'entrée en Bourse. Toutefois, lors de l'entrée en Bourse ou lors de la cession à un industriel, le travail de valorisation incombe surtout à l'intermédiaire, banque d'affaires ou ITM[80], ce qui simplifie les choses. Comme notre objectif ici est surtout de guider l'entrepreneur, nous nous intéresserons spécifiquement au cas d'une société en phase de démarrage.

Les valorisations *pre-money* et *post-money*

On distingue en général deux valorisations : valorisation *pre-money* (avant l'apport des investisseurs) et *post-money* (après l'apport des investisseurs). Un projet vaut évidemment plus cher une fois qu'il a levé des capitaux. Dans le cas d'une augmentation de capital, avant d'avoir levé l'argent, il vaut un certain potentiel : c'est la valeur *pre-money*. Après avoir levé l'argent, il vaut la valeur *pre-money* plus l'argent apporté, c'est la valeur *post-money*.

Post-money = pre-money + capitaux apportés

La part de capital de l'investisseur s'apprécie après augmentation de capital. Son apport doit donc être rapporté à la valeur post-money pour déterminer son pourcentage du capital.

Participation = capitaux apportés/post-money

La valorisation par les seuils de détention

Certains créateurs ont tendance à exagérer l'importance du contrôle qu'ils exercent sur leur projet. Ils essayent alors d'ajuster la valorisation pour ne pas franchir tel ou tel seuil de détention : majorité absolue, contrôle à 51 %, minorité de blocage. Cette démarche nous semble vaine et elle a le don d'énerver les investisseurs. La perte du contrôle est quasi inéluctable, surtout en cas de succès. Elle ne devrait pas effrayer l'entrepreneur : soit il excelle dans ses fonctions et aucun investisseur ne prendra le risque de se passer d'un tel atout pour réussir ; soit il a atteint son seuil d'incompétence et c'est son propre intérêt (sur le plan financier !) d'être remplacé. Bien entendu, les conditions du départ doivent être négociées à l'avance, de manière à ce que la perte de pouvoir se fasse, le cas échéant, dans des conditions acceptables.

La valorisation *a priori*

Combien vaut une bonne idée ? Que peut proposer un investisseur à un entrepreneur qui n'a même pas créé son entreprise ? Quand personne ne sait répondre, on peut se contenter d'une démarche forfaitaire : une idée vaut 1 MF ou 1 M$, selon le pays ou l'appétit de l'investisseur. C'est le degré zéro de la valorisation, mais plus courant qu'on pourrait croire.

Le calcul sera donc le suivant : part fondateur = forfait/(forfait + capitaux)

Pour un premier tour, la pratique est souvent simple : l'entrepreneur a calculé un certain besoin de financement, 500 kF par exemple, et il est prêt à laisser environ 20% de son capital à l'investisseur (moyenne raisonnable pour un premier tour). La valorisation est alors implicite : la start-up est évaluée à 2,5 MF (0,5 MF/20%) avant augmentation du capital[81]. Il reste maintenant à l'entrepreneur de trouver l'investisseur qui acceptera de payer ce prix pour entrer dans son capital.

La valorisation par les coûts passés

Lorsque le projet découle d'importants investissements de R&D, par exemple dans le cas d'un essaimage, la valorisation de l'apport en industrie peut se chiffrer par les coûts déjà engagés par l'industriel.

Cette méthode peut aussi s'appliquer aux projets de biotechnologies qui consomment des sommes considérables en recherche et développement pendant de nombreuses années, sans produire le moindre chiffre d'affaires. Ainsi, certains analystes travaillent sur des multiples du nombre de chercheurs, de brevets, surtout lorsque les temps de développement sont très longs. Bien entendu, la méthode ne s'applique que si la société crée de la valeur, par exemple en déposant régulièrement des brevets et en progressant dans les phases d'essais cliniques. Sinon, le CNRS aurait une valeur infinie. Ne cherchez donc pas à valoriser votre entreprise en quantifiant simplement le temps et l'argent que vous avez investi dans son développement : sa valeur peut être totalement décorrélée des coûts engagés.

La méthode du chiffre d'affaires à venir

Certains investisseurs considèrent comme valeur d'un projet, l'équivalent de son chiffre d'affaires prévisionnel à 12 ou 18 mois[82]. Au moins, c'est simple...

La méthode des comparables

Une méthode classique et très convaincante pour les investisseurs est celle de la jurisprudence de sociétés comparables. « Untel a trouvé des capitaux à telle hauteur sur la base de telle valorisation, j'en veux autant. » Deux sociétés sont comparables si elles sont actives dans deux secteurs technologiquement proches, se trouvent au même stade de leur cycle de vie et appliquent le même business model. On peut rechercher de tels comparables dans les annonces de fusions et acquisitions ou dans les cours d'introduction en Bourse. Certains journaux, comme *Red Herring* dans le secteur informatique, aux États-Unis en font même une de leurs spécialités. Il existe aussi une base de données très précise constituée par VentureOne aux États-Unis. Cette approche est bien sûr fortement dépendante de la santé boursière des comparables au moment de l'évaluation.

Les variations brutales des cours du Nasdaq après le 13 mars 2000 ont ainsi entraîné des revalorisations fortement revues à la baisse...

La méthode des multiples

Lorsque les sociétés sont plus développées, on peut leur appliquer des multiples. Lesdits multiples sont alors tirés de sociétés comparables, notamment en bourse, comme dans le cas précédent. Le multiple le plus utilisé est celui du résultat (net, d'exploitation, brut...). Classiquement, une société peut valoir de 5 à 15 fois son résultat net, selon son secteur d'activité et ses perspectives d'évolution. Cette notion est à rapprocher du PER – price earning ratio – qui correspond au multiple du bénéfice net par action que représente la valeur de l'action. Parfois, des PER de 20 à 40 sont appliqués sur des sociétés jeunes en très forte croissance. Dans le cas des start-up de haute technologie, dont le potentiel de croissance est considérable, ce multiple a pu grimper jusqu'à 80, voire plus de 100. Toutefois, pour une très jeune entreprise qui fait des pertes, cette méthode ne s'applique pas. On parle alors d'un multiple du chiffre d'affaires. Pour les netcompanies, on sait que les multiples ont pu flamber.

> Lors de la 1ère édition de ce guide, @Home valait plus de 400 fois son chiffre d'affaires, Yahoo ! 73 fois, Sportsline 36 fois, Lycos 29 fois, N2K 27 fois... Et (...) les métiers du Web les mieux valorisés étaient ceux du contenu (ratio de 39 fois le chiffre d'affaires) et des services bien avant ceux de l'équipement (3 fois seulement)[83].

En septembre 2000, près des trois quarts des sociétés américaines cotées depuis mi-1995 avaient un cours inférieur à celui de leur introduction.

Dans certains cas, d'autres multiples sont possibles : multiple du nombre d'employés, du nombre de brevets, des sommes dépensées...

Ces ratios dépendent du pays, du cycle de vie de l'entreprise, du secteur. Pour les déterminer, on peut s'en remettre à des comparables qui seraient, par exemple, déjà introduits en bourse et dont les données financières seraient connues.

Voici quelques ordres de grandeur dans le secteur Internet fin 2000[84] :

- Les sociétés de services Internet étaient valorisées entre 10 et 20 fois leur chiffre d'affaires 2000.
- Les places de marché possédaient un ratio de valorisation supérieur à 50 fois leur chiffre d'affaires 2000.
- Les fournisseurs d'accès à l'Internet se valorisaient sur la base d'environ 19 000 euros par abonné acquis.
- Les portails étant évalués 4 à 10 fois leur chiffre d'affaires 2000.

La méthode des *cash flows* actualisés

La méthode la plus rigoureuse pour estimer la valeur d'un projet est d'en estimer les flux financiers à venir et de les actualiser en fonction du niveau de risque de l'activité considérée. Cette méthode consiste à faire une simulation des futurs chiffres clés de l'activité et correspond particulièrement aux attentes des investisseurs. Pour eux, seul l'avenir est payant, jamais le passé, quels que soient les efforts et moyens que vous aurez mis en œuvre pour en arriver là. Considérant la trésorerie comme le nerf de la guerre, les perspectives de l'entreprise sont mesurées en fonction de sa capacité à générer des flux de trésorerie futurs. Or 100 francs d'aujourd'hui valent plus que 100 francs de demain. La méthode va donc actualiser les estimations de flux. Ces flux de trésorerie correspondent aux sommes dont dispose l'entreprise pour distribuer un dividende, racheter les actions de l'entreprise, investir dans un accroissement de capacité ou encore se diversifier. C'est ce qui reste une fois assurée la pérennité de l'entreprise dans sa taille actuelle et sa capacité à générer des flux stables. On les appelle, de ce fait, flux de trésorerie disponibles (FTD), solde de trésorerie distribuable, *free cash flows* (FCF), ou parfois par abus de langage, simplement cash flows. Ces FCF sont donc égaux à la différence entre d'une part les entrées (somme de l'excédent brut d'exploitation après impôts et de l'économie d'impôt sur les dotations aux amortissements, DAP) et les sorties (somme des investissements et de la variation du besoin en fonds de roulement).

FCF = [EBE*(1-taux d'IS) + DAP*(taux d'IS)]-[Investissements de l'exercice + variation de BFR entre les deux derniers exercices]

Le principe d'actualisation revient à diviser les flux par un taux de rendement annuel attendu intégrant les risques encourus, appelé taux d'actualisation. Ce dénominateur est en outre élevé à la puissance T qui correspond à la durée en années, entre la date de disponibilité du flux de trésorerie et la date d'investissement de départ. La valeur de la société résulte de la somme de ces flux actualisés.

Valeur de l'entreprise : an 1 kflux de trésorerie disponible
an N (1 + taux d'actualisation)T

On voit bien les problèmes que cette méthode soulève. Sur quelle durée actualiser les flux de trésorerie ? Quel taux d'actualisation retenir ?

Nous esquissons *infra* une application rustique de cette approche.

La mise en application de la méthode impose donc une analyse approfondie de l'entreprise et des incertitudes auxquelles elle est confrontée. À partir du plan de développement qui prouve la cohérence globale d'un projet et son intérêt en termes financiers, l'analyse des cash flows disponibles contribue, par son exigence, à vérifier la création de richesses que l'entreprise devrait générer.

Cependant cette méthode demande une bonne culture financière[85] ainsi qu'une bonne connaissance des spécificités du secteur pour donner une juste appréciation des critères. Elle est lourde et s'applique plutôt à des sociétés ayant atteint une bonne maturité ou proches de l'introduction en Bourse. Dans ce cas, c'est l'ITM qui se chargera des calculs.

Le TRI attendu

Un investisseur professionnel fait de l'arbitrage entre différents projets qui lui sont soumis et dans lesquels il croit. La denrée rare, c'est la trésorerie. Il doit donc veiller à ce que chaque investissement optimise l'usage qu'il fait de ses capitaux. La mesure de cette rentabilité est le taux de rendement interne (TRI) qui mesure la rentabilité annualisée d'un projet de prise de participation suivi d'éventuelles augmentations de capital et d'une cession. La valeur future de cession du projet, en cas de succès, peut être estimée sur la base de comparables à la date du calcul : succès d'introductions en Bourse de sociétés du même secteur, évaluation par des multiples. La valeur future de la participation (en anticipant les éventuelles dilutions) rapportée au prix d'entrée permet de calculer le TRI.

Un fonds acquiert pour 5 MF 20 % du capital d'une société. Après dilution, au moment de l'introduction en Bourse cette participation n'est plus que de 9 %. La valeur boursière de l'entreprise est de 175 MF, 4 ans après la prise de participation initiale.

Donc : valeur initiale = 5 MF

Le fonds gagne : valeur à terme = 175 MF * 9 % = 15,75 MF Son TRI est de : (valeur à terme/valeur initiale) (1/nbr années) -1= (15,75/5)(1/4) -1 = 33 %

Autrement dit, le fonds aurait gagné autant en plaçant ses 5 MF à un taux de 33 % pendant 4 ans. La formule de calcul du TRI est ici présentée dans un cas simple mais généralement suffisant pour cet exercice. Rappelons à toutes fins utiles que la fonction TRI existe dans la plupart des tableurs (Excel...). Elle permet d'illustrer en outre le rôle déterminant de la dilution et l'impact de l'horizon de temps dans le calcul du TRI il est impératif, malgré la grande difficulté de cet exercice, d'estimer à l'avance les besoins de capitaux nouveaux auxquels l'entreprise sera confrontée[86].

Pour une innovation dite incrémentale, c'est-à-dire une amélioration de produit, une nouvelle approche apportant un bénéfice client fort, l'investisseur exigera par exemple une rentabilité de l'ordre de 30 % à 40 %.

Si l'innovation est plus radicale, exige des consommateurs de nouveaux comportements, et corollairement un marché nouveau, l'investisseur peut exiger jusqu'à 60 voire 80 % de rentabilité par an. Il s'agit par exemple des projets qui concernaient l'intelligence artificielle à la fin des années 80, ou des projets sur la bio-électronique aujourd'hui. Il faut que les prévisions les plus pessimistes fassent apparaître des taux de rentabilité colossaux.

Le niveau de TRI demandé par les investisseurs professionnels est donc relativement fort. Il tient compte en effet du niveau de risque élevé des investissements qui a pour effet que de nombreux projets se terminent par une perte pure et simple de l'investissement. Pour obtenir un TRI moyen de 15 % à 20 % sur l'ensemble du portefeuille, le fonds doit donc se fixer au moins 40 % à 50 % de TRI prévisionnel sur les projets au moment de l'investissement.

Rappelons enfin que le TRI peut être aménagé, dans le cadre d'une négociation entre l'entrepreneur et les financiers, par l'utilisation d'instruments financiers comme les BSA (bons de souscription d'actions). Les investisseurs professionnels doivent se couvrir dans le cas le plus fréquent : celui de l'investissement qui n'est ni un échec, ni un grand succès, et dans lequel ils doivent malgré tout obtenir un rendement de 30 % à 40 %. Mais si l'entrepreneur tient ses objectifs, tels qu'énoncés dans la version optimiste du business plan, rien n'empêche de lui rétrocéder une partie du capital vendu aux financiers. C'est une des utilisations possibles des BSA.

Un fonds acquiert pour 5 MF 20 % du capital d'une société. Après dilution, au moment de l'introduction en Bourse cette participation n'est plus que de 13 %. La valeur boursière de l'entreprise est de 175 MF, 4 ans après la prise de participation initiale.

La rentabilité est donc : **TRI = (22,75/5)(1/4) -1 = 46 %**

Mais il était convenu qu'en cas de grand succès, pour une valorisation boursière de plus de 150 MF, 25 % de la participation serait rétrocédée.

La nouvelle rentabilité est donc : **TRI = (17/5)(1/4) -1 = 36 %**

Tout se passe comme si l'investisseur avait acquis pour 5 MF 15 % du capital et non 20 %.

On peut évoquer aussi, pour « l'entrepreneur-inventeur », la valorisation à partir d'un flux concédé par contrat : actualisation de redevances, de royalties (sur brevet, sur marques...).

Si nous citons ces différentes méthodes, c'est plus dans un souci pédagogique que dans l'espoir vain de proposer une méthode objective qui s'imposerait par elle-même.

Rappelons une évidence : la valorisation d'un projet est d'abord une affaire de négociation entre un acheteur (l'investisseur) et un vendeur (vous). Ainsi distingue-t-on la valeur (approche théorique) et le prix (niveau auquel la transaction a effectivement lieu) après négociation. Le reste n'est que recherche de légitimité...

Il est bon de se renseigner auprès d'autres créateurs de projets de start-up, demander deux ou trois estimations de prix à des investisseurs potentiels et comparer les offres.

Rappelez-vous cependant que ce n'est pas le montant de la valorisation qui doit guider le choix de votre investisseur : le plus important, c'est la capacité qu'il aura de contribuer efficacement à la création de la valeur future de l'entreprise.

Un exemple de démarche rustique pour valoriser un premier tour

Très souvent votre business plan ne prévoit pas de résultat avant quelques années (rappelons tout de même que l'ère des start-up à rentabilité négative à horizon indéfini semble achevée). Il est donc effectivement difficile de valoriser par les DCF (*discounted cash flows*) ce type de société.

Une approche « rustique » consiste à identifier un ou plusieurs comparables cotés. Si la valeur de ces comparables peut se traduire en PER, vous êtes sauvé ! En effet, vous sélectionnez alors votre résultat net de l'année 5 et lui appliquez, toute chose égale par ailleurs, le multiple du PER du comparable. Vous obtenez alors la valeur future de votre entreprise à 5 ans. Pour retrouver une valeur présente, vous discountez ce prix en appliquant le TRI requis par un investisseur de premier round, soit 50 à 60 % annuel. Vous obtenez alors la valeur actuelle de votre société. La part de capital à céder est alors égale à la proportion que représente votre levée de fonds par rapport à la valeur actualisée de la société.

Exemple

Profil de la société cible : CA de 60 MF, avec un taux de croissance annuel de 35%

Investissement : 2 MF

TRI requis : 50 %

Durée de conservation des titres par l'investisseur : 3 ans

RN prévisionnel dans 3 ans : 5 MF

Valeur cible future de l'investissement : 2 MF * $(1+50\ \%)^3$ = 6,75 MF

Profil des comparables

Entreprises comparables	Chiffre d'affaires	Taux de croissance annuel du CA	PER
Société X	30 MF	30 %	7
Société Y	120 MF	25 %	12
Société Z	80 MF	15 %	8

Livrons-nous à quelques calculs basiques :

Approximation du PER : entre 8 et 12. Retenons un PER moyen de 9.

Calcul de la valeur future à 3 ans : 9*5 MF = 45 MF.

Part de capital à céder au premier tour en échange de 2 MF : 6,75/45 = 15 %

Ce calcul est évidemment fortement sensible aux hypothèses de PER retenues :

PER retenu	Évaluation de la valeur future à 3 ans	Part de capital à céder à l'investisseur au 1er tour
8	40 MF	17 %
10	50 MF	14 %
12	60 MF	11 %

Ainsi qu'on peut le remarquer, l'évaluation ne vise pas à donner une appréciation objective de la valeur de la société mais à donner des points de repère lors de la négociation et surtout à justifier la manière dont on calcule une valeur donnée. Dans l'exemple ci-dessus, la sensibilité à la tenue de la Bourse sera déterminante dans le calcul des multiples.

Les pièges classiques à éviter dans le processus de levée de fonds

Le timing

L'un des problèmes majeurs du créateur de start-up est d'optimiser le moment de sa levée de fonds. Si la levée s'effectue trop tôt, la valorisation de l'existant risque d'être trop faible et le créateur devra donc abandonner une part importante de son capital. En revanche, si le créateur attend trop longtemps, il court le risque d'être limité en trésorerie, de vivre avec les affres de l'illiquidité et surtout de se faire doubler par des entreprises financées ! La croissance élevée de son chiffre d'affaires, l'augmentation corrélative de son besoin de fonds de roulement et les investissements nécessaires à la croissance pèsent fortement sur sa trésorerie. Une telle situation de pression le place dans une position très défavorable pour la négociation avec les investisseurs. Il faut donc constamment arbitrer entre l'horizon du besoin de financement et la création de valeur au sein de la société.

La valorisation du premier tour

Il est toujours tentant pour le dirigeant de survaloriser sa société lors du premier tour pour éviter une dilution trop forte. Grave erreur ! En agissant ainsi, vous placez la barre très haut : les investisseurs du premier tour vont fixer une règle simple leur permettant d'obtenir rétroactivement plus de capital si, lors du second tour, la valorisation n'a pas atteint leur objectif. Vous êtes alors brutalement dilué parce que vous vous étiez fixé dès le début des objectifs de progression beaucoup trop importants. Rappelons que le VC n'est mû que par l'espérance d'un TRI élevé. Si dès le second tour, ses objectifs ne sont pas atteints, il tentera de se rattraper en quantité de parts. Et il n'est alors pas rare d'avoir un deuxième round qui valorise beaucoup moins la société et diminue donc rétroactivement la part détenue par le dirigeant pour maintenir une position inchangée en pourcentage détenu pour l'investisseur du premier tour.

Le coût du capital

N'oubliez jamais que l'argent des investisseurs a un coût[87] élevé (autour de 40 % annuel), à comparer au coût d'un endettement à 15 %. Bien sûr, vous trouverez rarement (y compris aux États-Unis) un prêteur disposé à s'engager auprès d'une start-up dont les actifs sont la plupart du temps intangibles. Ce constat doit vous faire réfléchir sur la valeur ajoutée à exiger de l'investisseur.

> L'argent de l'investisseur a un tel coût qu'il doit être justifié par un apport important en conseils, réseaux, ouverture d'accès à de futurs clients, partenaires, etc.

Ultime rappel sur le TRI

La start-up est un projet d'investissement, un produit financier comparable à un bien immobilier, à une action cotée en bourse… L'investisseur choisit de placer son argent dans la pierre, dans la bourse… Chaque fois, il attend une plus-value proportionnelle aux risques qu'il a pris. Il sait par exemple qu'investir dans des bons du Trésor lui fait courir peu de risques puisque l'État français ne fera jamais faillite. La situation se complique dès que l'investissement est plus risqué (il peut y avoir une crise immobilière, un krach boursier…). La start-up de haute technologie représente donc un produit financier possible pour l'investisseur parmi d'autres. Il va demander un retour sur investissement élevé correspondant aux risques élevés qu'il prend : c'est le TRI, le taux de rendement interne au projet.

Cela présuppose deux choses :

- le projet devient liquide (*liquidation*) au bout d'un certain temps, l'investisseur peut à nouveau recevoir du cash,
- le montant que reçoit l'investisseur après 3 ans est supérieur à son investissement initial. Le TRI représente alors le taux d'intérêt annuel que l'investissement a rapporté au capital risqueur.

7

RÉUSSIR L'AVENTURE AMÉRICAINE

Pour la plupart des entrepreneurs en haute technologie, l'implantation sur le marché américain représente un mélange de rêve, de modèle idéal et de consécration. Leur Mecque, c'est la Silicon Valley, leur langage est constellé de mots anglais (start-up, *business plan*, *road show*, *business model*...). L'Amérique c'est toujours la terre des pionniers.

La maîtrise du développement international représente souvent un challenge vital pour l'entrepreneur dans le secteur des hautes technologies. Pour illustrer ce propos, nous nous appuierons essentiellement sur des exemples tirés du marché du logiciel. En effet, si la dimension mondiale de l'activité n'est pas très tôt prise en compte par la stratégie et l'allocation des ressources, le risque est grand de voir le germe prometteur ne jamais tenir ses promesses, faute de s'être développé suffisamment vite.

À l'inverse, le « débarquement » aux États-Unis peut se révéler risqué et consumer en pure perte la totalité des ressources de l'entreprise.

Alors, faut-il se lancer ? Nous espérons ici vous donner quelques clés et repères pratiques pour tenter (ou non) cette aventure.

Le rêve américain

Les Américains ont inventé une fantastique dynamique de création d'entreprises innovantes qui repose sur :

- un marché domestique homogène d'environ 270 millions d'habitants ;
- un outil financier apte à financer l'innovation : le *venture capital* ou capital-risque ;
- un modèle économique unique, et répété dans plusieurs lieux où se mêlent grandes entreprises, laboratoires, universités, incubateurs… et start-up : la Silicon Valley, la route 128 à Boston, la région d'Austin au Texas, la Silicon Alley à New York et d'autres répartis sur le territoire.

La Silicon Valley et ses émules

Au début du XXe siècle, la région était surnommée « la vallée des Délices », en référence aux fruits succulents qui y poussaient. En 1938, un professeur en ingénierie électrique, de la faculté de Stanford, Fred Terman prête 538 dollars à deux étudiants pour créer leur société d'électronique : Bill Hewlett et David Packard. En 1939, c'est le décollage avec leur appareil, un oscilloscope, qui permettra notamment à Walt Disney de fabriquer le dessin animé *Fantasia*.

Dans les années 1960, c'est la création de Fairschild Semiconductor par huit ingénieurs de Shockley Semiconductor Labs (Mountain Views, Californie), surnommés les « Traitorous Eight », tous âgés de moins de trente ans. Parmi eux, Robert N. Noyce Gordon, E. Moore et Eugene Kleiner.

Noyce et Moore allaient par la suite créer en juillet 1968 le fabricant de puces Intel tandis que Kleiner lançait la première société de capital-risque de la région, Kleiner Perkins Caufield & Byers.

Avec l'explosion des semi-conducteurs, l'industrie des microprocesseurs démarre. Sa croissance est étonnante, elle donne naissance à l'innovation majeure de la seconde moitié de ce siècle : la miniaturisation des ordinateurs.

En 1971, un journaliste invente le nom de Silicon Valley, la vallée du silicium, en référence à la matière première utilisée pour fabriquer des puces. En novembre 1972, Nolan Bushnell fonde Atari avec 500 dollars en poche et lance l'ancêtre des jeux d'arcades, le Pong. Quatre ans plus tard, Apple crée l'ordinateur personnel qui débouchera 20 ans après sur le réseau des réseaux : l'Internet.

La Silicon Valley devient alors la Mecque de l'industrie logicielle et va ravir à Boston sa première place de leader de la haute technologie. Embouteillages, flambée de l'immobilier, sous-équipements scolaires pour accueillir les enfants des immigrants... la région de San Francisco est devenue plus riche que New York ou Los Angeles...[88]

Cette situation est en train d'évoluer : après le réajustement du Nasdaq et les fluctuations importantes des marchés, tous les acteurs s'accordent à penser que la période de surchauffe est passée, que les prix se stabilisent, que le marché de l'emploi se calme.

De plus, de nombreuses sociétés du fait des coûts exorbitants de la Valley ont déménagé vers des États tout aussi attirants pour leurs employés (par exemple le Colorado). Le prix médian d'une maison en 1999 était de $409,000 à San Francisco et de $217,000 à Boston[89]. Toutes les autres régions se situant en dessous en terme de prix...

En 1996, en moyenne, toute les semaines, une « Valley company » accédait à la cotation, créant ainsi 62 millionnaires en dollars chaque jour...

En 1997, on dénombrait quelques 7 000 entreprises dans les secteurs de l'électronique et de l'industrie des logiciels et plusieurs milliers de start-up, avec 11 nouvelles sociétés créées chaque semaine...

Si l'on considère la capitalisation globale de toutes les sociétés high-tech sises dans la Silicon Valley et cotées en bourse, on atteignait en 1997 le chiffre de 450 milliards de dollars, soit quasiment l'équivalent de la Bourse française.

Cette explosion n'a été possible que grâce à l'extraordinaire source de capitaux que constituent le Nasdaq, les venture capitalists et les business angels.

Le Nasdaq[90] ou la cotation du risque

Le Nasdaq à New York a une devise simple : « The Stock Market for the Next Hundred Years. » (la bourse du siècle prochain). En effet, à la différence de notre Nouveau Marché, le Nasdaq est le premier marché boursier des États-Unis, aux côtés des deux autres marchés boursiers de la Bourse de New York, l'American Stock Exchange (ou AMEX[91]) et le New York Stock Exchange (ou NYSE[92]).

Les années ayant passé depuis sa création en 1971, il cote aujourd'hui des géants tels que Microsoft, MCI, Intel, Cisco.

Ce marché très spéculatif apporte des financements à des entreprises caractérisées par des objectifs de développement ambitieux, de réelles perspectives de croissance et, par conséquent, par un besoin impératif de fonds propres pour financer leur plan de développement.

Le Nasdaq compte en 2000 plus d'entreprises cotées (environ 4 845 sociétés[93] contre 3 066 entreprises pour le NYSE et 768 sociétés cotées à l'AMEX en septembre 1999) – américaines et étrangères – que tous les autres marchés d'actions américains réunis. En effet, la part du Nasdaq a crû de plus de 400 % pendant les 10 dernières années, presque deux fois plus rapidement que n'importe quel autre marché d'actions aux États-Unis.

Au 30 juin 1998, sa capitalisation boursière atteignait 2 210 milliards de dollars, en progression de 31,5 % par rapport à la même période en 1997, et représentait environ 20 % de celle du NYSE (New York Stock Exchange). Entre 1989 et 1999, la capitalisation des entreprises cotées au Nasdaq est passée de 386 milliards de dollars à 3 357 milliards de dollars, soit une augmentation de 700 %[94] ! Sa liquidité en fait le marché le plus dynamique au monde : plus de la moitié des actions qui changent de mains chaque jour aux États-Unis sont cotées au Nasdaq.

Ainsi que le rappelle Pascal Boulard, c'est « la politique menée par la Réserve Fédérale américaine depuis le début des années 90 (qui explique) le développement récent du Nasdaq : elle a en effet diminué progressivement le niveau des taux interbancaires au jour le jour jusqu'à atteindre 3 %, un taux fort peu rémunérateur pour un fonds de pension ou une caisse de retraite.

Contraints d'améliorer la rentabilité de leur portefeuille, ces investisseurs institutionnels ont donc été obligés d'acheter des actifs financiers plus risqués mais dont le potentiel de rendement était plus grand... ».

La forte croissance du Nasdaq

	Nombre d'IPO	Montants levés G$	Nombre d'augmentations de capital	Montants levés G$
1990	134	2,39	87	2,6
1991	320	7,84	242	8,5
1992	432	11,21	200	6,5
1993	520	16,38	398	16
1994	445	12,24	222	8,85
1995	466	17,3	346	22,5

Source : *La Tribune.*

Le marché des actions du Nasdaq se compose de deux segments :

- Le Nasdaq National Market, qui regroupe à la fin 1999 plus de 4 400 compagnies[95] de toute taille, répondant à des critères de cotation stricts en termes de capitalisation, de ratios financiers... Ce sont les valeurs les plus importantes et généralement les plus activement échangées du Nasdaq. On y trouve certaines des sociétés les plus connues au monde comme Microsoft, Intel, Dell, 3Com, Amazon.com...
- Le Nasdaq Small-Cap Market, qui compte environ 1 800 sociétés en croissance (start-up). Les conditions pour évoluer sur ce marché sont sensiblement moins sévères que celles en vigueur sur le marché du Nasdaq National. Et les start-up qui ont réussi leur croissance peuvent ensuite passer à la cote nationale.

Toutes les *hot companies* rêvent de se voir cotées au Nasdaq et de réussir leur IPO (*Initial Public Offering*). La fièvre de l'or est telle que l'on a assisté à des concepts IPO : des entreprises, sans aucun chiffre d'affaires, ni même produit, ont été cotées sur le Nasdaq et lèvent de l'argent sur une simple idée !

Les exemples de sociétés pharmaceutiques ou de biotechnologies sont nombreux. Les longs et coûteux développements qui précèdent la mise sur le marché d'un produit obligent les sociétés à se financer très tôt sur les marchés financiers. Pour relever un tel défi, le Nasdaq est l'un des rares marchés où des investisseurs auront les compétences et les moyens d'évaluer les risques et potentiels desdites sociétés. Il faut accepter de miser sur une simple idée, dont l'aboutissement n'est pas prévu avant trois ou quatre ans.

Les derniers ajustements (de mars à décembre 2000) ont tempéré cette fièvre et de nombreuses entreprises ont été obligées de repousser leur IPO, craignant de ne pas être introduites à des niveaux satisfaisants.

Il a donc été longtemps courant de voir cotée au Nasdaq une entreprise qui perd de l'argent depuis sa création. Les nouvelles technologies de l'information représentent un autre secteur où il faut savoir miser très tôt sur une entreprise.

Cette situation a évolué avec les réajustements successifs : nombre d'intervenants ont jugé que la structure déficitaire des start-up Internet se justifiait dans la période de création de l'industrie mais que désormais seuls les modèles ayant prouvé leur viabilité et prévoyant de dégager des bénéfices à moyen terme devaient être présentés à la cotation.

> Les exemples passés sont devenus mythiques. Ainsi, Netscape affichait au début de l'année 1996 une capitalisation boursière de plus de 5 milliards de dollars pour un chiffre d'affaires inférieur à 150 millions de dollars… et des pertes continues[96] !
>
> De même, la valeur boursière de Yahoo ! (YHOO) atteignait en septembre 1998 7,7 milliards de dollars avec pour simples références un résultat net négatif de - 31,7 millions de dollars et un chiffre d'affaires de 71,4 millions de dollars pour le premier semestre 1998.
>
> Au 28 décembre 2000, la valeur boursière de la société se montait à 17,3 milliards de dollars. Les ventes à la mi-2000 étaient de l'ordre de 270 millions de dollars, pour un résultat net positif de 65,46 millions de dollars.
>
> De la même manière, la société française Transgène avait réussi son introduction le 26 mars 1998 malgré ses pertes. Cette société de thérapie génique, alors dirigée par Bernard Gilly, s'est fait cotée simultanément au Nasdaq new-yorkais (code : TRGNY) et au Nouveau Marché parisien. Elle a en effet levé plus de 600 MF. Le titre est même passé de 266 francs à 330 francs sur le Nouveau Marché, malgré l'annonce de lourdes pertes au 4e trimestre 1997 : plus de 140 MF !

En novembre 2000, la communauté financière a cependant remercié Bernard Gilly pour le remplacer par Gilles Bellanger, ancien vice-président du groupe Mérieux. Les pertes de la société s'élevaient alors à 6,4 millions de dollars pour le troisième trimestre 2000 et pour un chiffre d'affaires de 0,5 million de dollars au cours de la même période.

L'enjeu d'une IPO réussie est considérable, elle permet à la start-up high-tech :

- de se doter d'un véhicule d'accès aux financements internationaux ;
- de construire une notoriété mondiale ;
- de faire reconnaître la performance de la société par la communauté financière, et la sortie des investisseurs qui lui ont fait confiance à ses débuts (venture capitalists et business angels) ;
- d'offrir à des actionnaires américains une monnaie d'échange locale, fort utile pour pratiquer la croissance externe par échange d'actions ;
- de proposer à des managers américains des conditions similaires à celles communément admises de l'autre côté de l'Atlantique (plans de stock-options, etc.).

Les acteurs clés : *venture capitalists* (VC) et *business angels*

Dès leur création, les start-up prometteuses sont prises en main et cajolées par les venture capitalists. Certains sont impliqués largement dans le suivi de l'entreprise, par exemple en aidant au recrutement de managers de qualité en aidant à déterminer la meilleure stratégie à adopter, d'autres se tiennent à une certaine distance et ressemblent plus à leurs homonymes français.

En Californie, au 3000 Sand Hill Road, aussi connue sous le nom de VC Gulch, « le couloir des VC », on trouve une impasse qui conduit à un centre commercial unique au monde : presque une centaine de fonds de capital-risque y ont installé leur locaux. Ce sont eux qui pilotent, conseillent et financent les créateurs[97].

Généralement le(s) créateur(s) se retrouve(nt) avec 10 à 25 %, le personnel conservent 15 à 25 % des actions et les fonds d'investissement à risque se partagent le reste…

Le cycle habituel d'investissements et de distribution des parts avec les investisseurs est le suivant :

- 5 à 10 % au démarrage du projet « seed round » (ou amorçage) habituellement apportés par des « business angels », les économies des fondateurs ainsi que leur famille et leurs amis.
- 20 à 30 % sont attribués au premier tour de table.

La plupart du temps ce sont des institutionnels comme les VC ou des industriels.

Un second et souvent un troisième tour de table sont nécessaires. À chacun de ces tours, les entrepreneurs cèdent entre 10 et 30 %. Sens de la manœuvre ? Attendre trois à cinq ans qu'une IPO ou une cession permette de dégager les plus-values.

En moyenne, sur dix projets, quatre sont des échecs, cinq reflètent une performance honnête et un représente le jackpot. Il doit l'être pour éponger les pertes des autres dossiers et permettre au fonds de bien gagner sa vie.

Mais les retours sur investissement sont tels que tout cela fonctionne : l'investissement de départ peut être multiplié par 10, 100 voire 1 000 !

Le montant global des investissements placés par les VC américains en 1999 a atteint 48,2 milliards de dollars. Les start-up Internet représentent les 2/3 ($ 31,9 Mds) de cette somme, soit deux fois plus qu'en 1998. Depuis le printemps 2000 cependant on a pu croire que l'on assisterait à un certain fléchissement. Il n'en est apparemment rien. Durant le troisième trimestre 2000, 25,9 milliards de dollars ont été investis dans 1 774 entreprises et 44,5% des montants ont été investis dans le secteur Internet, soit un recul relatif de seulement 6% par rapport au second trimestre. L'une des raisons majeures de cette dynamique de l'investissement réside certainement dans la quantité de fonds qu'ont levé les VC américains auprès des grands bailleurs institutionnels. En effet, 46, 1 milliards de dollars ont été levés en 1999 (à comparer avec 27,7 milliards de dollars en 1998) : il faudra bien les investir !

Mais les fonds de venture ne sont pas les premiers à financer ces start-up : les investisseurs les plus dynamiques et les plus importants par leur nombre sont les business angels.

Qui sont ces anges du business ? D'anciens entrepreneurs qui ont fait fortune et qui investissent désormais leur propre argent aux côtés des entrepreneurs qu'ils ont repérés. Leur credo : apporter un soutien très expérimenté au créateur, en capitalisant sur leur propre expérience.

« Souvent, les anges sont motivés par le désir de prendre leur place dans une chaîne de transmission du savoir et du capital. La fortune leur a souri, peut-être amusée et émue par leurs efforts. À leur tour de contribuer au succès de la prochaine génération (...) Il y a aussi un sain calcul, s'ils aident au décollage du prochain Steve Jobs, ou à celui d'un futur Microsoft, Adobe ou Cisco, leur générosité sera amplement récompensée (...). L'ange risque son argent, le VC, mise ce qu'on appelle ici de l'OPM, Other People's Money, l'ADA, l'argent d'autrui. Le VC classique doit donc rendre des comptes à ses bailleurs de fonds[98] », alors que le business angel est libre.

« Ainsi, Gordie Campbell, fondateur de Chips & Technologies, société de circuits intégrés pour carte mère de PC, fonde TechFarm, fermier du high-tech, éleveur de start-up auquel il fournit capital, conseils et même dirigeants prêtés ou, plutôt loués, à un stade où les VC classiques ne veulent pas miser ou sont trop gourmands[99]. »

Cette population est extrêmement développée au États-Unis et les associations de business angels sont monnaie courante. Elle est évaluée à environ 250 000 personnes et le montant annuel de leurs investissements atteindrait 27 milliards de dollars.

Il existe plusieurs organisations aux États-Unis, notamment dans la Silicon Valley, qui tentent de rassembler ces Angels et des les aider à sélectionner les projets. Garage.com, The Angels Forum, Silicon Valley Angels et The Band of Angels sont différents groupes plus ou moins ouverts qui permettent à de nombreux investisseurs providentiels de regrouper leurs forces et de sélectionner des projets en mettant en avant leurs différentes compétences.

Il est important pour les entrepreneurs d'être introduits dans ces différents cercles. Le *networking,* ou réseau, est très important : il est difficile pour des entrepreneurs français de se lancer dans l'aventure américaine sans contact préalable.

La nécessité de l'internationalisation

Il est bon d'être de préférence américain, californien ou bostonien... pour un entrepreneur de haute technologie ! Mais qu'en est-il d'un entrepreneur français ? Doit-il affronter le décalage culturel (et horaire) ? La réponse est souvent oui dans le cas des hautes technologies, mais plus pour des raisons de marché que d'accès au financement. Le marché du logiciel, par exemple, est presque toujours mondial : les besoins des utilisateurs diffèrent peu d'un pays à l'autre ; les coûts de R&D et de communication sont des coûts fixes qu'il faut amortir sur une base de clients la plus large possible.

On a vu trop de sociétés très en avance, rattrapées par des suiveurs technologiques, simplement parce que leur base de clients leur permettait d'investir davantage, comme ce fut le cas de Microsoft écrasant Apple et récupérant ses meilleures trouvailles.

Pour réussir dans le métier du logiciel, il faut être présent sur le marché américain, viser d'emblée la première place mondiale, investir lourdement en marketing et tenter d'imposer un standard de fait. Il faut également se préparer et avoir un produit parfait quand on investit les États-Unis. Il ne faut pas y aller pour réaliser un rêve mais pour gagner et connaître ses objectifs.

Le facteur temps prédomine dans la compétition entre start-up. Mais, pour les start-up européennes, le marché américain constitue souvent un passage obligé pour la domination mondiale : c'est le plus grand marché homogène du monde, très réceptif à l'innovation et qui respecte le copyright.

Ne pas investir aux États-Unis, c'est laisser à des suiveurs l'opportunité de s'emparer facilement du premier marché au monde et de rattraper leur retard technologique sur cette base. Pour réussir, il faut cependant adopter une stratégie réfléchie. Voici quelques pistes à approfondir.

La voie de l'échec : la stratégie des petits pas

Par rapport au marché américain, l'entrée sur un autre marché européen permet rarement d'optimiser les dépenses engagées et risque d'entraîner une dispersion des efforts. Le rapport entre le coût et le bénéfice joue largement en défaveur d'une start-up qui choisirait de conquérir progressivement les autres pays de l'Europe avant de s'attaquer au plus gros marché, pensant s'être acquis entre-temps une position forte. Cette stratégie des petits pas, couramment pratiquée avec succès dans le secteur du textile, est en l'occurrence condamnée à l'échec.

Mais les start-up comme Business Objects ou Ilog, qui intègrent réellement dans leur plan de développement l'ouverture à l'export, en particulier sur le marché américain, ont longtemps été rares. Cependant, on voit de plus en plus d'entreprises qui se développent parallèlement en Europe et aux États-Unis, telle qu'Ukibi, spécialiste des gestionnaires d'adresses, sise à la fois à New York et à Paris, ou Quallaby, concepteur de logiciels (Proviso) de reporting réseau et système, dont le fondateur est français mais dont le siège social est devenu américain (Lowell, Massachusetts). Quallaby a levé, par ailleurs, des fonds auprès de *venture capitalists* de Boston (Matrix Partners, North Bridge Venture Partners, entre autres) après avoir été financé par des investisseurs français (Galileo, Partech International).

Une démarche complexe qui comporte plusieurs étapes

L'accès au marché américain étant difficile, la start-up doit procéder par étapes et se faire assister dans cette aventure. Suspicieux, les Français avaient peur d'utiliser des consultants, mais ce comportement évolue positivement. Un consultant apporte une expertise dans un domaine spécifique, il faut toutefois prendre garde à ne pas privilégier les généralistes qui s'engagent à tout faire et ne peuvent être compétents dans tous les domaines.

Voici quelques ordres de grandeur sur les coûts engendrés par le recours à différents conseils : avocats, 250-38 dollars/heure ; chasseur de têtes, 25-35% du salaire du chassé ; consultant, 124-240 dollars/heure.

L'assistance doit être également de nature financière, s'attaquer aux États-Unis sans avoir fait un business plan (avec un budget minimal) relève plus du rêve que du management. Il faut s'assurer que l'on a, dès le départ, les moyens de soutenir son implantation et son développement sans mettre en péril la maison mère, si elle est déjà établie, ou que les capitaux-risqueurs déjà présents à votre capital sont prêts à vous soutenir et ne vont pas se retirer au deuxième tour. Ainsi, Leonard's Logic a été cédé à Hummingbird Communications Ltd parce que leur investisseur français n'a apparemment pas suivi au troisième tour.

On peut déterminer trois grandes phases.

Une période de préparation

Procéder à l'américanisation du produit

C'est une refonte complète *(localization)* qu'il s'agit d'opérer et non une simple traduction des guides utilisateurs : les exemples choisis sont culturellement adaptés, c'est-à-dire parfaitement américains, et les démonstrations du produit ne doivent pas être distinguées de celles de Microsoft.

Organiser des bêta tests

Ces derniers sont faits à l'université et chez quelques utilisateurs amis dans de grandes sociétés américaines pour avoir la certitude d'éliminer toute scorie pouvant laisser croire que le produit est importé. Les Américains dominent économiquement le monde et le produit, s'il est bon, ne peut être qu'américain. Sinon, on tombe en plein syndrome du NIH (*Not Invented Here,* n'est pas d'ici donc n'est pas bon[100]) !

Mettre en œuvre des ventes missionnaires

Pour un client américain, un produit n'existe que s'il a déjà rendu service à un autre client américain... Vos références européennes vous seront donc peu utiles, sauf si vous avez des clients américains ou des alliances avec des partenaires américains. Il faut briser ce cercle et parvenir vite à réaliser quelques ventes témoins, quitte à casser les prix au début.

Une période de transition qui comprend :

La négociation d'alliances

Elle se fait avec des leaders de l'industrie, dans le cadre de « concuralliance » avec les entreprises supports, accords de distribution, partage de coûts de distribution avec des produits complémentaires ou simplement accord d'intégration.

Plan marketing et élaboration de la stratégie de communication

Pour parvenir à vendre ses produits à Chrysler (Ilog) ou à Motorola (Business Objects), il faut être prêt à dépenser beaucoup. Les start-up françaises sont souvent fondées par des ingénieurs qui sont tellement fiers de leurs produits qu'ils en oublient que ce que recherche le client américain n'est pas la beauté scientifique mais l'aspect pratique du produit. Toute argumentation commerciale évoquant les dimensions stratégiques du produit est à proscrire. Elle sera sans effet sur les acheteurs industriels[101]. Les questions que les clients vont se poser sont : combien cela va-t-il me coûter, combien cela va-t-il me rapporter ou combien vais-je économiser ?

Ne pas investir aveuglément de l'argent dans des pages de publicité de la presse informatique : c'est sans effet. Mais travailler très vite avec un cabinet de relations publiques (PR) pour pénétrer le petit monde des journalistes spécialisés et des analystes (Gartner Group, etc.) qui font et défont la réputation des nouveaux logiciels. Le budget pour ces actions peut être très élevé (de l'ordre de $100,000 par an au début)... sans garantie de succès.

L'installation et les premiers mois d'activité

C'est au cours de cette phase que la différence se joue.

Recruter les hommes clé

Cette étape est indispensable pour la montée en puissance de l'activité, notamment commerciale (ventes) et marketing, ainsi que le confirme Pierre Haren, PDG d'Ilog : « Le bon commercial demande d'emblée 1,5 MF par an. Deux fois plus qu'en France. Mais s'il réussit, il rapporte beaucoup plus. »[102]

Cet démarche est difficile car les pointures sont chères et gourmandes ; elles demandent à être aussi payée en stock-options. Tant que la start-up n'a pas dans son tour de table des VC américains, la probabilité pour un dirigeant américain d'être attiré sera faible. En effet, la perspective d'avoir de stock-options sur une entreprise française est dénuée de valeur à ses yeux.

Mobiliser un réseau organisé

Il s'agit surtout de sous-traitants, en particulier des agences de communication, des avocats, des consultants et des chasseurs de têtes.

Influence du label américain

Les témoignages concordent pour reconnaître le label américain comme un sésame à l'expansion internationale.

« J'estime que 20 % du chiffre d'affaires généré en Europe est directement induit par la présence aux États-Unis », souligne Serge Cuesta, PDG de Synchronix[103], éditeur de systèmes sous Unix, créé en 1989 (12,5 MF de CA en 1995), qui a fait entrer la filiale capital-risque, Cat Innovacom du groupe France Télécom, dans son premier tour de table. Depuis Synchronix a pris le nom de son logiciel vedette BoostWorks, qui permet d'optimiser la performance de réseaux Internet et a levé, au troisième tour, 21 millions de dollars en décembre 2000 auprès de grands fonds d'investissement (3i, Intel Capital, ...).

Même discours chez le CEO de la start-up anglaise Holistic Systems, rachetée par Seagate Software : « Quelle ironie de voir qu'il est plus important de réussir sur le marché américain que dans les pays adjacents. C'est seulement lorsque l'on a percé aux États-Unis que l'on peut revenir à une expansion pan-européenne, en agissant plus comme une société américaine et non plus anglaise... »[104]

La start-up française qui a ouvert la voie s'appelle Business Objects, spécialiste des logiciels d'interrogation des bases de données. Créée en 1990 par Bernard Liautaud et Denis Payre, transfuges d'Oracle, Business Objects a installé, dès la première année, sa première filiale à Menlo Park, en Californie. Depuis sa création, le chiffre d'affaires a doublé chaque année ; elle s'est introduite au Nasdaq en septembre 1994, son chiffre d'affaires est passé de 30 MF, en 1992, à 300 MF, en 1995, et plus de 240 millions de dollars, en 1999.

Un objectif : atteindre le Nasdaq

La carrière américaine ne tolère aucune approximation : il ne faut pas s'imaginer que la voie du succès est aisée à parcourir.

« Corrigeons (...) une légère erreur de perspective. À regarder la colonie française répartie sur le territoire, on pourrait conclure que les compatriotes réussissent bien dans la Vallée (Silicon Valley), que le système leur est favorable ou, mieux encore, que la Californie est un excellent terrain de démonstration pour les qualités de l'enseignement français et pour l'esprit d'initiative gaulois. Ce serait oublier que, justement, on ne voit ici, en raison des mécanismes méritocratiques, que ceux qui réussissent à s'implanter, les autres rentrent au pays. Pas plus qu'à l'époque de la ruée vers l'or tangible, la Californie est aujourd'hui un cyber-eldorado où il n'y a qu'à se baisser pour ramasser des stock-options. »[105]

L'aventure made in USA

La route est longue jusqu'au Nasdaq et chaque étape doit être traitée avec une extrême minutie : le marché américain est si compétitif qu'il ne tolère pas la moindre erreur.

> Tout cela se paye : on peut estimer à 10 MF le ticket minimal pour lancer un logiciel aux États-Unis.

Miser moins ou compter sur l'autofinancement constitue une importante source d'échecs des start-up européennes du logiciel et des fonds qui les accompagnent. Deux anecdotes édifiantes illustrent les difficultés de l'aventure.

> Au début des années 1980, une start-up française voulant distribuer son produit, version très novatrice de juke-box de CD-Rom, aux États-Unis avait chargé un distributeur américain de prendre en charge ses intérêts. Un an plus tard, les retombées étaient désespérément nulles, la start-up française devait renoncer à ses ambitions internationales. Deux ans après, elle découvre un concurrent, né à peu près au moment de ses rapports avec le distributeur, qui possède une taille déjà quatre fois supérieure à la sienne : fin du rêve américain… En effet, un distributeur a tout intérêt à mettre sur son catalogue le produit nouveau que vous lui soumettez : il accroît la richesse de son étalage et peut revendiquer une image d'innovateur. En réalité, le produit est souvent acheté par les seuls concurrents qui pratiquent avec joie le *reverse engineering*, alors que personne ne parle de votre produit car le distributeur a des enjeux plus importants à défendre que ceux d'un produit nouveau qui doit conquérir son marché.
>
> Une jeune start-up française débarque à Boston, au début des années 1990. Elle a conçu et distribue un logiciel de simulation très perfectionné qui modélise les impacts de chocs violents sur les carrosseries de voiture et permet donc d'éprouver la résistance des structures en économisant des tests de crash grandeur réelle. Après cinq mois d'intenses

efforts de prospection, le président français parvient à nouer un contact avec GM à Detroit. L'enjeu : une commande de plusieurs dizaines de millions de dollars. La technologie française est réellement novatrice et le calcul de gain de productivité (économies réalisées sur les tests réels) rend le retour sur investissement très attractif. Tout semble aller pour le mieux jusqu'à ce que le futur client s'interroge sur la procédure du service *hot line* et les modalités d'intervention de maintenance. Pris au dépourvu, le président rappelle la solidité du produit et évoque la possibilité de déplacer, si nécessaire, les ingénieurs développeurs depuis Paris. Le marché est perdu ! Quatre ans plus tard, la société, en redressement judiciaire, doit affronter une concurrence américaine croissante. Elle a laissé passer le grand saut !

Comprendre le fonctionnement du Nasdaq[106]

Nous avons précédemment esquissé le statut et les caractéristiques du plus grand marché de financement de l'innovation. Le but de cette partie est maintenant de donner davantage de détails pratiques sur le processus qui permet d'y être coté.

Les critères d'admission varient en fonction de l'ancienneté, de la performance et de la taille de l'actif net comptable des sociétés postulantes à l'IPO. Ces conditions sont décrites avec précision à l'adresse Internet suivante : www.nasdaq.com/about/Feestruc.stm

Un environnement réglementaire contraignant

Le chef d'orchestre : la *Securities and Exchange Commission*. La SEC, organisme fédéral indépendant, a pour fonction de veiller au respect des lois fédérales boursières, de définir les règles du jeu pour les marchés et leurs acteurs et d'établir les règles comptables applicables aux sociétés cotées.[107] Le personnel de la SEC est hautement qualifié et doté d'une expertise large (avocats, experts-comptables, analystes financiers, enquêteurs, et juges).

Le dossier d'introduction. Document juridique complexe[108], le dossier d'introduction (*Form S-1*) permet de standardiser, dans un cadre précis, l'ensemble des informations financières et non financières qui seront présentées. Le document comprenant 12 à 17 chapitres sera établi par les avocats de la société étrangère désireuse de réaliser un IPO. C'est le document de référence obligatoire pour un placement de papier aux États-Unis.

Les chapitres clés du prospectus boursier sont les suivants : le chapitre 1 (*Business description*) restitue une analyse stratégique de la société et de son environnement[109], le chapitre 8 (*Selected Financial Data*) donne les informations financières sur les cinq derniers exercices, le chapitre 9 (*Management discussion and analysis*) propose une analyse approfondie des principaux chiffres et des risques attachés à l'activité, enfin le chapitre 17 ou 18 (*Financial statements*) requiert un niveau de présentation et un degré d'informations semblables à ceux qui sont requis pour tout entreprise américaine.

Les états financiers. Les états financiers français sont largement influencés par le droit fiscal. Aux États-Unis, les entreprises ont deux jeux de documents : les états sociaux et leur déclaration fiscale. Une entreprise française qui peut avoir des filiales, même si elle n'en a pas l'obligation en France, doit être prête à préparer et faire certifier des états consolidés. La SEC peut, selon l'âge de la société, demander trois ans d'antériorité.

Les règles de la SEC sont très précises : tout candidat étranger doit adopter les normes US GAAP[110] de présentation des comptes ou conserver les normes comptables d'origine en produisant des tableaux, dits de *reconciliation* (rapprochement). Ces tableaux permettent de comprendre les principales différences entre le système local et le système américain et les retraitements effectués pour déterminer le résultat net.

Les différences comptables les plus sensibles entre les normes US GAAP et le Plan Comptable Général de 1982 sont les suivantes :

- Le compte de résultat français est présenté par nature de charges et de produits. Aux États-Unis, le Statement of Income et ses annexes présentent les résultats par département ou affectation. C'est un mélange entre nos comptabilité générale et analytique. Les annexes *(schedule)* sont très importantes car elles donnent une information complémentaire très détaillée.
- Le résultat exceptionnel, au sens français du terme, n'existe pas dans les normes américaines. Les éléments exceptionnels seront requalifiés le plus souvent comme éléments du résultat d'exploitation (à défaut, en résultat financier[111]).
- La méthode de l'intégration proportionnelle sera refusée.
- Les opérations de *defeasance* et de déconsolidation d'actifs devront être réintégrées aux états financiers de l'entreprise.

- Les actifs immobilisés dont la valeur de marché est sensiblement réduite devront intégrer de manière irréversible cette baisse de valeur
- Les provisions réglementées (pour raisons fiscales) n'apparaissent pas dans les états financiers. De plus, les provisions pour créances douteuses vont être constituées au bout de trois mois et passées immédiatement en charge.
- Les opérations de crédit-bail sont obligatoirement capitalisées au bilan (optionnel en France).
- Les frais de R&D ne sont comptabilisés que selon des règles très strictes, il vaut mieux les passer en charges pour éviter de mauvaises surprises et présenter un bilan optimiste.

Du fait de ces nombreuses spécificités, la mise aux normes de présentation comptable de la SEC constitue un véritable chantier comptable en soi et peut entraîner des surprises désagréables. Ainsi, le retraitement des comptes de Daimler Mercedes-Benz avant sa cotation a fait apparaître des pertes bien plus importantes que dans les comptes allemands.

Ces contraintes ne cessent pas avec la réussite de l'IPO : les sociétés américaines cotées doivent répondre à des obligations d'informations selon trois périodicités : annuelle, trimestrielle, courante. Les sociétés étrangères cotées au Nasdaq ne sont pas tenues aux *quaterly reports*.

Une pléiade d'acteurs à coordonner

En interne, la société devra consacrer beaucoup d'énergie et de ressources financières pour préparer son introduction. Groupe projet transversal (financier, juridique, communication) rattaché au PDG, calendriers stricts sont autant de facteurs clés à maîtriser. En effet, la société candidate aura à gérer des relations avec de multiples interlocuteurs.

Le tableau ci-après en définit quelques-uns.

Acteurs	Missions principales dans le cours du processus
Banque d'affaires (*Investment bank*)	- Conseiller la société - Assumer le rôle de chef de projet - Valider le contenu et la forme du document de référence - Organiser les *roadshows* - Définir le prix de l'offre initiale - Assurer le placement du papier (rôle d'*underwriter*)
Avocat de la société (*Company attorney*)	- Conseiller sur les affaires juridiques de la société - Établir le premier *draft* du document de référence - Jouer le rôle d'agent de liaison avec les autorités de marché - Conduire le processus des *due diligence* juridiques
Avocat de la banque d'affaires (*Bank attorney*)	- Représenter les intérêts de la banque - Participer à la rédaction du document de référence et aux *due diligence* juridiques - Négocier le contrat de placement de l'offre
Commissaires aux comptes (*Auditors*)	- Examiner la conformité des comptes dans le cadre de la SEC - Auditer les états financiers inclus dans le prospectus aux normes US GAAS (*Generally Accepted Auditing Standards)* - Émettre un rapport d'opinion et une lettre de confort sur les éléments comptables - Contribuer à la rédaction des réponses aux questions soulevées par la SEC
Banque dépositaire (*Depositary bank*)	- Assurer la gestion des programmes de titres cotés[112]
Société de relations publiques (*Public relation firm))*	- Conseiller la société sur sa cible d'investisseurs Participer à l'organisation et à l'animation des *roadshows*

Source (modifiée) : *Option Finance,* 27 mars 2000.

Les coûts liés à une introduction

Il est essentiel de prendre en compte l'ensemble des coûts liés à l'IPO : les frais antérieurs à l'opération, le coût de la cotation et les frais récurrents engendrés par ce nouveau statut de société cotée au Nasdaq.

Ainsi qu'il a déjà été mentionné, les coûts de préparation sont doubles : le coût d'opportunité pour l'équipe interne (PDG inclus) et le coût de la mise au format comptable américain.

Le coût de la cotation comprend les prestations des acteurs évoqués plus haut. Le banquier introducteur retient entre 6 et 8 % du montant levé. Selon une étude menée par la banque JP Morgan, les coûts engendrés par une société pour son introduction au Nasdaq, avec mise sur le marché d'un montant compris entre 50 et 100 millions de dollars, s'échelonnent entre 7 et 12 % du montant placé, comme le montre le tableau ci-dessous.

Montant placé	$50 M	$50 M	$100 M	$100 M
Coûts externes (000$)	Est. basse	Est. haute	Est. haute	Est. basse
Banquiers introducteurs	3 000	4 000	6 000	8 000
Avocats de la banque	250	400	250	400
Avocats de la société	350	550	350	550
Auditeurs	200	300	200	300
Fiscalistes	35	40	35	40
Imprimeurs	50	100	50	100
Nasdaq	20	30	20	30
Frais d'enregistrement	68	76	68	76
Roadshows	100	100	100	100
Total	4 073	5 596	7 073	9 596

Source : *Option Finance*, 27 mars 2000.

À cela s'ajoute la nécessité de se plier ensuite au formalisme de la SEC, qui affectera toujours le cadre comptable de l'entreprise. Il n'est pas rare de dédier une ou deux personnes au suivi des relations avec la SEC et les investisseurs américains.

Cinq erreurs à ne pas commettre

Selon Beaudoin Griton (RSM Salustro Reydel)[113], il faut absolument ne pas :

1. Bâcler le changement comptable vers les normes américaines en prétextant des impossibilités techniques.

2. Ne pas disposer de commissaires aux comptes accrédités auprès de la SEC implique de recourir à un auditeur externe contractuel.
3. Ne pas adapter sa communication financière au « juridisme » américain : c'est s'exposer à une prise de risque très coûteuse tant pour la société que pour les dirigeants, pris individuellement.
4. Méconnaître l'approche des investisseurs américains, qui se considèrent plutôt comme des fournisseurs de capitaux (attendant un paiement) que comme les propriétaires de l'entreprise.
5. Sous-estimer le pouvoir de la SEC. Dotée des pouvoirs exécutifs, législatifs et judiciaires, elle est le super agent des marchés boursiers américains (sans comparaison avec la COB) avec des pouvoirs d'investigation presque illimités.

Capitalisation boursière des start-up françaises de haute technologie cotées au Nasdaq (27 décembre 2000)	
Nom de la compagnie (symbole Nasdaq)	**Capitalisation (en millions de dollars)**
Business Objects (BOBJ)	2 405
Flamel Technologies S.A. (FLMLY)	79,2
Genset (GENXY)	326,67
Ilog S.A. (ILOG)	387,6
Transgène (TRGNY)	120,4
Wavecom (WVCM)	1 000

Quelques remarques pour (ne pas) conclure

Le marché américain est en avance sur la plupart des voies de développement dans les technologies de l'information. Il existe un terrain fertile pour l'innovation (Silicon Valley, autour du MIT et de Harvard dans le Massachusetts, Texas, etc.) avec la présence, à proximité, des entreprises les plus en pointe (importance des technologies d'appui) et d'un capital-risque dynamique, qui permet la création d'un cercle vertueux.

Les écueils à éviter

On ne va pas aux États-Unis parce que les charges sociales ou certaines taxes y sont moins élevées ou que l'on pense y payer moins d'impôts. La viabilité d'un projet ne peut pas reposer sur ces considérations. La main-d'œuvre qualifiée en informatique, par exemple, est devenue rare, donc très chère. Le coût global d'un développeur est plus élevé qu'en France, même si les charges sociales sont plus faibles. De plus, la rotation du personnel est très élevée. En effet, il n'existe aucun sentiment de loyauté à l'égard de l'entreprise.

Lorsque l'esprit d'entreprise existe, sa contrepartie immédiate est la volonté de réussir et de s'enrichir, et les grands professionnels sont très gourmands.

Il faut affronter un environnement relativement hostile où l'on ne vous attend pas. En Europe, même s'il existe de nombreuses aides pour les créateurs (malgré certaines lourdeurs administratives, qui sont remplacées par des lourdeurs judiciaires aux États-Unis), vous risquez de vous retrouver isolé dans un univers ultra-compétitif.

Dépasser les obstacles de la distance, de la langue et de la culture

Accepter de s'expatrier

Les Américains ne conçoivent pas de financer, voire de travailler, avec une société innovante dont les organes de direction ne seraient pas implantés aux États-Unis. Cette affirmation est désormais à nuancer, du fait de l'implantation en Europe de fonds américains comme Benchmark Capital qui a choisi d'investir près de 500 M de dollars dans le cadre de l'expansion de l'Internet. D'autres fonds d'investissement tels que Partech International ont une présence dans la Silicon Valley et en France. L'incubateur aXelerate se positionne au niveau de l'investissement d'amorçage et facilite le transfert de technologies d'un côté à l'autre.

Nombre de sociétés innovantes françaises ont conservé leur centre de R&D en France afin de maintenir un avantage concurrentiel durable (créativité, salaires modestes...).

C'est le cas de T.Sqware, dont le président Alain Fanet, explique « Les salaires des développeurs en France sont près de 40 % moins chers que dans la Silicon Valley. Par ailleurs, le *turn over* est bien moins élevé dans l'Hexagone. »

De la même manière, DrugAbuse Sciences[114], start-up d'origine française, s'est constituée en société de droit américain, financée par des investisseurs californiens. Mais ses équipes de recherche travaillent à l'hôpital Fernand-Widal à Paris pour développer des vaccins contre l'usage des drogues comme la cocaïne ou l'accoutumance à l'alcool.

Le dernier exemple en date est un essaimage *(spin off)* du centre de recherche et de développement de France Télécom qui se spécialise sur le MPEG 4, dernier standard de video streaming sur l'Internet. Envivio, fondé et dirigé par Julien Signes, a choisi de se développer au cœur de la Silicon Valley mais en conservant une bonne partie de ses ingénieurs en France, à Rennes.

Enfin, le Nasdaq n'est pas la seule voie d'accès au succès. En revanche, les entreprises qui ont un produit performant peuvent se vendre dans de très bonnes conditions, en évitant nombre des soucis propres à la cotation.

L'exemple d'Algéty Télécom est à cet égard significatif. Cette start-up, issue en mai 1999 de la politique d'essaimage de France Télécom, exploite un brevet permettant de transmettre de hauts débits sur de longues distances. Dix-huit mois après, en juillet 2000, l'entreprise, qui comptait déjà 100 salariés, est rachetée par échange d'actions par Corvis, une start-up américaine, créée mi-1997 et spécialisée en équipement optique. Corvis a levé 1,14 milliard de dollars lors de son introduction en bourse fin juillet 2000.

Dépasser les barrages de la langue et des mentalités

Il faut réussir à se faire accepter et gagner la confiance de ses interlocuteurs. Les Français gardent une réputation de donneurs de leçons, arrogants et peu fiables, ancrés dans le passé, ne jouant pas le jeu mais pratiquant le système D.

8

MAÎTRISER LES INSTRUMENTS JURIDIQUES ET FISCAUX

Il s'agit à présent de présenter les outils, essentiellement juridiques, de la création d'entreprises. L'objectif pour l'entrepreneur n'est pas bien sûr de s'improviser conseil juridique mais de comprendre les enjeux attachés à ces instruments, lorsqu'il devra les utiliser.

L'accord de confidentialité

C'est un document simple mais indispensable, qui permet au créateur d'entreprise de gagner en crédibilité et le protège dans une certaine mesure contre les indiscrétions (voir modèle standard en annexe).

La formalisation juridique des relations commerciales constitue une bonne défense des intérêts de chaque partie mais la rupture de ces accords entraîne de longs et coûteux procès, qui en réduisent paradoxalement la puissance.

Le pacte d'actionnaires

Le pacte d'actionnaires complète les dispositions légales prévues dans les statuts de l'entreprise. Il a pour fonction de concilier les intérêts de différentes catégories d'investisseurs aux objectifs distincts, notamment les fondateurs et les financiers.

Voici les clauses classiques prévues par un pacte d'actionnaires :

Exposé des motifs

Bien que ne contenant pas de dispositions particulières, l'exposé des motifs a pour but de situer la convention dans son contexte et de rappeler les intentions des parties signataires, de manière à en faciliter l'interprétation par le juge, en cas de contestation ultérieure.

Droit d'information sur la société

Ce droit est destiné à protéger les actionnaires financiers, pour lesquels il prévoit un droit d'accès à l'information et d'audit, éventuellement une représentation au conseil d'administration.

L'information visée correspond généralement à un reporting sur les comptes, la stratégie et les principales opérations de l'entreprise.

Nantissement

Les fondateurs souhaitent nantir leurs titres, dans la mesure où l'entreprise peut être leur seul actif. Pour les actionnaires financiers, cet acte représente un risque majeur de départ ou de démobilisation du fondateur, en cas de transfert effectif des titres. Le nantissement est en général refusé et doit être au moins limité par l'exercice du droit de préemption (*cf.* ci-dessous) et du droit de suite.

Droit de préemption

Le droit de préemption protège les parties contre un prix de cession anormalement bas : si l'une des parties souhaite céder ses titres, les autres peuvent les acheter en priorité au prix proposé au tiers acquéreur.

Droit de suite, droit de sortie conjointe

Ce droit est surtout destiné à protéger les actionnaires financiers en cas de départ des fondateurs, surtout si les financiers sont minoritaires. En cas de cession du contrôle de la société à un industriel, les financiers se retrouveraient en effet « collés » avec une participation presque invendable.

Si les fondateurs souhaitent céder leurs titres, ils doivent donc obtenir du tiers acquéreur qu'il achète également les titres des autres actionnaires, aux mêmes prix et conditions.

Non-concurrence

Tous les actifs incorporels doivent être transférés dans l'entreprise (droits, brevets, marques...) et les fondateurs sont tenus de s'engager à lui réserver l'exclusivité de leurs services. La réciproque n'est pas toujours vraie. Bien qu'ils le fassent rarement, les investisseurs financiers peuvent se réserver la possibilité d'investir dans des projets de même nature, à condition toutefois de respecter une stricte confidentialité entre les deux projets (« muraille de Chine »).

Clauses diverses

Sans prétendre à l'exhaustivité, d'autres clauses prévoient notamment les conditions d'adhésion des nouveaux actionnaires au pacte, la durée de ce dernier, les procédures de conciliation en cas de contestation.

Clause de rétrodilution

Si la valorisation au second tour se révèle inférieure à celle du premier tour d'entrée des investisseurs, ces derniers, pour ne pas diluer leur participation, sollicitent des fondateurs qu'ils leur cèdent une partie de leurs actions, afin de retrouver en capital ce qu'ils auront perdu en valorisation. Cette clause pose des problèmes de nature psychologique ou relationnelle entre investisseurs et fondateurs, ces derniers ne pouvant jamais être contraints à s'exécuter, car la cession forcée de titres n'est pas utilisée par le juge, en France, à la différence des pays anglo-saxons.

Clause pénale

Cette clause qui n'a de pénal que le nom permet de prévoir l'indemnisation des investisseurs en cas de non-respect de leurs obligations par les fondateurs. Elle peut prendre la forme d'une remise d'actions par les fondateurs, qui ne peuvent généralement pas l'honorer en numéraire.

Dans les clauses de sortie, les investisseurs demandent souvent à être déchargés de la garantie de passif attachée à la cession des actions. Ce qui est acceptable, pour un investisseur, dont la participation serait faible et qui n'aurait en rien participé à la gestion de la société (en étant administrateur par exemple), devient bien plus discutable dans le cas contraire.

En effet, 100 % de la garantie sera supportée par le groupe fondateur, qui n'aura en réalité bénéficié du produit de la vente de ses titres qu'à hauteur de sa participation, en tout état de cause très inférieure à 100 % du capital. Sauf si l'investisseur accepte que le prix des actions vendues par les fondateurs soit supérieur au prix de ses propres actions, ce qui se justifie par l'application du principe : le prix de vente augmente quand les garanties attachées à la vente augmentent.

Les bons de souscription d'actions (BSA)

Il s'agit d'une promesse de vente qui prévoit que chaque bon donne droit à la souscription par son détenteur à une action, à un prix fixé lors de l'émission du bon (prix d'exercice). Le bon lui-même est vendu à un prix d'émission.

Si la société n'atteint pas ses objectifs, la valeur des actions reste inférieure au prix d'émission et les bons ne valent rien, puisqu'il n'y a aucun intérêt à les exercer. En revanche, en cas de succès, la valeur des actions peut être très supérieure au prix d'exercice. Le détenteur des bons gagne alors la différence entre le cours réel et le prix d'exercice. Pour cette raison, les BSA sont souvent utilisées comme mode de rémunération incitatif des managers : le prix d'émission sera alors modéré mais le prix d'exercice élevé.

> Les BSA ne sont pas des stock-options, elles sont équivalentes à une promesse de vente ferme.

Dans le cas des stock-options, le manager perd ses droits s'il n'atteint pas certains objectifs, s'il quitte le projet de son fait ou suite à un conflit avec les actionnaires. C'est l'une des raisons pour lesquelles les stock-options sont considérées par le fisc comme un complément de salaire ou un avantage en nature et taxées en conséquence.

Enfin, depuis la création des BSPCE (bons de souscription de parts de créateur d'entreprises), les BSA, concurrents directs des stock-options, sont en perte de vitesse au motif que leur mode de taxation est incertain car l'administration fiscale n'a pas clairement officialisé sa position à leur sujet. Ainsi, les risques liés à une requalification par l'administration fiscale existent alors qu'ils ont été précisément réglés en ce qui concerne les BSPCE.

En réalité, si le risque théorique existe, l'enjeu, en termes de finances publiques est inexistant et ne pousse pas encore le fisc à des contrôles précis.

En revanche, les BSPCE n'étant attribuables qu'aux seuls salariés, les BSA restent un moyen très utile de faire entrer des investisseurs en complément d'une augmentation de capital permettant ainsi de repousser dans le temps, la dilution dont aurait fait l'objet la participation du créateur dans sa société.

Repousser une dilution permet au dirigeant fondateur de se maintenir à un niveau de capital suffisant lui permettant d'exercer un certain nombre de droits qui lui sont attribués par la loi sur les sociétés commerciales, à savoir tenue de l'AGO avec la majorité simple, majorité à l'AGE, minorité de blocage (34 %) à l'AGE, droit à la désignation d'un mandataire *ad hoc*....

Les obligations convertibles (OC)

Les obligations convertibles peuvent être émises par une société par actions justifiant de deux exercices révolus et dont le capital social est entièrement libéré. Il s'agit d'un prêt qui porte intérêt et donne droit, à terme, soit au remboursement du nominal, soit à sa conversion en actions, à un cours d'exercice convenu.

Ce délai de deux ans peut être réduit si une autre société par actions ayant elle-même plus de deux années d'existence et deux bilans arrêtés offre sa garantie à la société qui émet les obligations convertibles, au profit du prêteur.

Là encore, il n'y a d'intérêt à convertir qu'en cas de succès de l'entreprise. Pour cette raison, les OC sont parfois utilisées par les investisseurs pour réduire leur risque. Au lieu d'investir, ils accordent un prêt. En cas de succès, ils peuvent bénéficier des avantages de l'actionnaire. En cas de stagnation de l'entreprise, ils récupèrent leur mise, mais en cas de sinistre, ils perdent leur part de toute manière.

De fait, les OC sont peu utilisées dans le cas de sociétés en création : les investisseurs préfèrent assumer leur risque et investir en actions.

Les stock-options

Les stock-options sont une forme particulière de BSA bénéficiant d'un avantage fiscal. Elles sont uniquement destinées à rémunérer des managers de haut niveau, à un moment de la vie de l'entreprise où elle n'a pas les moyens de les payer à leur véritable valeur.

Sujet politique s'il en est en France, les stock-options subissent depuis des années un sort cyclique, au fil des lois de finance. Trop défavorable, le régime des stock-options présente peu d'intérêt. Il a donc été remplacé par le régime des BSPCE, qui reprend l'essentiel des avantages des stock-options mais avec certaines contraintes, que la sécurité fiscale retrouvée compense largement.

Il existe une seconde disposition qui va dans le même sens, destinée cette fois aux créateurs plus qu'aux salariés des jeunes entreprises innovantes : le report d'imposition de la plus-value de cession de leur titres (normalement 26 %).

Les stock-options : un enjeu pour l'emploi

Rappelons brièvement le principe de base des stock-options : un collaborateur accepte un salaire très bas et reçoit en échange des actions de l'entreprise (plus exactement, le droit de les acheter à un prix convenu d'avance, le prix d'exercice).

> La société française Genset (biotechnologie) a été créée en 1989. 15 % du capital a été réparti entre les salariés qui peuvent acheter pour 11 F (prix d'exercice) des actions cotées à 560 F sur le Nasdaq (cours du 29 juillet 1998[115]). Plus-value estimée : plus de 575 millions de francs à partager entre les salariés.

… aujourd'hui surtaxé

En 1997, les stock-options ont été considérées par le fisc comme un salaire et donc soumises au prélèvement des charges sociales. Le seul moyen d'y échapper était de conserver ses actions pendant cinq ans, mais il suffit de regarder le cours de bourse de Business Objects ou d'Ilog pour se rendre compte que ce délai est trop long. En quelques mois le cours de Business Objects est passé de 17,5 dollars (introduction) à 50 dollars (cours le plus haut) puis 8 dollars.

Alors que cette mesure rapporte peu à l'État, les stock-options ont du mal à entrer dans les esprits et sont un enjeu du débat politique, en France. Le message sous-jacent semble clair : « s'enrichir, c'est mal ».

> Contre-exemple : monsieur X, PDG d'un grand groupe français crée une filiale avec des cadres de son groupe et s'octroie quelques options sur cette start-up. Son chiffre d'affaires augmente rapidement suite à des commandes liées à l'activité du groupe. Du coup, monsieur X exerce ses options et engrange quelques dizaines de millions de francs, presque sans impôts.

Heureusement, ce montage n'est plus possible. Les stocks-options sont indispensables à la naissance des entreprises innovantes. La plupart de ces jeunes entreprises sont confrontées dès leur naissance à un marché mondial férocement compétitif : elles ont besoin des meilleurs cadres et ne peuvent pas encore les attirer avec de gros salaires. Comment retenir et motiver la matière grise, sinon en promettant une hypothétique mais fructueuse récompense, en contrepartie des sacrifices salariaux ? En considérant les stock-options comme une partie du salaire, la loi de finance 1997 nie le risque pris par les premiers salariés des jeunes entreprises.

Les risques que prend le pays sont évidents : découragement des entrepreneurs ; important taux d'échec des entreprises innovantes ; fuite des cerveaux vers la Grande-Bretagne et les États-Unis. Depuis la généralisation de l'Internet, les entrepreneurs communiquent plus facilement et comparent leurs conditions de vie et de rémunération.

Toutefois, le discours politique change et la société prend conscience de l'enjeu de ces instruments de motivation, indispensables pour une start-up. Les lois de finances 1998 et 1999, en particulier, ont été plus favorables que les précédentes. Plusieurs associations, dont l'AFIC et Croissance+, se sont livrées à un intense lobbying sur le sujet. Principales innovations : la notion de « parts de créateurs d'entreprises » et le report d'imposition de la plus-value.

À nouveau, le débat a été relancé sur la taxation des stock-options. Si la loi modificative n'a pas été effectivement adoptée, on se dirige vers un système de taxation différencié selon que la plus-value générée est inférieure ou supérieure à 1 million de francs.

Dans le premier cas, la taxation globale serait à 26 %, charges sociales incluses, et grimperait à 50 % au-delà.

Il est vrai que le régime des BSPCE élargi par la loi de finances pour 1999 a permis de contourner l'obstacle polémique des stock-options, même si ce nouvel outil n'est réservé qu'à des sociétés de moins de quinze ans d'existence.

Les bons de créateurs d'entreprises (BSPCE)

Les jeunes entreprises innovantes peuvent désormais attirer et fidéliser des cadres, chercheurs ou ingénieurs, en leur proposant les fameux « bons de souscription de parts de créateur d'entreprises » (BSPCE) qui confèrent aux bénéficiaires le droit de souscrire une part de capital de leur entreprise à un prix définitivement fixé lors de l'attribution. Les intéressés se voient ainsi offrir la perspective de réaliser un gain, dans des conditions fiscales et sociales favorables, qui sera la contrepartie de la part active qu'ils auront personnellement prise dans la valorisation des titres de leur entreprise.

Les sociétés concernées sont des sociétés par actions dont les titres ne sont pas cotés, et créées depuis moins de quinze ans. Elles doivent en outre remplir les conditions suivantes.

1. Être passibles en France de l'IS,
2. Être détenues directement et de manière continue pour 25 % au moins de leur capital par des personnes physiques ou morales (elles-mêmes détenues par des personnes physiques). Afin de faciliter l'accès de ces sociétés au capital-risque, il n'est pas tenu compte pour l'appréciation de ce pourcentage des participations détenues par les divers organismes intervenant en matière de capital-risque (SCR, SDR, SFI, FCPR et FCPI),
3. Ne pas avoir été créées dans le cadre d'une concentration, d'une restructuration, d'une extension d'activités existantes ou pour

reprendre de telles activités, sauf si la création résulte d'une opération d'essaimage au sens du code général des impôts.

Qui peut en bénéficier ?

Les BSPCE peuvent être attribués par la société émettrice aux membres de son personnel salarié ainsi qu'à ses dirigeants (président du conseil d'administration, directeur général, membres du directoire ou dans les sociétés en commandites par actions, gérants commandités et gérants non associés), à compter du 1er janvier 1998 et jusqu'au 31 décembre 2019.

Le régime juridique, fiscal et social des BSPCE est distinct de celui des bons de souscription ou d'achat d'actions (stock-options). Fondamentalement, les BSPCE, dont l'émission doit être autorisée par les actionnaires réunis en assemblée générale extraordinaire et qui sont incessibles, confèrent à leurs bénéficiaires le droit de souscrire des titres. Ces derniers, actions ou certificats d'investissement, représentent une quote-part du capital de la société émettrice à un prix fixé de manière intangible à la date de leur attribution par l'assemblée. Les BSPCE peuvent être exercés et les titres acquis en exercice de ces BSPCE cédés à tout moment par leurs bénéficiaires.

En pratique, l'assemblée générale qui autorise, l'émission de ces BSPCE fixe les conditions de leur attribution, exercice, conservation, imposant par exemple que les salariés titulaires des BSPCE soient toujours salariés le jour de leur exercice.

Avantages

Au plan de l'impôt sur le revenu, ces gains sont imposables selon le régime des plus-values de cession de valeurs mobilières au taux de 16 % augmenté d'une partie des prélèvements sociaux (CSG...), soit un taux effectif de 26 %, sans qu'un délai d'indisponibilité soit exigé entre l'attribution du bon et la cession des titres comme en matière d'options de souscription ou d'achat d'actions (délais de cinq ans). Le taux d'imposition de 16 % est toutefois porté à 30 % (soit un taux effectif de 40 %) lorsque l'attributaire des BSPCE exerce ou a exercé son activité dans la société émettrice depuis moins de trois ans à la date de cession des titres.

Au plan social, ces gains ne sont pas soumis aux cotisations de Sécurité sociale ainsi qu'aux multiples cotisations, taxes et prélèvements assis sur les salaires, et ne constituent pas un élément de rémunération au sens du droit du travail.

Réalisé dans la loi de finance de 1999, ce dispositif permet, dans ce cadre, à l'ensemble des entreprises en forte croissance qui en étaient exclues d'en bénéficier et que ce dispositif leur soit applicable pendant quinze ans après leur création. Il est également envisagé d'engager des concertations avec les partenaires sociaux afin d'étudier les conditions dans lesquelles la couverture sociale des créateurs d'entreprises peut être améliorée. Par exemple, le gouvernement souhaite étudier la possibilité de couvrir par l'assurance-chômage des salariés démissionnant de leur entreprise pour réaliser leur projet de création.

On constate donc la suppression du délai de conservation, l'exclusion des sociétés innovantes déjà cotées, qui ont pourtant besoin de matière grise, l'absence de plafonnement individuel, sans doute le trait le plus surprenant des stock-options « à la française ».

L'utilisation innovante du PEA

Le Plan d'épargne en actions est un produit connu qui permet à son titulaire dans la limite de 600 000 francs pour un célibataire et 1 200 000 francs pour un couple marié, d'investir en actions et en bons de souscription, sur un plan tenu par une banque ou une société financière et de bénéficier d'un régime fiscal très favorable, puisque si le retrait intervient sur le plan, plus de cinq ans après son ouverture la plus-value est exonérée entièrement et les prélèvements sociaux sont perçus à un taux de 10 % sur une simple fraction du montant de la plus-value.

Le créateur d'entreprise peut y loger tant des actions que des parts de SARL que des BSA ou BSPCE.

Il existe cependant une limite très forte pour le créateur d'entreprise. Pour bénéficier des avantages du PEA, il ne peut détenir seul ou avec sa famille directement ou par l'intermédiaire d'une société holding, plus de 25 % du capital social de la société pour laquelle il souhaite que les titres soient inscrits à son PEA. L'opération est donc aisément réalisable quand il existe au moins quatre co-titulaires du projet répartis à égalité. La limite de 25 % se révèle difficile à franchir, même en cas de dilution à l'entrée d'investisseurs. Dans ce cas, la valeur des titres (fonction des dernières augmentations de capital) dépassera largement le plafond des 600 000 ou 1 200 000 francs.

Il demeure, en revanche, un moyen intéressant pour des *business angels* investissant de petites sommes et pour les salariés bénéficiant d'actions de la société, de BSA ou BSPCE.

Le report d'imposition de la plus-value

Il existe une deuxième disposition allant dans le même sens, destinée cette fois aux créateurs plus qu'aux salariés des jeunes entreprises innovantes : le report d'imposition de la plus-value de cession de leurs titres, qui est de 26 % (article 150 O-C du Code général des impôts).

Afin d'encourager le développement d'une population qui soit l'équivalent des *business angels* américains, les entrepreneurs cédant tout ou partie de leur participation sont désormais incités à mettre leur capacité d'investissement et leur expérience entrepreneuriale au service d'entreprises nouvelles non cotées. Les salariés et les dirigeants d'une entreprise peuvent ainsi reporter l'imposition des plus-values de cession des droits sociaux qu'ils détiennent dans cette entreprise, lorsque le produit de la vente est réinvesti dans la souscription au capital initial ou dans une augmentation de capital en numéraire d'une société nouvelle.

Sont concernés les gains de cessions de valeurs mobilières ou de droits sociaux réalisés par des personnes physiques.

Les conditions à remplir par le cédant

Pour bénéficier du report d'imposition de la plus-value, le cédant doit :

1. détenir avec les membres de son foyer fiscal à la date de la cession plus de 10 % des droits sociaux de la société dont les titres sont cédés ;
2. avoir été salarié ou avoir exercé une fonction de dirigeant dans cette société pendant les cinq années ayant précédé la cession des titres ;
3. ne pas avoir été associé de l'entreprise bénéficiaire de l'apport, ne pas y avoir exercé une fonction de dirigeant depuis sa création et ne pas exercer une telle fonction pendant une période de cinq ans suivant la date de réalisation de l'apport.

Le produit de cession des titres doit être réinvesti en tout ou partie (imposition sur la partie non réinvestie) avant le 31 décembre de l'année qui suit la cession.

Les conditions à remplir par l'entreprise bénéficiaire

L'entreprise bénéficiaire de l'apport doit remplir les mêmes conditions que pour l'attribution de BSPCE (*cf.* ci-après) : être passible de l'IS, être détenue par des personnes physiques, ne pas avoir été créée dans le cadre d'une pure restructuration.

Avantage

L'imposition de la plus-value peut être reportée au moment où s'opérera la transmission, le rachat ou l'annulation des titres reçus en contrepartie de l'apport. Ainsi, l'imposition est reportée jusqu'à la cession des nouveaux titres. Ce dispositif s'applique aux gains de cession de valeurs mobilières et de droits sociaux réalisés depuis le 1er janvier 1998 ; il est devenu permanent depuis le 1er janvier 2001.

Coût budgétaire de ce « cadeau fiscal » ? Infime : il est estimé entre 300 et 400 millions de francs pour les finances publiques.

Il s'agit d'une mesure originale, qui a pour effet de favoriser l'apparition d'une classe de *business angels*, de particuliers enrichis susceptibles de favoriser l'apparition de nouvelles start-up. Ces particuliers jouent un rôle majeur dans la naissance des entreprises innovantes et bénéficient depuis longtemps, aux États-Unis, d'importants avantages fiscaux.

Le crédit d'impôt recherche (CIR)

On notera enfin la volonté d'encourager les efforts d'investissement dans la recherche dans toutes les entreprises. Le gouvernement a décidé de réformer le crédit d'impôt recherche qui a été prolongé, à partir de 1999, pour une durée de cinq ans. Les entreprises qui n'avaient plus accès à ce dispositif y participeront de nouveau et les entreprises en création bénéficieront d'une restitution immédiate de leur crédit d'impôt.

En réalité, le CIR est un mécanisme permettant d'imputer sur le montant de l'impôt sur les sociétés à acquitter, un certain nombre de dépenses, strictement énumérées par la loi, concourant à la recherche fondamentale, la recherche appliquée et le développement expérimental. Ces dépenses sont les suivantes : amortissement des immobilisations affectées à la recherche, amortissement des brevets acquis en vue des recherches, dépenses de fonctionnement, frais de prise et de maintenance de brevets.

Les dépenses de conception de logiciels ne peuvent entrer dans le calcul du CIR qu'à la condition qu'elles aient été engagées pour la création de logiciels innovants ou pour apporter des améliorations à des logiciels déjà existants. Il s'agit d'une décision de jurisprudence récente démontrant que la notion d'innovation fait l'objet d'une appréciation propre à l'administration fiscale, différente de celle des acteurs dans ce domaine.

La partie du CIR, qui n'aura pas pu être imputée sur l'impôt dû au titre de l'année de constitution du CIR, pourra être utilisée pour le paiement de l'IS des trois années suivantes ou remboursée au terme de cette période.

L'enjeu est suffisamment important et les conditions d'application du régime strictes pour que nombres de vérifications fiscales portent sur le CIR et que, par conséquent, les audits fiscaux pratiqués par les investisseurs désirant entrer au capital de la start-up, soient rigoureux sur ce point.

La fiscalité des stock-options à l'étranger

À titre de comparaison, rappelons que dans les pays anglo-saxons, les stock-options sont courantes et contribuent fortement à la création d'emplois nouveaux.

Il existe trois limitations classiques au régime des stock-options et la plupart des pays qui les autorisent en appliquent au moins deux :

- l'interdiction des rabais (valeur d'exercice inférieure à la valeur des actions au moment de l'attribution) ;
- l'obligation d'un délai de conservation (entre l'attribution et l'exercice ou entre l'exercice et la vente), plafonnement individuel au-delà duquel l'avantage est considéré et imposé comme un salaire.

Presque tous les pays interdisent les rabais ou les imposent comme un salaire déguisé.

Aux États-Unis, la fiscalité des stock-options est celle des plus-values. En revanche, il existe un délai de conservation (deux ans après l'attribution, un an après l'exercice) et un plafond annuel de 100 000 dollars.

En Grande-Bretagne, l'imposition est nulle sur l'avantage (valeur des actions moins le prix d'exercice) et conforme à l'IR (40 % maximum) sur la plus-value (valeur d'achat moins la valeur de vente des actions).

Il n'y a pas de délai de portage mais un double plafond, égal à quatre fois le salaire annuel (100 000 dollars par an).

Curieusement, la France n'impose que la plus évidente de ces restrictions : l'interdiction du rabais.

9

LES FONDAMENTAUX DE LA FINANCE D'ENTREPRISE

Que vous soyez davantage versé dans l'art du marketing ou un spécialiste de la conception de nouveaux matériaux, vous ne pouvez ignorer, en vous lançant dans l'aventure start-up, le minimum vital de la finance[116]. L'objet de ce chapitre n'est donc pas de transformer le créateur en expert-comptable, il vise plutôt à lui donner les éléments de base pour lui permettre de :

- comprendre le langage des financiers ;
- construire une première esquisse de la partie chiffrée du business plan ;
- déchiffrer un compte de résultat et un bilan prévisionnels.

Pour faciliter l'intégration des notions abordées, nous aurons recours à plusieurs approximations, parfois schématiques. Nous remercions les spécialistes de nous pardonner ces écarts. Si le néophyte en gestion éprouve, au terme de sa lecture, le sentiment d'une plus grande clarté, nous aurons gagné notre pari[117].

L'entreprise comme boîte noire

Pour comprendre ce qu'est une entreprise, rien ne vaut le modèle de la boîte noire et sa logique inputs/outputs. Créer une activité productrice d'un bien ou d'un service requiert un certain nombre d'inputs :

- des matières premières qui seront transformées et combinées pour constituer le produit final ;
- des machines pour transformer ces matières premières ; il faut un système de production, un processus d'enrichissement des données brutes qui leur ajoute de la valeur ;
- des hommes pour faire tourner l'activité, utiliser les machines, inventer les nouveaux produits, les vendre, etc.

Ces entrées ne seront accessibles que si l'entrepreneur possède de l'argent au départ.

Ces trois composantes sont les clés du cycle de production de l'entreprise. On ne peut pas imaginer d'activité sans leur présence. Bien sûr, ils peuvent être combinés à des degrés divers selon la nature de l'activité. Ainsi, les industries pétrochimique et papetière se caractérisent par une forte intensité en capital, nécessaire à l'acquisition de lourdes infrastructures de production. À l'opposé, une SSI nécessitera beaucoup de main-d'œuvre (ingénieurs) mais aura, en comparaison, sensiblement moins de dépenses en matériel informatique. Nous sommes dans une industrie de matière grise !

L'output de l'opération des trois composantes initiales (matières premières, machines, hommes) est le produit ou le service final de l'entreprise, qui sera vendu à un client.

L'entreprise vue comme une boîte noire

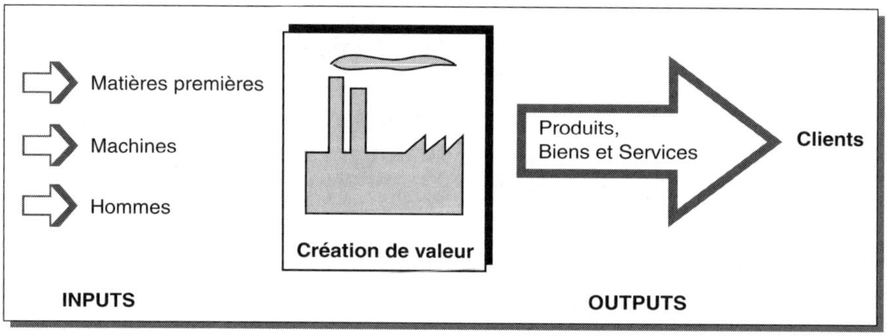

Si le prix de vente du produit final est supérieur à la somme des coûts engagés pour le concevoir, le produire, le packager et le vendre, alors il y aura un bénéfice. C'est la finalité du compte de résultat que d'indiquer, *in fine*, si l'activité a dégagé un résultat, positif (bénéfice) ou négatif (perte).

Prix de vente des outputs - prix d'achat des inputs = résultat

Le compte de résultat : un indicateur annuel de performance

Le compte de résultat est un document récapitulatif qui permet de calculer le résultat de l'activité au terme d'une année (d'un exercice) : il calcule le solde entre les produits de l'entreprise et les charges.

Retenons bien ce principe : on fait les comptes une fois par exercice (souvent douze mois). Le compte de résultat est un compte de flux annuel, la différence entre des charges et des produits. Des situations intermédiaires peuvent être établies à tout moment, le reporting mensuel ou trimestriel étant la norme dans les sociétés anglo-saxonnes.

Chaque année, le compte de résultat repart à zéro et l'on recommence l'exercice en comptabilisant les produits en positif et les charges en négatif.

Le cycle d'exploitation

Les charges d'exploitation

Mais qu'appelle-t-on les charges supportées par l'entreprise ? Comment les définit-on ? La réponse semble obscurcie par les fausses évidences : ce ne sont pas les dépenses de l'année, ni les sorties de trésorerie, ni les coûts annuels supportés par l'entreprise. Elles représentent tout ce que l'entreprise a consommé, détruit et utilisé pour produire ses biens et ses services.

Comment en retrouver la liste élémentaire pour construire la partie charge du compte de résultat ?

En nous reportant au modèle input-output. Quels sont ces inputs ?

Les matières premières achetées par l'entreprise

Achetées ? Pas seulement : achetées et consommées réellement dans l'exercice. Ce qui ne sera pas consommé pendant l'exercice sera compté (comptabilisé) en stock à la clôture de l'exercice et ne sera considéré (imputé) comme une charge qu'au moment de la consommation effective. Le premier poste, ce sont donc les matières premières effectivement consommées, détruites durant l'exercice.

Les hommes

Il faut effectivement intégrer les hommes et les femmes qui travaillent au sein de l'entreprise. L'utilisation de leur talent est quantifiée à travers l'ensemble des salaires qu'ils perçoivent durant l'année. La masse salariale constitue de fait le troisième poste important de la colonne Charges du compte de résultat.

Cette approche peut paraître choquante : on ne consomme pas une personne en tant que telle[118] ! Le discours de la comptabilité possède sa rationalité : toute personne bien portante est considérée comme faisant partie des actifs durant une partie de sa vie professionnelle. Or c'est cet espace de temps dédié au travail que consomme l'entreprise chaque année. Lorsque l'âge de la retraite est arrivé, la totalité de la durée d'activité rémunérée légale a été consommée.

Et il ne faut pas oublier ceux dont l'entreprise achètent l'expertise à l'extérieur : les sous-traitants, les conseils (avocats, experts)... Tous les honoraires sont comptabilisés dans le poste « Autres charges externes ». Il comprend les prestations achetées et utilisées par l'entreprise pendant l'exercice.

Les machines

Rappelons ici la définition d'une charge : est considérée comme charge une quantité de ressources qui a été utilisée dans l'exercice.

On ne peut pas considérer l'achat d'une machine comme une charge. Parce qu'elle n'a pas été détruite après une année d'utilisation. Elle demeure donc encore un input utilisable l'année suivante. Si l'on passait les machines en charge une seule année tout en les utilisant encore durant une longue période, les comptes feraient apparaître une importante perte l'année de l'investissement et des résultats surévalués les années suivantes. Les comptes ne respecteraient donc pas le principe fondamental de fidélité.

Cela implique deux choses : d'une part, on ne doit pas confondre charge et dépense. J'ai dépensé de l'argent pour acheter la machine, mais cette dépense ne doit pas figurer en sa totalité comme charge de l'exercice. D'autre part, je ne dois passer comme charge, réellement consommée, qu'une partie de la machine.

Quelle part ? Les règles comptables, élaborées dans le Plan Comptable Général (1982, PCG), nous donnent des indications. Deux principes sont à prendre en compte :

La durabilité des biens est le premier principe. Elle est indiquée dans le PCG. Par exemple, la durée comptable d'un immeuble sera de quinze à vingt ans alors qu'un camion sera considéré, d'un point de vue comptable, détruit après cinq à sept années de bons et loyaux services. Cela ne signifie pas qu'après les cinq à sept ans, votre camion ne pourra plus rendre de service et sera nécessairement porté à la casse. Cela signifie que vous n'aurez plus à le comptabiliser comme charge dans le calcul du résultat de l'exercice. Ce sera alors un atout caché pour l'entreprise[119], puisqu'il aidera à produire (il sera toujours une ressource effective) mais sera considéré comme une charge nulle. L'utilisation du camion ne se traduira plus comme une charge minorant le résultat de l'activité qu'il contribue à produire.

Le second principe qui permet de calculer le montant de la « charge d'utilisation », c'est la méthode choisie pour étaler l'usure de la machine, pour amortir sa valeur d'achat.

Deux possibilités : l'amortissement linéaire et l'amortissement dégressif. Le choix de la méthode d'amortissement doit être décidé par l'expert-comptable au regard des avantages fiscaux recherchés[120].

L'amortissement linéaire

Il permet de diviser la valeur du bien à l'achat par son nombre d'années de vie. Par exemple, j'achète un immeuble 1 MF et sa durée de vie est de dix ans. Je passe alors en charge chaque année pendant dix ans un dixième de l'immeuble, à savoir 100 kF.

La méthode dégressive

Plus rapide, elle permet d'amortir la valeur d'achat du bien en accélérant l'amortissement durant les premières années. Je peux, par exemple, passer 50 % du prix d'un logiciel en charge au titre des deux premiers exercices.

In fine, l'amortissement est une charge calculée, qui ne correspond pas à la dépense effectivement réalisée pour acheter le bien mais à la part que l'on considère avoir utilisée durant l'exercice[121].

Les amortissements constituent donc des charges calculées, c'est-à-dire des charges imputées (reportées) sur le résultat et qui en diminuent le montant. Seuls les biens considérés comme des actifs immobilisés (à l'exception notable des terrains) ont un amortissement. La dépréciation du bien s'étale sur plusieurs exercices, durant lesquels ce dernier participe à la création de valeur.

Ainsi, matières premières, autres charges externes, salaires et amortissements/provisions sont les quatre grandes charges à prendre en compte quand on fait le calcul après un exercice de son résultat.

Les produits d'exploitation

Quelles sont donc les outputs après une année de consommation ?

Le chiffre d'affaires

Il ne représente qu'une partie de la production. Les opérations concrétisées avec des tiers, c'est-à-dire la production vendue et les ventes de marchandises. Pour mesurer l'activité de production de l'entreprise dans l'exercice, dite « production de l'exercice », il faut ajouter à la production vendue les produits qui ne l'ont pas été mais qui constituent aussi les outputs de l'exercice : soit parce qu'on a dû les stocker pour les vendre l'année prochaine : on a de fait la production stockée ; soit parce que l'entreprise les a produits pour elle même : on a de fait la production immobilisée.

Le résultat d'exploitation

La différence entre les charges et les produits d'exploitation permet de calculer le résultat d'exploitation. En effet, nous n'avons considéré dans les inputs et les outputs que des éléments du cycle de production.

C'est bien le cœur de l'entreprise ; c'est là que se joue sa viabilité économique. Si elle ne peut pas dégager rapidement un résultat positif à ce niveau, l'activité est intrinsèquement condamnée.

Le résultat d'exploitation est stratégique : c'est là que se joue la compétitivité et la capacité de l'entreprise à être supérieure à ses concurrentes sur son cœur de métier.

Mais l'entreprise est amenée à consommer et à produire aussi d'autres outputs de nature différente durant l'exercice.

Nous allons donc examiner le cycle financier puis le solde des opérations exceptionnelles.

Décomposition du cycle d'exploitation

Dépenses	Revenus
Achats • Matières premières • Fournitures • Services **Personnel** **Amortissements**	**Ventes**

Le cycle financier

Pour pouvoir fonctionner, l'entreprise ne consomme pas seulement des matières premières, des machines et des hommes. Elle supporte aussi d'autres coûts, en particulier de financement.

Pour assurer le démarrage de l'activité, il est indispensable de prévoir des moyens de financement pour acheter les inputs. On distingue couramment trois catégories.

Le capital

Le capital est l'argent apporté par les actionnaires, notamment au démarrage de la société. Il donne un droit de propriété sur l'entreprise. En échange, celui qui apporte du capital obtient des actions (c'est le cas pour une société anonyme par exemple) ou des parts sociales (SARL). L'actionnaire est donc un propriétaire, il détient un pourcentage de l'entreprise. Cet argent va servir à acheter ou à financer un certain nombre de dépenses, en particulier les inputs (matières premières, machines, salaires, etc.).

Doit-il être considéré comme une charge puisqu'on doit le dépenser ou, *a minima,* compter comme une charge la partie qui en est dépensée durant l'exercice ? En aucun cas.

Le capital apporté par les actionnaires à la société et qui constitue le capital social devra un jour être remboursé. Quand ? Lorsque la société aura cessé d'exister. C'est-à-dire peut-être demain ou jamais, si la société fait faillite (l'actionnaire perd tout) ou si, à l'inverse, tout se passe bien et que de nouveaux actionnaires prennent la place des fondateurs. Il y a eu alors changement de propriétaire des parts de capital social, mais ce dernier[122] reste dans la société.

Comment intégrer, dans ce cas, l'usage du capital dans le compte de résultat ? Par le jeu des dividendes ?[123] Ces derniers seraient-ils traités comme l'équivalent des intérêts pour la dette ? Non.

Lorsque l'entreprise gagne de l'argent, elle[124] peut décider de rémunérer ses actionnaires en leur versant une partie des bénéfices dégagés. Mais ces dividendes sont distribués après la détermination du résultat net (d'impôts) et ne sont donc pas considérés par le fisc comme des charges financières puisqu'ils rémunèrent les propriétaires seulement si ces derniers le veulent !

Le coût de rémunération du capital social n'est pas déduit du compte de résultat, mais le versement des dividendes est déduit du montant des capitaux propres lors de leur versement. On ne considère donc pas le capital comme une ressource dont l'octroi est un coût pour l'entreprise et que l'on pourrait faire payer par le fisc. De fait le problème du traitement du capital est un problème de bilan, pas de compte de résultat.

La dette

Contracter un emprunt auprès d'une banque permet d'obtenir un financement. Cet argent qui va être utilisé, dépensé durant l'exercice, doit-il être passé en charge ? Non. Et ce pour deux raisons.

La première, c'est qu'une partie de cet argent va servir à financer des inputs. Or, nous avons déjà pris en compte l'utilisation de ces inputs durant l'exercice (charges d'exploitation). On ne charge pas une nouvelle fois l'activité au risque de redoubler les coûts !

La seconde raison est essentielle. Avant toute chose, il est bon de rappeler la définition d'une charge : c'est de la ressource utilisée, détruite, consommée pour produire. Or, l'argent de la dette ne disparaît pas : il a été prêté et qui dit prêt, dit remboursement. L'activité va donc s'en servir comme input, puis le sortir à nouveau comme output. De fait, rien n'a été consommé.

Mais pour le banquier, il y a eu un moment où il a été dessaisi de son argent. Là se situe le manque à gagner pour lui. De fait, la dette a un coût pour le banquier et l'activité emprunteuse doit le supporter : c'est le service de la dette, c'est-à-dire les intérêts[125] Ces derniers constituent la charge financière de l'entreprise durant l'exercice.

C'est là une différence essentielle dans la prise de risque qui doit permettre de comprendre la logique du banquier : il prête de l'argent à une entreprise qui, si elle réussit, pourra le lui rendre en acquittant des intérêts. Si l'entreprise échoue, le prêteur perd tout, comme les actionnaires. La différence, c'est que, si l'entreprise est un succès, les actionnaires seront directement associés à ce succès et le retour peut être considérable. La rentabilité escomptée par le banquier est définie à l'avance : ce sont le remboursement du capital prêté et le paiement des intérêts. Par conséquent, il est injuste d'accabler les banquiers en leur reprochant de ne pas financer l'entreprise en création ; le risque est infini par rapport au retour espéré. Les banquiers américains raisonnent d'ailleurs de la même manière...

D'un autre côté, si l'entreprise a dégagé de l'argent et possède un compte bancaire bien garni, ce surplus peut être placé (dans des Sicav par exemple) et l'activité peut alors générer des produits financiers.

Le solde entre les charges et les produits financiers constitue le résultat financier. Cette ligne est très intéressante à analyser car elle révèle la politique de financement de l'entreprise. S'endetter a un coût mais augmenter son capital aussi...Ce point sera abordé plus tard. Retenons que le TRI[126] demandé par les investisseurs représente le coût réel du capital pour la start-up et qu'il doit être aussi comparé à d'autres possibilités de financement. Nous évoquerons plus loin les politiques de haut de bilan, c'est-à-dire le choix de mixer capital et dette pour financer l'entreprise.

L'autofinancement

Dernière source de financement possible pour l'entreprise : l'autofinancement. Cela signifie que l'entreprise a su dégager du bénéfice et qu'elle l'utilise non pas pour rémunérer les actionnaires (en leur distribuant des dividendes) mais en réinjectant l'argent dans l'activité. Nous reverrons cette dimension plus en détail avec le cash flow. Ce mode de financement n'est pas considéré comme une charge puisque l'argent est emprunté à l'activité elle-même qui ne le fait pas payer (cela devient quasiment du capital[127]). Il est cependant rare pour une start-up qui ne dégage quasiment jamais de résultat positif en phase de démarrage.

Décomposition du cycle financier

Dépenses	Revenus
Intérêts versés • dettes bancaires	**Intérêts reçus** • placements de trésorerie

Le cycle exceptionnel

Après les cycles d'exploitation et financier, doit-on considérer d'autres éléments à prendre en compte pour la partie charge ou pour la partie produit ? La réponse est oui.

Durant l'exercice, la société peut avoir à faire face à des destructions de valeur imprévues et non productives. C'est l'exceptionnel. Est réputé exceptionnel tout produit ou toute charge qui n'est pas récurrent, c'est-à-dire qui n'appartient pas au déroulement normal de l'activité. Que trouve-t-on sous ce label ?

Voici quelques exemples de charges exceptionnelles :

- les accidents, les incendies ;
- les dettes des clients insolvables et que l'on considère comme perdues. Ce sont des ressources financières détruites.

Mais on peut aussi avoir d'heureuses surprises et générer des produits exceptionnels. Quelques exemples :

- La cession d'un immeuble constitue un produit différent d'un produit d'exploitation car il n'est pas dans l'objet social de l'entreprise de vendre ses actifs immobilisés, son outil de production. La cession, si elle est effectuée au-dessus de la valeur nette comptable du bien (valeur nominale moins l'amortissement déjà pratiqué) dégage également une plus-value.

Mais qu'est-ce que la valeur nette comptable ? Le mécanisme d'amortissement permet de faire passer en charge, chaque année, une partie de la valeur d'achat du bien. À chaque fois, la valeur amortie du bien diminue.

Reprenons l'exemple de votre immeuble, acheté 1 MF il y a deux ans et amorti sur dix ans à 100 kF par an. Sa valeur comptable[128] aujourd'hui, après amortissement, est de :

1 MF - (2* 100 kF), soit 800 kF

Or le marché immobilier a augmenté et vous vendez votre immeuble, 2 MF. Vous aurez alors réalisé un bénéfice inattendu, une plus-value exceptionnelle de :

1,2 MF – 800 kF = 400 kF[129].

Il est essentiel de comprendre de quoi est constituée la partie exceptionnelle. Elle se situe hors exploitation, c'est-à-dire en dehors de l'activité normale de l'entreprise. Une opération n'appartenant pas à l'activité normale de l'entreprise (cession d'actif immobilisé…) ne doit donc pas représenter des montants trop importants, sous peine de susciter la méfiance des investisseurs.

> Un grand capitaine d'industrie breton, habitué aux OPA hostiles, avait pour habitude au début des années 1980 de présenter à la communauté financière deux indicateurs : un résultat d'exploitation positif et un résultat net positif. Il tentait ainsi de masquer les effets d'un endettement prodigieux (traduit par une charge financière très lourde) qu'il compensait par la revente avec plus-value exceptionnelle de parties des entreprises qu'il achetait et démantelait.

Décomposition du cycle exceptionnel

Dépenses	Revenus
Dépenses exceptionnelles • sinistres • plan de restructuration • pénalités et amendes fiscales	**Revenus exceptionnels** • plus-value sur cession d'actifs • subventions

La détermination finale du *bottom line*

Après les trois cycles ainsi évoqués, deux lignes importantes du compte de résultat sont à mémoriser.

– La participation des salariés aux fruits de l'expansion
– L'impôt sur les sociétés.

La participation des salariés aux fruits de l'expansion

La formule est complexe :

Réserve spéciale de participation = 0,5 x (résultat net - 5 % des capitaux propres) x (salaires/valeur ajoutée)

L'obligation de constituer et de verser une réserve spéciale de participation n'existait que pour les entreprises de plus de cent salariés (effectif moyen de l'exercice) ; ce seuil a été ramené à 50 personnes en 1990.

Les salariés bénéficiaires de cette participation doivent la verser sur un plan d'épargne entreprise où elle sera bloquée 5 ans (hors cas de déblocage anticipé prévus par la loi : licenciement, acquisition de la résidence principale, création d'une entreprise, etc.).

Les plans d'épargne entreprise doivent être constitués en dehors de l'entreprise pour être considérés par elle comme une charge fiscalement déductible (toujours, d'un point de vue comptable, passée en charge). Si l'entreprise préfère gérer la participation en compte courant bloqué, elle trouve une ressource de financement parfois très importante ; les comptes de chaque salarié financent l'entreprise jusqu'à leur demande de déblocage.

Il s'agit pour le chef d'entreprise d'opérer un choix stratégique entre allégement de charge fiscale et source de financement (rémunérée à des conditions négociées entre l'entreprise et les représentants du personnel). Ce dispositif se distingue des stock-options : il est collectif et défini par la loi.

L'IS

La dernière charge à retirer afin dc définir le résultat net de toute autre charge, c'est l'impôt sur les sociétés, l'*IS*. Son calcul est toujours compliqué, car la formule change au gré des lois de finance.

Le taux en vigueur est 33,33 % plus une majoration temporaire de 10 %, soit 36,67 %.

À la fin de cette opération, on calcule la différence entre l'ensemble des charges et l'ensemble des produits de l'exercice pour obtenir le résultat net. C'est la dernière ligne, le dernier solde : le *bottom line*.

Résumé

En résumé, trois points clés sont à retenir en ce qui concerne le compte de résultat :

C'est un compte de flux remis à zéro chaque année. Comme son nom l'indique, il permet de calculer le résultat de l'activité en établissant le solde (différence arithmétique) entre les inputs utilisés et les sorties de l'activité (produits, services).

Coût des inputs

Facteurs de production		Rémunération
• Matières premières	↔	• Achats
• Personnes	↔	• Salaires
• Machines	↔	• Amortissements
• Prêteurs	↔	• Intérêts
• Collectivités locales	↔	• Taxes
• État	↔	• Impôts et taxes

Il décrit les différents niveaux où se crée la valeur (exploitation, finance, exceptionnel) et permet de comprendre la rationalité de l'activité.

Grâce au compte de résultat, on peut donc savoir si une entreprise gagne ou non de l'argent. Cependant, il ne permet pas de répondre à deux types de question :

- Quelle est l'investissement nécessaire pour atteindre cette rentabilité ?
- Quelle est la solidité de l'activité ?

Compte de résultat simplifié

Charges	Produits
Charges d'exploitation Consommation de l'exercice Personnel Amortissements	**Produits d'exploitation**
Charges financières	**Produits financiers**
Charges exceptionnelles	**Produits exceptionnels**
Impôts **Participation des salariés**	
Bénéfice ou perte	

Pour répondre à ces questions, il faut s'intéresser à un autre document clé de l'entreprise, le bilan.

Le bilan

Reprenons nos deux questions et tentons d'en donner une illustration concrète.

La rentabilité

L'idée est simple : supposons deux boulangeries fictives, A et B.

A dégage un résultat annuel de 100 kF et B de 200 kF. Apparemment, B est la meilleure affaire, puisque son bénéfice représente le double de celui de A. Mais supposons maintenant qu'il a fallu investir 1 MF dans A et 10 MF dans B pour obtenir ces résultats. La rentabilité annuelle de A est donc supérieure à celle de B, puisque A présente un retour sur investissement annuel de 10 % (100 kF/1 MF) alors que celui de B n'est que de 2 % (200 kF/10 MF).

Il est donc essentiel de savoir combien on a investi dans une activité pour pouvoir apprécier sa performance réelle. La réponse ne se trouve pas directement dans le compte de résultat. Ce dernier nous renseigne sur ce qui a été réellement consommé durant la période d'un exercice mais il ne nous dit pas ce qui a été investi en totalité pour lancer et faire tourner l'activité sur le long terme. Seul le bilan pourra nous éclairer.

La solidité de l'activité

De la même manière, le compte de résultat ne permet pas de savoir à quel point la structure de l'entreprise est solide : est-elle très endettée et ne risque-t-elle pas de succomber sous le poids des intérêts ? L'activité a perdu de l'argent sur l'exercice, a-t-elle les reins assez solides pour continuer ? N'avez-vous pas trop de stocks à financer ? etc.

Pour répondre à ces questions, il faut avoir étudié le bilan de l'entreprise.

Qu'est ce que le bilan ?

Prenons l'exemple d'une personne physique possédant un certain nombre de biens : appartement, voiture, etc. Pour se les procurer, elle dispose d'un certain nombre de moyens de financement : salaire, économies, emprunt à la banque, achat avec un crédit à la consommation, etc.

C'est la même chose pour une entreprise. On distinguera, d'une part, l'ensemble des financements dont elle dispose, le passif. D'autre part, l'ensemble des biens qu'elle acquiert grâce à cet argent, l'actif.

Le bilan est donc une photographie statique, à un moment donné, de deux réalités de l'entreprise : les moyens de financement qu'elle possède, les emplois qu'elle a de cet argent.

Cette photographie obéit à un principe : l'équilibre entre les deux colonnes (*balance sheet* en anglais).

Reprenons notre exemple de l'individu et de sa voiture. On pourra dire : il a acheté une voiture alors qu'il n'en avait pas les moyens… Certes, mais l'argent a été trouvé ailleurs, soit en empruntant, soit en se privant d'autres dépenses pourtant plus stratégiques. Au final, on retrouve bien l'équation d'égalité : on ne peut pas, par définition, dépenser plus que ce que l'on possède comme ressources de financement !

On voit tout de suite que « le passif est très dynamique » ; c'est le contraire de l'inerte puisqu'il permet de financer des choses, de monter l'activité. Sans ressources financières, sans financements, je ne peux rien faire ; tout ce que je pourrai collecter en tant que moyens de financement sera positif.

À l'opposé, l'actif représente l'ensemble des utilisations de ces ressources. C'est donc plutôt de l'immobilisé[130] ! Que comprend-il ?

L'actif

Revenons à notre modèle rudimentaire d'entreprise : que faut-il pour qu'il y ait activité de production ? Supposons que nous achetions tous les éléments.[131] Je vais devoir réaliser des investissements pour fonctionner, donc investir dans :

- des machines pour produire ;
- une usine ou un immeuble pour abriter les machines ;
- l'achat de brevets pour produire des biens différenciés.

Les ressources humaines ne sont pas considérées, par la comptabilité générale, comme un actif mais comme une charge annuelle. Les employés peuvent quitter l'entreprise après chaque année et, de fait, seul leur salaire est pris en compte pour l'année considérée.

Cette énumération nous donne les éléments de base de l'actif immobilisé, c'est-à-dire les investissements qui, par nature, sont difficiles à mouvoir, à rendre liquide, à vendre.

Que possède l'entreprise ?

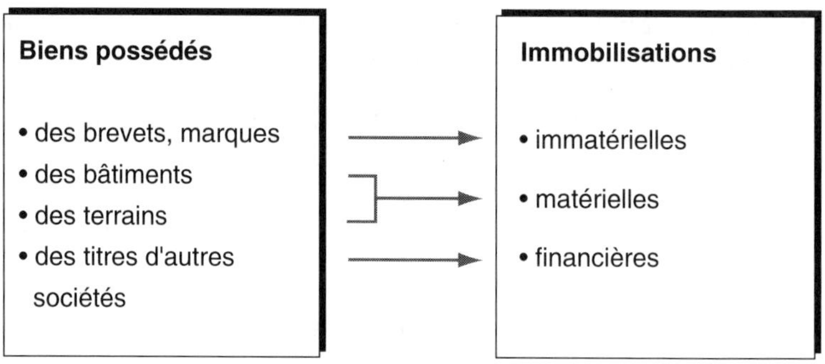

On distingue en langage comptable :

- les immobilisations immatérielles : les brevets sont des biens intellectuels, non tangibles ;
- les immobilisation matérielles : les immeubles, les machines, les terrains ;
- les immobilisations financières comprenant les actions de filiales de la société, les participations de l'entreprise (à partir de 10 % de capital détenu).

Doit-on considérer les crayons à papier comme des investissements et des immobilisations ? Ou est-ce une matière première consommée et passée comme charge en tant que telle ? Seule la règle comptable permet de trancher : est considéré comme investissement tout achat de biens supérieur à 2 500 francs hors taxes[132].

Le stock. Est-ce suffisant pour faire tourner l'activité ? Non. Lorsque l'on regarde, à un instant donné, ce que possède l'entreprise, on trouve aussi le stock (produits finis ou semi-finis). C'est dans ce dernier que l'on tire au fur et à mesure les éléments qui seront vendus (ou assemblés dans le cadre d'un produit semi-fini).

C'est bien un élément à financer puisque, en tant que tel, il est inerte, il ne rapporte rien tant qu'il n'est pas vendu. Il représente bien de l'argent immobilisé mais il évolue au gré des ventes et de la production. Il est donc moins « immobilisé » qu'il n'y paraît. Pour cette raison, on va plutôt l'appeler un actif circulant parce qu'il est pris dans le cycle d'exploitation.

Les clients. Le poste « Clients » est considéré comme un second actif circulant. Pourquoi ? Lorsque l'on regarde ce que l'entreprise possède comme actif, elle a souvent des clients qui ne paient pas comptant et qui lui doivent de l'argent : ce sont les créances clients. Celles-ci immobilisent de l'argent comme le stock. Tant que les clients n'ont pas payé, ces créances ne sont pas comptabilisées comme des ressources. Ce sont des utilisations de financement. Ces créances représentent de l'argent immobilisé. Bien sûr, elles ne sont pas destinées à être durablement immobilisées : les clients petit à petit finissent par payer ; le poste « Clients » est bien un poste d'actif circulant comme le stock.

La trésorerie. Le mystère s'épaissit : pourquoi la trésorerie est-elle considérée comme de l'actif, c'est-à-dire comme de l'utilisation de la ressource financière ? Avoir de l'argent en caisse, c'est bien avoir un moyen de financement ?

Redoutable illusion ! L'argent que vous avez en caisse, le disponible, c'est de l'argent qui est en tant que tel immobilisé mais en étant utilisé pour lui-même. Il assure la liquidité des échanges ou il est mal utilisé (cas de trésorerie oisive).

De l'autre côté, il faut pouvoir financer tout cela... C'est le rôle du passif.

Comment l'entreprise utilise ses ressources ?

Valeurs		Équivalents au bilan
• des commandes vendues, non payées	→	• créances clients
• des produits déjà fabriqués, à vendre • des matières non utilisées	→	• stocks
• de l'argent en caisse	→	• trésorerie

Le passif

Le passif est, comme nous l'avons dit, une réalité très dynamique ; c'est l'ensemble des moyens de faire des choses, des ressources financières que l'on peut (im)mobiliser (lever) pour les utiliser.

Nous avons déjà vu les trois types de financement existants : l'apport en capital (*equity*), l'endettement (*debt*) et l'autofinancement.

Que doit l'entreprise ?

"Dettes"		Équivalents au bilan
• apports des actionnaires	→	• capital de la société
• apports des banques	→	• dettes bancaires
• achats auprès des fournisseurs, non encore payés	→	• dettes fournisseurs
• impôts, taxes et cotisations non encore payés	→	• dettes fiscales et sociales

Première source de financement : le capital. Celui qui est apporté par les fondateurs de l'entreprise constitue le capital social, lequel pourra être augmenté régulièrement en externe (augmentation de capital) ou, chaque année, en interne (part de bénéfice à mettre en réserve pour renforcer la solidité financière de l'entreprise). La loi oblige la mise en réserve réglementée des bénéfices à hauteur de 10 % du capital social. Troisième élément, les bénéfices ou les pertes antérieures (placés dans le poste « Report à nouveau ») augmentent ou diminuent les fonds apportés. La loi fixe l'obligation légale de ne jamais laisser pendant plus de deux ans une société avec des fonds propres négatifs[133]. L'ensemble capital social, réserves et report à nouveau constituent les fonds propres (capitaux propres) de l'entreprise. Rappelons que les actionnaires qui ont apporté le capital sont propriétaires de la société.

Deuxième source de financement : la dette. L'autre façon de financer ses investissements, c'est d'emprunter. On distingue schématiquement les catégories suivantes.

1. L'emprunt négocié auprès du banquier, à long terme ou à court terme, le montant des *emprunts* est défini contractuellement et donne lieu au paiement d'intérêts (*cf.* supra). C'est donc une dette financière.
2. L'emprunt imposé aux fournisseurs : les dettes contractées auprès des fournisseurs présentent plusieurs avantages. Elles sont gratuites (pas d'intérêts), extensibles (dans les limites d'une relation de confiance et des habitudes du pays). Les dettes fournisseurs constituent un moyen intéressant de se financer mais elles reflètent souvent un rapport de forces et ce sont surtout les grandes entreprises, en France, qui les utilisent pour dominer leurs sous-traitants et fournisseurs.
3. La catégorie des prêteurs malgré eux : les pouvoirs publics. Que ce soit l'URSSAF, les impôts (TVA et autres), la Sécurité sociale…, vous bénéficiez de quelque délai et gagnez ainsi quelques jours précieux avant d'utiliser cette ressource et la transformer en sortie de trésorerie. Les dettes fiscales et sociales peuvent être utilisées pour financer, dans la mesure du raisonnable, une part de vos actifs.
4. Enfin, quatrième catégorie de prêts plus ou moins tolérés : le découvert bancaire. Ultime recours pour financer l'activité, son usage pose deux problèmes : un coût d'utilisation important (en décembre 2000, le taux d'intérêt moyen appliqué était de l'ordre de 12 %), son montant est souvent très limité pour une start-up, voire inexistant.

On peut constater que les ressources sont classées par ordre d'exigibilité croissante. Tout en haut se situe le capital social, qui ne sera rendu aux actionnaires qu'à la dissolution de l'entreprise, et tout en bas le découvert, qui doit être remboursé à très court terme (le droit à découvert se reconstitue régulièrement et en fait un crédit souvent très utilisé dans le temps). En ce sens, les ressources font face aux emplois qui sont eux-mêmes classés selon leur degré de liquidité croissant.

Quel bilan ?

Actif	Passif
Actif immobilisé • immobilisations immatérielles • immobilisations matérielles • immobilisations financières	**Capital social** **Dettes financières**
Actif circulant • créances clients • stocks	**Dettes fournisseurs** **Dettes fiscales et sociales**
Disponibilités	

Degré de liquidité (⊖ → ⊕)

Degré d'exigibilité (⊖ → ⊕)

Résumé

Trois points clés sont à retenir en ce qui concerne le bilan :

- c'est un compte de stocks qui permet de faire le bilan à un moment donné en statique ;
- le bilan met en équilibre, d'une part, les ressources (passif) dont bénéficie la société et, d'autre part, les emplois (actif) qu'elle en fait ;
- le bilan décrit les différentes formes d'investissement réalisés par la société et permet aussi d'identifier la politique de financement choisie.

De fait, le bilan est très utile pour apprécier la solidité financière de la société. Nous allons maintenant examiner ce point à travers l'emploi de quelques ratios.

La solidité financière de la société

La start-up Widget.com fait des bénéfices et connaît un développement extraordinaire. L'examen du compte de résultat révèle des taux de croissance à deux chiffres et une structure de rentabilité attractive. Elle vient pourtant de déposer son bilan : elle a été reconnue non viable économiquement en l'état. Elle est morte étouffée par une crise de trésorerie engendrée justement par cette croissance trop rapide.

Pourquoi ? Parce que ses moyens de financement internes (capacité d'autofinancement[134]) et externes (nouveaux crédits, augmentations de capital) étaient insuffisants pour assurer la continuité de son développement. Les clients étaient là, les commandes affluaient, la marge sur les produits était bonne mais la trésorerie n'a pas suivi.

Qu'est-ce que cela signifie ?

Le besoin en fonds de roulement (BFR, ou *working capital*) a explosé : l'entreprise est victime de son propre succès. Le fonds de roulement (ou FR) était insuffisant et le directeur financier n'a pas trouvé les financements nécessaires : l'entreprise n'a plus eu d'argent en caisse pour faire face à ses échéances, pour payer ses créanciers.

Avant de définir ces nouvelles expressions techniques, rappelons que les créanciers ont un horizon de paiement contractualisé (de plusieurs années pour un emprunt long terme à un ou deux mois pour un fournisseur). Ensuite, leur règlement s'effectue suivant des échéanciers connus à l'avance. Il est donc nécessaire d'établir les documents prévisionnels « Plan de trésorerie » et « Plan de financement ». Avant les règlements, on peut utiliser la ressource mais quand l'heure de l'échéance a sonné, il faut rendre cet argent.

À ce moment précis, on distingue deux cas de figure :

- soit cet argent est disponible en trésorerie et l'on peut rembourser les créanciers (banquier, fournisseurs, impôts...) si l'activité est allée jusqu'au bout du cycle d'exploitation et si la vente du produit s'est transformée en argent liquide, devenu disponible.
- soit cet argent n'est plus disponible. Pourquoi ? Où est-il passé ? Si l'activité se développe très vite, cet argent a pu être immédiatement utilisé pour acheter de nouvelles matières premières, faire face au volume supplémentaire de capitaux dehors (crédit clients), financer de nouvelles machines, des frais de R & D...

Le besoin de financement augmente puisqu'il y a de nouvelles dépenses à faire pour suivre le rythme de croissance du chiffre d'affaires. Faut-il fabriquer plus ? C'est là que le système commence à déraper. Pourquoi ? Parce que toutes ces dépenses ont des répercussions sur l'équilibre du bilan : le niveau de stocks (matières premières, encours de production, produits finis) va rester proportionnellement le même par rapport au chiffre d'affaires, mais ce dernier s'accroît et le niveau de stock en valeur absolue augmente aussi. Il va donc falloir le financer.

De la même manière, le volume de créances « Clients » s'accroît proportionnellement en valeur absolue et il va aussi falloir le financer.

Comment financer la variation d'actif circulant[135] (stock, créances clients) ? En accroissant, d'une part, le FR à travers une augmentation de capital (il faut pouvoir le faire à temps et trouver de nouveaux actionnaires), un emprunt (c'est difficile pour une jeune entreprise). En accroissant, d'autre part, le financement de l'actif circulant *via* le passif circulant en tirant sur les délais fournisseurs et les créanciers sociaux et fiscaux.

Attention à ne pas exagérer cette source de financement non financier, car l'un d'entre eux peut vous déclarer en cessation de paiement. Passé un certain délai, si vous ne remboursez pas votre créancier, il lance des mesures d'urgence contre vous. Sa dernière chance, c'est de liquider l'entreprise (transformer tous les actifs en cash) et se payer sur la vente aux enchères de la bête.

La plupart du temps, à cause de la rapidité des événements, l'entrepreneur ne parvient pas à retrouver d'autres ressources et doit fermer l'activité à cause du défaut de liquidité[136].

Certes, le poste « Dettes fournisseurs » va augmenter automatiquement en valeur absolue du fait de la croissance. Toute la question est de savoir si cette augmentation naturelle d'une ressource suffit à financer l'augmentation des deux emplois, « Stocks » et « Créances clients ».

Si c'est non, que reste-il à financer ? Quel est le besoin de financement ? Quel est le besoin de fonds pour assurer le bon (dé)roulement des opérations de base : produire et stocker en attendant la vente, vendre à des clients et attendre le paiement, payer des fournisseurs en profitant des délais…

En un mot, quel est le besoin en fonds de roulement, c'est-à-dire le capital nécessaire pour faire tourner l'entreprise ?

Pour le calculer, on mesure l'effet d'accroissement des deux postes d'actifs à financer par rapport à l'augmentation naturelle automatique corrélative des dettes fournisseurs.

L'équation est donc la suivante :

BFR = stocks + clients - dettes fournisseurs - dettes fiscales et sociales

C'est ce solde qu'il va falloir financer car l'activité d'elle-même ne peut pas le faire.[137] Où trouver la ressource de financement ? Une porte de sortie peut sans doute être trouvée dans les moyens de financement à plus long terme : emprunts et capitaux propres. Ces éléments sont considérés comme des capitaux permanents, censés financer les actifs immobilisés. Nous devons donc vérifier si après avoir financé ces actifs long terme, il reste encore du capital[138] long terme (permanent). Bref, reste-il du fonds de roulement pour subvenir aux besoins ?

Calculons ce solde :

Fonds de roulement = capitaux permanents (capital propre + emprunts long terme) - actifs immobilisés nets[139]

Si le FR est inférieur au BFR, les problèmes qui se posent alors rejaillissent sur l'état de la trésorerie, dont le solde sera structurellement négatif.

La partie positive de la trésorerie est appelée « le disponible ». Sa dimension négative est le découvert.

On aura donc l'équation suivante :

FR-BFR = TR nette (solde de trésorerie)

Si le BFR est supérieur au FR, la trésorerie nette est négative. Le péril est grand : on fait supporter le financement de la croissance au découvert. Or, le découvert est à la fois très coûteux et fort dangereux : si l'on dépasse le plafond autorisé par la banque, celle-ci risque de rejeter à l'encaissement tous les chèques émis pour limiter son risque de prêteur ; la fin des e-beenz…

Il est nécessaire d'avoir une structure de financement pouvant supporter une forte croissance, donc une augmentation automatique du besoin de fonds de roulement. Si l'entrepreneur a mal anticipé cet accroissement en calculant sa levée de fonds, il risque gros.

Le *burn rate* (rapidité de consommation de cash mensuelle) augmentant, l'entrepreneur imprévoyant va rapidement périr étouffé (manque de liquidité) ou se retrouver dans un rapport de forces défavorable pour redemander de l'argent à ses actionnaires, qui ne vont pas apprécier de faire un effort financier imprévu.

Pour achever ce rapide tour de piste, quelques coups de projecteurs supplémentaires sur quelques notions clés.

La taxe sur la valeur ajoutée (TVA)

Son taux varie en fonction des biens et services concernés ; le taux le plus couramment utilisé est de 19,6 %. Il s'agit d'un impôt payé par le consommateur final et collecté par les entreprises au moment de la livraison de leurs biens ou de l'encaissement du paiement de prestation de services.

> La TVA n'est pas une charge supportée par l'entreprise ; l'ensemble des comptes de bilan et de résultat sont calculés hors taxes, c'est-à-dire hors TVA.

Néanmoins, les postes de bilan « Clients » et « Fournisseurs » représentent des créances et des dettes intègrant la TVA : ils sont donc les seuls postes à l'inclure. En effet, une partie des dettes fiscales et sociales contient précisément les montants de TVA que doit reverser l'entreprise à l'État. Ces trois postes s'équilibrent donc.

La TVA a un fort impact sur la trésorerie. Celle-ci est souvent améliorée car la vente de biens et des services se fait en créant une valeur ajoutée ; chaque entreprise doit acquitter à la Trésorerie générale la TVA qu'elle a collectée chez ses clients. Le reversement de TVA (souvent par virement bancaire ou postal) constitue un décaissement en une seule fois lié à l'encaissement des créances clients au fur et à mesure de l'activité courante.

L'amortissement de la R&D

Les charges engendrées par la mise au point de nouveaux produits, de nouvelles technologies donnent lieu souvent à des brevets industriels, qui seront exploités sur plusieurs années.

Pour cette raison, les entreprises peuvent « activer » certaines charges de R&D : elles les comptabilisent en actif immobilisé et les amortissent sur une durée de un à cinq ans au lieu de les passer en charges (imputées sur un seul exercice). Cette pratique n'est reconnue qu'aux États-Unis et les entreprises françaises soucieuses de s'y faire financer doivent retraiter leurs comptes.

Certaines entreprises, notamment celles qui génèrent des bénéfices importants, préfèrent ne pas « améliorer » le résultat de l'exercice et passent directement en charges les coûts de la R&D afin de minorer la charge d'impôt sur les sociétés dans la même année.

Les subventions

Les subventions obtenues par une entreprise peuvent lui être versées :

- pour couvrir des charges de l'exercice : elles sont alors comptabilisées en produits de l'exercice ;
- pour couvrir des investissements ; elles sont versées en une seule fois mais sont inscrites en ressources structurelles, virées au compte de résultat par fractions proportionnelles à la durée de l'investissement et créeront chaque année un produit « couvrant » la charge calculée d'amortissement.

La capacité d'autofinancement (CAF)

Les détails de calcul sont des éléments comptables et le lecteur pourra se rapporter s'il le souhaite au Plan Comptable pour approfondir la notion de CAF.

Précisons simplement qu'un grand nombre d'analystes financiers considèrent (sans doute à juste titre) que la rentabilité d'une entreprise s'apprécie par le Résultat Net d'Impôts sur les sociétés, auquel il convient d'ajouter les charges calculées[140] et auquel il convient de déduire les opérations exceptionnelles liées aux plus-values de cession sur vente d'actif immobilisé.

La capacité d'autofinancement, si l'on en déduit les dividendes versés aux actionnaires, constitue alors la marge de dégagement de trésorerie qui permettra de couvrir les investissements en actif immobilisé et en supplément de BFR.

CAF de l'exercice : RN +DAP-Plus-values sur cession d'actifs

Le cash flow

La mesure de la performance d'une entreprise se traduit pour la plupart des analystes financiers par son résultat net, voire par la rentabilité financière (résultat net/capitaux propres).

La rentabilité économique d'une entreprise est définie par le solde intermédiaire de gestion « excédent brut d'exploitation » (EBE), lequel se définit avant différents choix fondamentaux de gestion :

- Avant la déduction des amortissements ; la politique d'amortissement (et de provisionnement) varie d'une entreprise à l'autre, notamment en raison d'aspects fiscaux. Il est essentiel de mesurer la rentabilité économique avant ces dépréciations qui peuvent être pratiquées de différentes manières et traduire des réalités différentes.
- Les charges et les produits financiers ne sont pas pris en compte ; la rentabilité économique doit être séparée du mode de financement de l'entreprise (dettes ou capitaux).
- Les éléments exceptionnels, par nature différents de l'exploitation traditionnelle, sont éliminés.

L'excédent brut d'exploitation se calcule de la manière suivante :

EBE = produits d'exploitation - coûts des MP consommées - autres charges externes - salaires - impôts et taxes

L'EBE connaît plusieurs utilisations ; il assure le financement de :

- l'accroissement du besoin de trésorerie, né du cycle d'exploitation (actifs circulants - passifs circulants) qui constitue un nouveau besoin en trésorerie devant être financé par la rentabilité d'exploitation pour que l'entreprise soit viable ;
- l'impôt opérationnel, impôt théorique ;
- les investissements de l'entreprise, en capacité (accroissement de la capacité globale de production) ou de rationalisation (accroissement de la productivité par une production de même volume, à moindre coût).

La différence entre l'EBE et les éléments opérationnels à financer sur la rentabilité d'exploitation s'appelle le « cash flow opérationnel ». Trois situations peuvent s'analyser :

1. Les cash flows opérationnels sont positifs, la liquidité de l'entreprise s'améliore et la flexibilité financière s'accroît.
2. Les cash flows opérationnels sont négatifs, la liquidité de l'entreprise se détériore et des financements externes doivent être mis en place (augmentation de capital, contraction de nouveaux emprunts).
3. Les cash flows opérationnels sont nuls, contrairement à ce qui pourrait apparaître de prime abord, cette situation n'est pas sans impact notamment si l'entreprise a financé son actif par des prêts

bancaires amortissables. La partie « capital du prêt amortissable » correspond toujours (même dans les deux cas précédents) à un décaissement, qui n'est pas comptabilisé dans le compte de résultat (même si la dotation aux amortissements peut la compenser) et le désendettement nécessite le dégagement de ressources, donc des cash flows opérationnels positifs.

La formule pour calculer le cash flow opérationnel libre est la suivante :

Free cash flows = [EBE* (1-taux d'IS) + DAP* (taux d'IS)] - [investissements de l'exercice + variation de BFR entre les deux derniers exercices]

Le résultat net n'est pas la trésorerie

Le résultat est un résultat comptable, défini par le solde entre la production et les consommations de la période considérée.

On pourrait croire que le résultat correspond à ce qui reste dans la caisse à la fin de la période (si j'ai dégagé du bénéfice) ou à un découvert chez le banquier, en cas de résultat négatif. Cette équivalence intuitive est fausse.

Le résultat ne correspond pas à de l'argent frais, disponible dans la caisse de l'entreprise (si le résultat est positif) ou à devoir à un prêteur (si le résultat est négatif) au moment de son calcul.

Pourquoi ? Plusieurs éléments viennent se placer entre le résultat tel qu'on le calcule et le solde du compte en banque.

Voici une liste des principaux items qui expliquent les variations entre trésorerie et résultat :

Facturation et encaissement. Le décalage entre la facturation du client et l'encaissement de son paiement : dès qu'un produit est vendu, le CA s'accroît et, du même coup, le résultat net (si la marge nette unitaire est positive). Tant que le versement, par le client, du montant facturé n'a pas eu lieu, la trésorerie de l'entreprise n'est pas augmentée.

Réception de la facture et décaissement. Le décalage entre la réception de la facture du fournisseur et le décaissement de son paiement : de la même manière que le client se comporte vis-à-vis de son achat, je peux attendre avant de payer un fournisseur mais cet achat est comptabilisé dans le compte de résultat de manière spécifique.

Si c'est une immobilisation (investissement), seule sera placée comme charge négative la part amortie dans l'année dans le compte de résultat. Alors même que l'on aura peut-être payé comptant (sortie immédiate de trésorerie) ou en étalant les échéances sur plusieurs mois, ou années, autant de décalages de temps qui ont un fort impact sur l'état de la trésorerie et qui expliquent les différences avec le résultat.

Si l'achat porte sur la matière première, seul la partie effectivement consommée durant l'exercice sera comptabilisée comme charge. Le reste viendra accroître le stock de matières premières.

Dans ces exemples, le fait de ne pas payer comptant induit de fortes différences entre l'état de la trésorerie à un instant T et le niveau du compte de résultat au même instant.

Le décalage est du même ordre, si l'on paie ses achats au comptant : la sortie de cash sera immédiate, le niveau de la trésorerie va fortement diminuer mais le calcul du résultat comptable ne sera pas modifié d'autant, puisque ce dernier n'intègre que la valeur réellement consommée. En bref, les factures émises ou reçues ont un effet direct sur le résultat, mais il faudra attendre le paiement client ou fournisseur pour constater l'augmentation ou la diminution correspondante de la trésorerie.

Les emprunts. Un montant emprunté augmente la trésorerie sans rien changer au résultat, puisque ce n'est ni un produit (on ne vend rien pour obtenir cet argent), ni une charge en tant que telle (il faudra rendre cet argent). Seuls les intérêts, qui représentent le service de la dette, diminuent le résultat.

Encaissement et paiement de la TVA. Ils ont un impact très fort sur la trésorerie sans affecter immédiatement le calcul du résultat.

En conclusion, il faut impérativement construire un tableau de trésorerie qui donne à chaque mois, voire à chaque quinzaine, l'état réel de la trésorerie et qui permette de piloter l'activité à court et à moyen terme.

Il est impossible de piloter à vue : trop de décalages de flux interviennent pour pouvoir visualiser avec précision en temps réel les échéanciers d'encaissement et de décaissement.

10

PROTÉGER SES DROITS AVANT LA CRÉATION DE LA SOCIÉTÉ*

Le créateur de start-up, pris entre la définition de son projet, la rédaction de son business plan, la prise de contact avec les différents acteurs concourant à son projet, la poursuite de son propre contrat de travail en cours, la vie tout simplement, ne ressent pas l'exigence de protéger ses droits.

Ignorant des possibilités de protection de son projet ou son produit, il ne pense même pas à ce qui peut demain ruiner les fondements mêmes de son projet….

Or l'avantage compétitif des start-up, le plus souvent innovantes, repose sur la mise au point d'un logiciel ou d'un brevet, ou, dans la net-économie, d'un concept, d'une marque, d'un nom de domaine, etc.

Les enjeux rencontrés par les sociétés reposant sur des innovations technologiques sont bien évidemment plus importants que ceux d'un projet de B to C ou B to B sur le Net.

Dans tous les cas, il existe des modes de protection accessibles. Certains sont très simples à mettre en œuvre, encore faut-il s'en préoccuper à temps.

---

* Ce chapitre a été rédigé par Pierre-Olivier Martinez, avocat (Cabinet MCR).

Protéger la création d'un logiciel

Consommatrice de temps, la mise au point d'un logiciel doit s'accompagner de sa protection à chaque étape de son élaboration. Ce sont en effet les droits qui auront été protégés dès l'origine qui marqueront l'antériorité de la création.

Le créateur se trouve ici dans le domaine du droit d'auteur et doit attester de l'antériorité de sa création.

Deux modes de protection simples et peu onéreux

D'une part, le dépôt des codes de source à l'Agence de protection des programmes (APP) assure l'antériorité de la création.

D'autre part, le procès-verbal de constat par un huissier qui est peu utilisé mais plus discret et efficace. L'huissier appose son sceau sur le support du logiciel, plus généralement un CD-Rom. Un exemplaire du procès-verbal de constat est conservé par l'huissier, l'autre est remis au bénéficiaire de la protection.

Le CD-Rom est glissé dans une pochette, elle-même scellée par le soins de l'huissier.

Tous les huissiers sont compétents pour procéder à ce constat dont le coût varie entre 1 000 et 1 500 francs.

Dans ces conditions, il est aisé et nécessaire de protéger chacune des versions du logiciel jusqu'à la version définitive.

Le créateur doit savoir, quand il est engagé dans un contrat de travail, qu'un certain nombre de conventions collectives prévoient que l'élaboration d'un logiciel par un salarié appartient à l'employeur.

Plus précisément, l'article 113-9 du Code de propriété intellectuelle attribue de droit toute création de logiciel par un salarié à l'employeur.

L'application de ces règles varie, bien entendu, selon le secteur d'activité et la mission confiée au salarié.

Si le logiciel créé n'entre pas dans le champ d'activité de la société dans laquelle le créateur est salarié et qu'il ne prend par sur ses heures de travail pour le développer, il devra lui appartenir sans conteste.

Dans les autres cas, l'employeur pourrait risquer de revendiquer la propriété du logiciel, comme ayant été élaboré par l'un de ses salariés dans le cadre de son travail et de l'exclusivité de son temps auquel il peut être tenu par son contrat de travail.

Par la suite, le créateur de start-up n'oubliera pas cette précision quand il devra embaucher des salariés pour son propre projet et, surtout, pour rédiger les contrats de travail qu'il devra conclure avec eux.

Protéger un brevet

À l'origine du brevet, il y a une idée. Bien avant que le brevet ne soit précisément rédigé afin que son concepteur puisse le déposer et en revendiquer la propriété, cette idée doit être protégée. Elle peut prendre la forme d'un plan ou encore de notes manuscrites exposant l'idée.

Dans tous les cas, l'enveloppe Soleau est le moyen le plus simple et le moins onéreux de protéger son idée.

Celle-ci se présente en deux parties dans lesquelles le plan ou la note sera glissé.

L'une des deux parties est conservée par le titulaire de l'idée, l'autre partie par l'Institut national de la propriété industrielle (INPI).

Ces enveloppes se trouvent à l'INPI, à Paris ou dans les délégations de province.

De la même manière que pour le logiciel, chaque avancée dans l'élaboration du brevet pourra être protégée par une enveloppe Soleau.

Certains pourraient douter de l'efficacité d'une telle démarche, arguant de la difficulté d'inventer et de mettre au point un brevet, l'enveloppe Soleau ne pouvant faire le poids face au brevet lui-même.

Or, cette démarche possède deux intérêts incontestables :

- au plan juridique, attester de l'antériorité d'un idée (qui se transformera peut-être en brevet), sans pour autant conférer une propriété ;
- au plan pratique, éviter les dépôts intempestifs, onéreux mais surtout dont la validité ne sera reconnue, pour chaque version, comme nous le verrons ci-dessous, qu'à l'issue de chaque rapport de recherche des ingénieurs de l'INPI. Ces derniers, par les délais incompressibles de leur recherche, remettront un rapport sur une évolution du brevet, alors que l'inventeur aura déjà procédé au dépôt d'une version plus élaborée.

Bien entendu, il est nécessaire d'être pragmatique et de choisir le dépôt de versions successives, si les délais entre chacune des versions sont suffisamment longs.

Dans ce cas, une version ultérieure peut se rattacher, en termes d'antériorité, à la version précédente du brevet, afin d'établir une chaîne d'antériorités au profit de l'inventeur.

Enfin, ultime possibilité, le dépôt d'une version puis son abandon, permettant d'éviter le paiement des annuités de maintien du brevet, tout en montrant, en cas de contestation, l'existence de cette chaîne d'antériorités, évoquée ci-dessus.

Mais à ce stade, le brevet n'existe pas encore et ne peut donc pas être protégé.

En premier lieu, pour bénéficier de la protection du droit des brevets, l'idée, le concept ou la technique doivent attester de leur originalité, par rapport aux autres inventions existantes et protégées en France et à l'étranger. Ils doivent recouvrir une application industrielle, ce qui limite fortement l'accès des sociétés se développant sur le Net, à cette protection.

En second lieu, le créateur devra se rapprocher d'un cabinet de conseil en propriété industrielle seul compétent pour rédiger une demande de brevet et surtout, pour analyser les antériorités existantes, tant en France qu'à l'étranger.

La rédaction du brevet est donc une phase capitale car la demande de brevet va être examinée par des ingénieurs de l'INPI qui dans un délai de 6 à 9 mois rendent un rapport de recherche attestant de l'originalité du brevet dont la protection est demandée.

Les conclusions de ce rapport de recherche pourront fait l'objet de précisions de revendication par le conseil en propriété industrielle, qui va ainsi affiner la protection du brevet.

Enfin, le brevet pourra être effectivement protégé dans le cadre du droit de la propriété industrielle qui est plus protecteur que le simple droit d'auteur.

Extension des protections

Les protections peuvent être étendues aux États-Unis et en Europe, qui tente de définir aujourd'hui un brevet européen qui, déposé dans un pays de l'Union, serait protégé dans tous les autres pays membres sans nécessité d'extension particulière et coûteuse.

À ce sujet, le dépôt d'un brevet coûte relativement cher (entre 10 000 et 50 000 francs environ), comportant les honoraires du conseil en propriété industrielle, les droits payés à l'INPI, les traductions, et les extensions.

Si le projet est suffisamment avancé, il ne paraît pas inutile de se rapprocher soit de l'ANVAR, soit d'un fonds d'amorçage, ce qui permettrait le financement de cette protection.

Protéger sa marque

De la même manière, la protection de marque passe par un dépôt à l'INPI qui propose différentes classes de protection selon le secteur d'activité.

La marque permet d'attester de la notoriété d'un produit ou d'un service et plus généralement de la société elle-même, dans un secteur d'activité donné.

Ici encore, une recherche d'antériorité s'impose pour que la marque déposée par le créateur ne subisse pas la concurrence d'autres marques antérieures et puisse constituer, pour lui et son projet, un réel actif incorporel.

Le recours à un professionnel, conseil en propriété industrielle ou avocat, peut paraître moins impératif, mais nécessaire dans certains cas.

Le coût d'un tel dépôt est fonction du nombre de classes revendiquées et tourne en général, entre 1 000 et 5 000 francs.

La marque est essentielle pour le créateur de start-up, car elle lui permet de développer sa notoriété, tant auprès des investisseurs que de ses clients.

Protéger un nom de domaine

Le dépôt d'un nom de domaine apparaît beaucoup plus simple et moins onéreux que ce soit en point.fr, point.com ou point.org.

Il existe un certain nombre d'organismes habilités à enregistrer les noms de domaines comme l'AFNIC, qui demande, pour protéger des noms de domaine en point.fr, un extrait d'immatriculation d'une société au registre du commerce, chaque société pouvant prétendre à quatre noms de domaines différents couvrant la dénomination sociale, l'enseigne, le sigle et le nom commercial.

Compte tenu de la concurrence existant aujourd'hui et du marché des noms de domaines, il est impératif de procéder à ces dépôts très rapidement, sans oublier qu'un nom de domaine ne pourra pas entrer en concurrence avec une marque antérieurement déposée, car la marque prime de par son antériorité.

L'utilisation d'un nom de domaine, qui serait identique ou qui par sa proximité, entraînerait une confusion préjudiciable au propriétaire d'une marque antérieurement déposée pourrait être contestée par ce dernier et conduire à l'interdiction de son utilisation ainsi qu'à des dommages et intérêts parfois très élevés.

Protection de l'architecture d'un site Web

Ici encore, le créateur de start-up qui aura défini l'architecture de son site Web, pourra « antérioriser » sa création par le dépôt d'une enveloppe Soleau auprès de l'INPI.

En effet, un certain nombre de sites tirent leur réussite et leur renommée de la qualité de leur architecture, qui a été pensée et étudiée par son créateur. Il s'agit donc d'une idée ou d'une manière de faire qui lui appartient en propre et qu'il doit protéger.

Cette démarche n'est pas dictée par des cas de contestation jugés par les tribunaux mais par un souci de prudence.

Elle se rattache au droit existant, celui du droit d'auteur, dont la protection est difficile à assurer, à l'exclusion des logiciels dont les codes sources entre deux logiciels similaires ne peuvent pas, par définition, se ressembler, s'ils ont été rédigés par des personnes différentes.

Protection des droits d'un site Web

Un site Web, hors la protection de la marque, d'un nom de domaine ou encore de l'architecture comme exposé ci-dessus, n'est pas un produit protégeable en tant que tel. En revanche, l'accumulation des protections sur différents points, (marque, architecture, domaine) permet de protéger le créateur comme s'il s'agissait d'une mosaïque de droits.

Dans le même sens, le créateur, dès qu'il passera contrat avec des graphistes, des photographes ou des journalistes, en ce qui concerne la partie rédactionnelle, devra veiller à prévoir, dans ses contrats, une clause d'attribution exclusive au site, c'est-à-dire à lui-même ou à la société portant le site, des droits d'auteur du graphiste, du photographe ou du journaliste, par une cession de leurs droits au profit du site.

Le plus souvent, les honoraires des graphistes et des photographes correspondent à une cession de leurs droits d'auteur au profit du site.

A contrario, l'utilisation par le créateur de dessins, de photographies ou de textes dont il n'aurait pas acquis la propriété et qu'il utiliserait en fraude des droits de ces intervenants, pourrait lui valoir une action en contrefaçon des droits de ces créateurs.

La rigueur et l'honnêteté s'imposent ici d'autant plus qu'elles se voient et sont accessibles à tous sur la Toile.

Les accords de confidentialité

Il s'agit d'un document simple mais indispensable qui permet au créateur d'entreprise de gagner en crédibilité et le protège dans une certaine mesure contre les indiscrétions. Nous en proposons un modèle standard en annexe.

Rappelons ici, que la formalisation juridique des relations commerciales constitue une bonne défense des intérêts de chaque partie, mais que la rupture de ces accords entraîne de longs et coûteux procès, qui en réduisent paradoxalement la portée.

C'est pourquoi, ces accords, qui n'ont souvent qu'une valeur morale imposant une obligation de moyen et non de résultat, prennent une certaine force quand ils touchent à des projets dont l'antériorité, ou mieux, la propriété est protégée par le créateur.

La mention de ces protections dans un accord de confidentialité montrera d'ailleurs à la partie signataire sur laquelle pèse l'obligation de confidentialité qu'il s'agit de droits d'auteur protégés et rendra ainsi celle-ci plus vigilante encore quant au respect de cet accord.

Toutefois, de plus en plus souvent, en pratique, les investisseurs ne signent plus d'accords de confidentialité, du fait surtout du grand nombre de dossiers qu'ils reçoivent.

Il ne faut pas minimiser le risque de fuites, non pas à l'égard des investisseurs connus mais de ceux qui, attirés par ce nouveau marché, se lancent dans l'aventure, sans posséder la rigueur qui sied à ce métier.

En conséquence, le projet, comme le business plan qui lui est associé, doit être « antériorisé », même de manière résumée (exemple : dépôt du *teaser* en enveloppe Soleau, s'il n'est pas trop volumineux), pour attester de la paternité du projet, en cas de difficulté.

Au-delà, le business plan est-il suffisamment révélateur de l'intimité du projet ? Son éventuel plagiat risque-t-il de remettre en cause le projet lui-même ? Au regard des hypothèses retenues par les créateurs, qui relèvent souvent de l'alchimie, le risque et surtout les conséquences d'un plagiat sont infimes.

Attribution des droits des créateurs à la structure porteuse du projet

À ce stade, le plus souvent, la société qui portera le projet n'est pas encore constituée, mais dès qu'elle le sera, le créateur sentira que le temps s'accélère et il lui faudra alors travailler dans l'urgence.

Or, après avoir protégé ses droits à titre personnel, comme exposé ci-dessus, il ne pourra pas bâcler leur transfert vers la société porteuse du projet.

Il existe, pour tous les éléments que nous avons passés en revue – marque, brevet, logiciel, nom de domaine –, deux formes de contrats dont la portée n'est absolument pas la même.

Contrat de cession d'un logiciel, d'un brevet ou d'une marque

Il s'agit d'un contrat par lequel le propriétaire de ces droits accepte de transférer purement et simplement tant son droit d'auteur que tout droit patrimonial sur ses créations au profit de la société porteuse de son projet.

Il s'agit là de la demande incontournable des fonds d'investissement quand ils entrent au capital d'une société innovante, car ces droits de propriété intellectuelle ou industrielle constituent l'actif de la société dans laquelle ils investissent.

Le plus souvent, ces cessions se font à titre gratuit car les investisseurs considèrent qu'ils achètent une valorisation qui tient compte largement de l'existence de ce logiciel, ce brevet ou ces autres éléments de propriété intellectuelle.

Au plan comptable, le logiciel, le brevet ou la marque sont inscrits à l'actif du bilan, pour une valeur théorique de 1 franc.

De surcroît, ces cessions ne présentent pas de véritable intérêt au plan fiscal, car le créateur du projet est en même temps actionnaire majoritaire de la société, qui va acquérir ces droits, que l'entrée d'investisseurs diluera assez rapidement dans le capital. Il ne peut pas, dans la majorité des cas, bénéficier de la taxation du prix qu'il recevrait au taux des plus-values à long terme (26 %) comme dans d'autres cas de la propriété intellectuelle.

En tout état de cause, marque, nom de domaine, architecture ne bénéficient pas d'un régime fiscal de faveur à ce titre, à la différence des logiciels et des brevets.

Contrat de concession d'un logiciel, d'un brevet ou d'une marque

Le créateur d'entreprise pourrait également conclure un contrat de concession de son logiciel, de sa marque, de son site ou de son brevet afin de retrouver à la fin du contrat de concession tous ses droits sur ses créations.

Les investisseurs sont assez hostiles à la conclusion de ces contrats et demandent leur transformation en contrat de cession pure et simple.

Ils ignorent souvent, ou feignent d'ignorer, qu'un contrat de concession peut être conclu à durée indéterminée et à titre gratuit et contenir un certain nombre de clauses permettant de protéger la société, d'une part, et le concédant, d'autre part, afin que celui-ci ne puisse pas reprendre, du jour au lendemain, ses créations et ainsi « vider la société de sa substance ».

D'ailleurs, au plan comptable, la concession à durée indéterminée du logiciel, du brevet ou de la marque est inscrite à l'actif du bilan, soit pour une valeur théorique, en cas de concession à titre gratuit, soit à la valeur actualisée des redevances générées, du fait de leur exploitation.

Il y a parfois matière à négocier ce type de contrat avec les investisseurs ou du moins à la proposer sous une forme qui puisse légitimement les rassurer.

Droits des logiciels et des brevets

En ce qui concerne les logiciels et les brevets, se posera une difficulté quant à l'attribution des droits de logiciels ou de brevets développés par la société porteuse du projet, à partir des logiciels ou des brevets concédés par le créateur.

Il existe ainsi un conflit entre l'attente de l'investisseur de la société et le créateur initial du logiciel ou du brevet. L'investisseur considère que le développement d'un nouveau logiciel ou d'un nouveau brevet a été financé par la société grâce aux fonds investis, donc que tous les droits doivent appartenir à la société. Enfin, le créateur initial du logiciel ou du brevet considère que le brevet ou le nouveau logiciel a été développé à l'origine grâce à sa création et doit être rattaché au contrat de concession existant, lui permettant, en conséquence, de recouvrer des droits sur ces nouveaux développements.

Trancher ce conflit n'est pas aisé et ne peut l'être qu'au cas par cas.

Toutefois, deux grandes tendances se retrouvent en pratique :

- le créateur réussit à imposer une vision juridique, respectueuse du droit d'auteur mais quelque peu théorique et le nouveau développement fait l'objet d'un avenant au contrat de concession signé initialement ;
- l'investisseur réussit à faire accepter une vision plus financière, propre à valoriser l'entreprise plus que son créateur et le nouveau développement appartient entièrement à l'entreprise ; le créateur aura donc accepté de renoncer à son droit d'auteur sur le nouveau développement.

Dans tous les cas, le créateur, l'investisseur et l'entreprise ne feront pas l'économie de l'écrit, qui réduira les contestations dans l'avenir.

Autre possibilité, si l'investisseur acceptait que le nouveau développement soit attribué au créateur, celui-ci pourrait soit voir son développement rémunéré par le versement de redevances, soit concédé à l'entreprise à titre gratuit.

Dans ce cas, il serait nécessaire de prévoir, outre un taux de redevances égal ou inférieur à celui prévu dans le contrat de concession initial, une franchise de versement de ces redevances permettant de compenser les frais engagés par la société pour la mise au point de ce nouveau développement.

Le créateur ne risquera pas de tomber sous le coup du délit d'abus de biens sociaux, caractérisé par le profit personnel du créateur-dirigeant de l'entreprise tiré de l'utilisation des biens et des moyens de l'entreprise mis en œuvre pour développer le nouveau produit et qui devrait ainsi revenir à l'entreprise en propre, comme un nouvel actif.

En pratique, l'investisseur acceptera rarement la dévalorisation de son investissement par l'appauvrissement de l'entreprise du fait du versement de redevances, certes déductibles fiscalement (si conformes à la réalité de l'invention et au prix du marché), mais pesant tant sur la valeur que sur la trésorerie de l'entreprise.

En revanche, ce mode de rémunération du créateur, alternatif ou complémentaire à un salaire, permet de minimiser le coût pour l'entreprise, du fait qu'il n'est pas soumis à charges sociales.

Cette problématique est suffisamment importante pour que le créateur sache s'entourer de son conseil en propriété industrielle ou de son avocat pour rédiger et négocier son contrat.

Conclusion

Le créateur doit garder à l'esprit les mots clés suivants :

> Conseil en propriété industrielle, INPI, antériorité, recherche d'antériorité, protection, droits d'auteur.

Se protéger : la réglementation du e-business[141]

Aujourd'hui, le risque majeur est celui du saut dans l'inconnu, car il n'y a pas ou peu de réglementation. S'agissant d'une activité dépassant les frontières nationales, les droits de chaque État entrent en concurrence et rendent particulièrement délicats pour le porteur de projet de e-business, les moyens de s'y retrouver, de se protéger et de ne pas se faire attaquer sur des réglementations qu'il ne maîtriserait pas.

La tendance actuelle est à la pratique d'un « copier-coller » amélioré des conditions générales de ventes à l'égard des consommateurs, existant sur d'autres sites, qui apparaissent assez éloignées, en termes d'activité, de celui que le créateur souhaite développer.

Il s'agit là d'une manière dangereuse de procéder, car le plus souvent les sites en question ne respectent pas, sans le savoir, la réglementation liée aux consommateurs, qui dans le B to C est celle qu'il faut absolument maîtriser.

En France

Les conditions générales de vente doivent être clairement rédigées et permettre aux consommateurs de connaître leurs droits, en particuliert celui à la rétractation dans le délai de sept jours.

Les contrats avec les fournisseurs et les contrats en matière de télématique doivent être déclarés tant à la CNIL, au CSA qu'au procureur de la République, cette dernière obligation étant le plus souvent oubliée par les créateurs de sites, alors qu'elle est impérative.

À terme, celui qui ne respecterait pas la réglementation se mettrait en danger et dévaloriserait d'autant son projet.

Précision est ici rappelée que tout investisseur qui entrera au capital de la société porteuse du projet, fera réaliser un audit comptable et financier, mais également juridique, afin de connaître les risques entourant son investissement.

Aspects juridiques internationaux

En ce qui concerne les relations avec des consommateurs situés dans d'autres pays que la France, le créateur de site sera particulièrement sensibilisé aux aspects réglementaires suivants, qui devraient le guider dans ses choix (surtout dans ses choix d'investissement) dans les différents pays dans lesquels il entend se développer.

En effet, chaque investissement dans un nouveau pays lui permettra d'acquérir une pratique et une connaissance des réglementations existantes, qui seront toutes différentes.

C'est le cas typique d'une start-up qui, à l'issue d'un tour de table, obtient de partenaires financiers établis à l'étranger (fonds de capital-risque ou business angels non établis en France) les fonds nécessaires à son développement.

Cela peut être également une jeune entreprise qui commercialise ses produits ou ses services sur Internet en s'adressant à une clientèle (professionnels ou consommateurs, selon le cas) qui n'est pas exclusivement établie sur le territoire français.

Cela peut être encore, plus traditionnellement, une jeune entreprise qui conclut un accord d'intermédiation commerciale (agent, commissionnaire, etc.) ou de distribution avec un partenaire dans un pays étranger en vue de la promotion et de la commercialisation de ses produits.

Enfin, il peut s'agir d'une entreprise en phase de développement qui décide de constituer une société commune à l'étranger en vue de produire à moindre coût et/ou de mieux pénétrer un marché étranger.

Ces situations internationales auxquelles les jeunes entreprises sont souvent, et de plus en plus tôt, confrontées doivent conduire leurs dirigeants à mener, en collaboration avec leur conseil, une réflexion sur deux questions qui peuvent s'avérer *in fine* cruciales dans leurs rapports internationaux avec les tiers. Il s'agit de la question du droit applicable et de la question de la juridiction compétente et du recours éventuel à l'arbitrage.

Le droit applicable

Les accords commerciaux internationaux sont couramment entendus comme étant les contrats commerciaux dont les éléments constitutifs ne sont pas tous rattachés à un même pays.

Sur un plan juridique, un contrat commercial est généralement (selon le droit applicable) considéré comme international lorsque ses éléments constitutifs (parties, objet, cause) et ses modalités de conclusion et d'exécution (lieu, langue, conditions de négociation et/ou d'exécution, etc.) présentent des liens ou « rattachements » avec plusieurs États.

Les parties à un contrat international (contrairement aux parties à un contrat interne) sont, en principe, libres de choisir le droit qui régira leur contrat. La liberté du choix du droit applicable à un contrat commercial international est un principe général du droit, universellement reconnu. Ce principe, qui se retrouve dans la plupart des législations nationales et des conventions internationales, est connu sous la dénomination d'autonomie de la volonté des parties.

Il est à noter également que les parties à un contrat international ne peuvent pas pour autant ignorer ou contrarier les dispositions impératives des lois nationales qui sont applicables en matière internationale.

La convention de Rome sur le droit applicable aux contrats, du 19 juin 1980, a unifié les règles de conflit de lois en matière contractuelle dans les États européens.

La convention de Rome est applicable aux contrats civils et commerciaux internationaux (sous réserve de certaines exceptions) qui naissent « dans les situations comportant un conflit de lois ».

Règles générales applicables

La convention de Rome prévoit le principe de la liberté de choix, par les parties, du droit applicable à leur obligation contractuelle. Cependant, la liberté des parties dans le choix du droit applicable est limitée par la prise en compte de certaines dispositions impératives des lois nationales.

Les contours de ces dispositions impératives des lois nationales sont définis avec précision par la Convention de Rome. En substance, le juge étatique saisi devra d'office prendre en considération :

- les dispositions de l'ordre public international de l'État au nom duquel il juge (et, cela même, si le contrat litigieux est régi par le droit d'un autre État) ;
- les dispositions impératives, ayant un caractère de loi de police (c'est le cas notamment de la réglementation des changes, des normes relatives à la protection des consommateurs, à la fixation des loyers, à la concurrence, etc.) dans l'État dans lequel il siège, mais aussi (à la discrétion du juge saisi) les dispositions impératives ayant un caractère de loi de police, dans les autres États présentant un lien « étroit » avec le contrat litigieux ;
- les dispositions impératives du droit d'un autre État (lorsque les parties ont choisi un droit étranger pour régir leur contrat), si tous les « éléments de la situation » sont localisés dans cet autre État au moment où les parties ont désigné le droit applicable au contrat.

C'est pourquoi, s'agissant par exemple des pactes d'actionnaires, il apparaît, en général, préférable que le droit applicable soit celui qui régit la société qui en est l'objet. En d'autres termes, pour une société de droit français, il sera le plus souvent approprié de soumettre le pacte d'actionnaires au droit français.

En revanche, s'agissant des contrats commerciaux d'intermédiation commerciale et de distribution conclus entre professionnels, la réponse à cette question mérite une analyse particulière au cas par cas.

Règles spécifiques aux contrats conclus avec les consommateurs : B to C

S'agissant des contrats conclus avec les consommateurs, la Convention de Rome prévoit, sous certaines conditions, que le choix du droit applicable ne peut pas « avoir pour résultat de priver le consommateur de la protection que lui assurent les dispositions impératives de la loi du pays dans lequel il a sa résidence habituelle ».

Il en résulte que les entreprises doivent se montrer vigilantes quant au respect des règles de protection des consommateurs, applicables dans chaque État où leurs produits sont directement commercialisés. En pratique, cette situation peut se révéler complexe et comporter certains risques juridiques (à défaut d'une information suffisante de l'entreprise concernée), notamment lorsque les produits sont commercialisés sur Internet.

Il est à noter qu'un projet de règlement européen visant à modifier la convention de Rome en ce qui concerne le commerce électronique a été élaboré par la Commission de Bruxelles. En application de ce projet, une entreprise qui commercialise ses produits sur Internet, auprès de consommateurs établis dans l'Union européenne, devrait systématiquement prendre en considération la législation de l'État de ces consommateurs, incluant les réglementations nationales de la consommation et de la concurrence (dans au moins quinze États différents). C'est pourquoi ce projet fait l'objet de nombreuses critiques de la part des organisations professionnelles.

En l'attente de l'adoption éventuelle de ce projet, il est, dans tous les cas, recommandé que les entreprises prennent au moins en considération les dispositions impératives visant à protéger les consommateurs dans chaque État où elles commercialisent leurs produits auprès de ces derniers.

La juridiction compétente et le recours éventuel à l'arbitrage

La juridiction étatique compétente

En application de la convention de Bruxelles, les parties sont, en principe, libres de choisir le tribunal (ou l'État dans lequel sera choisi le tribunal) compétent en cas de litige. Cependant, la convention de Bruxelles prévoit des exceptions à ce principe. S'agissant des contrats conclus avec les consommateurs, la convention prévoit, sous certaines conditions, la compétence des tribunaux de l'État de résidence du consommateur (articles 13 et 14).

En outre, un projet de règlement européen, visant à modifier la convention de Bruxelles concernant le commerce électronique, a été élaboré par la Commission européenne. En application de celui-ci, une entreprise qui commercialise ses produits sur Internet auprès de consommateurs établis dans l'Union européenne pourrait être systématiquement traduite devant la juridiction de l'État du consommateur (au moins quinze juridictions différentes).

Le recours à l'arbitrage commercial international

S'agissant des litiges internationaux entre professionnels ou commerçants, le recours à l'arbitrage peut être très souvent envisagé. Pour ce faire, les parties doivent l'avoir expressément prévu par écrit dans un compromis (document contractuel postérieur à la survenance du litige) ou dans le contrat objet du litige (clause compromissoire). La rédaction de la clause compromissoire (ou du compromis, selon le cas) est très importante. Une clause mal rédigée (ou « pathologique ») peut être source d'ennuis (impossibilité de constituer le tribunal arbitral, recours obligatoires aux tribunaux judiciaires, coûts et délais allongés, etc.). Aussi, il est recommandé de faire appel à un professionnel en vue de sa rédaction.

L'arbitrage commercial international offre, en particulier, les avantages suivants :

- la rapidité (en général, une procédure de six à neuf mois) ;
- la confidentialité ;
- la neutralité (très appréciable lorsque l'autre partie est établie dans un État ne présentant pas toutes les garanties de démocratie et d'indépendance de l'institution judiciaire) ;
- la flexibilité quant au choix du droit applicable et du lieu du siège du tribunal arbitral (un tribunal arbitral siégeant en France peut, sans aucune difficulté, être composé, en tout ou partie, d'arbitres étrangers et faire application d'une loi étrangère).

Le coût d'une procédure d'arbitrage peut néanmoins être un frein, voire un inconvénient majeur.

On considère, en général, que l'arbitrage est trop cher pour les litiges inférieurs à 100 000 euros. Cependant, il est nécessaire d'avoir une approche spécifique au cas par cas, en prenant bien en compte tous les éléments.

11

LE PHÉNOMÈNE DOT-COM : LES ÉVALUATIONS IMPOSSIBLES*

Nous avons choisi de consacrer un chapitre entier au phénomène Dot-com en le caractérisant au travers de la diversité de ses *business models* et des différentes méthodes qui ont été utilisées pour justifier les valorisations qu'ont connu les marchés financiers avant le processus de rectification initié depuis mars 2000.

On peut ainsi résumer ces méthodes par une définition simple. Des sociétés comparables se valorisent sur la base de critères proches voir identiques. Pratiquement, on peut préciser la précédente définition de la façon suivante :

Pour déterminer la valorisation d'une entreprise, on lui applique des ratios, des analyses, extraites d'autres valorisations figées par des transactions sur un échantillon d'entreprises comparables.

De telles méthodes imposent le dépassement d'un premier obstacle : la constitution d'un échantillon de référence. Composée d'hommes, de femmes, d'actifs immatériels tels que renommée, savoir-faire, une entreprise est par définition unique. On s'efforcera pourtant de trouver un échantillon d'entreprises confrontées aux mêmes problématiques,

* Ce chapitre a été rédigé par Audrey Eeckhout.

au même marché. Les entreprises sélectionnées devront donc en général faire partie d'un même secteur, exercer des métiers similaires, et vendre à un même genre de clientèle.

Une fois cet écueil passé, l'évaluateur se confrontera à la recherche d'informations pertinentes sur les valeurs des entreprises comparables. Si le marché des fusions-acquisitions donne de bonnes indications, il ne permet pas toujours de connaître l'ensemble des conditions d'une opération. C'est bien souvent le marché boursier qui permettra de trouver la plus grande masse d'informations. Il conviendra cependant de prendre en compte avec prudence les indications données par le marché. Celui-ci intègre dans ses valorisations une décote liée à sa nature de marché de minoritaire ainsi qu'une prime à la liquidité. Il intègre enfin un certain nombre de variables pas forcément rationnelles telles que les anticipations autoréalisatrices étudiées par de nombreux économistes et qui peuvent impulser d'amples mouvements de cours à certaines valeurs.

Typologie des *business models* et présentation des activités

Il ne s'agit pas de faire une présentation du secteur de l'Internet en France, mais d'identifier les différents business models qui coexistent dans le secteur et de proposer des méthodes de valorisation adaptées à chacun d'eux. On distingue deux groupes de métiers nouveaux liés à Internet : les constructeurs (Web Agencies, éditeurs de logiciels, etc.) et les sites de services (contenu, e-commerce, fournisseurs d'accès).

Les constructeurs

Cette catégorie regroupe deux activités principales : sociétés de conseil et éditeurs de logiciels. Les principaux métiers représentés dans le secteur sont répertoriés dans le tableau suivant :

Canal	Positionnement marché	Sociétés
Consultants	Définition et mise en œuvre d'architectures et de solutions	Andersen Consulting, Booz Allen Hamilton, Computer Science Corporation, EDS, Ernst & Young

.../...

Independant Software Vendors	Développement de solutions logicielles et matérielles	Compaq Computer, Fujitsu-Siemens, Hewlett-Packard, Cisco Systems, Microsoft, Oracle, Novell, Corel, SAP, Sun, Gemstone, IBM
Application Service Providers	Solutions verticales	Corio, Navisite, Integra, E-Sync, IBM
Hébergeurs de sites	Hébergement	Net Benefit, PSINet, Exodus, UUNET, Integra, France Telecom Interactive, Cegetel
Web/System Integrator	Intégration logicielle à haute valeur ajoutée	Intraware, iXL, Scient, Pixel Park, Fi System, Xpedior, c2o, Interactive Architects, Centerbeam, Framfab/W3
Value Added Resellers	Distribution et services à faible valeur ajoutée	Computacenter, WM-Data, Corporate Software & Technology, Insight, Intraware, Software Spectrum, Data Construction, Douglas Stewart

Les sociétés de conseil

Les sociétés de conseil ont été les premières bénéficiaires du développement Internet. Leur croissance soutenue est due à leur savoir-faire technologique indispensable à la gestion d'un site et à leur clientèle duale (sociétés Internet mais surtout sociétés *bricks and mortar* désireuses de mettre en œuvre une stratégie Internet).

Le marché des services Internet devrait connaître une très forte croissance entre 2000 et 2004 (CAGR estimé sur la période à 44 %, contre 17 % pour les ERP). Le marché en 2004 est ainsi estimé à 129 milliards de dollars, contre 27 milliards cette année. Dès lors, il semble inévitable que certaines sociétés parviendront à s'imposer et à devenir profitables sur ce segment. À l'heure actuelle, les principaux intervenants dans ce secteur, majoritairement américaines (?) sont les entreprises suivantes : Scient, iXL, Agency.com, Razorfish, Viant, Proxicom, AppNet, Sapient.

En Europe, le secteur du conseil Internet se compose d'une trentaine de sociétés cotées. Les quatre premières, en termes de capitalisation boursière, sont : Framtidsfabriken (Suède) : Capitalisation = 2.511 M€, Pixelpark (Allemagne) : Capitalisation = 2.459M€, Icon Medialab (Suède) : Capitalisation = 1.110M€, Integra Net (France) : Capitalisation = 892M€.

L'enjeu est alors de déterminer lesquels, parmi ces acteurs, vont parvenir à devenir les leaders du secteur. Pour cela, on définit les facteurs clés de succès qui caractérisent le secteur.

L'analyse et la valorisation d'une société de conseil Internet dépendent de sept indicateurs, identifiés par Morgan Stanley Dean Witter :

- croissance du chiffre d'affaires ;
- part de la masse salariale pouvant être facturée ;
- taux de rotation de l'effectif ;
- niveau d'utilisation ;
- taux de facturation moyen ;
- marge sur coûts salariaux ;
- délai de paiement des clients.

Croissance du chiffre d'affaires

C'est sans aucun doute un élément clé dans la valorisation des sociétés de conseil Internet. La plupart des sociétés n'ont pas encore atteint leur point mort, ce qui rend toute analyse financière délicate et peu significative. L'aptitude de ces entreprises à capter des parts de marché et à croître plus vite que les concurrents est donc un élément déterminant dans l'atteinte de la profitabilité.

Part de la masse salariale facturable

Elle indique le pourcentage des employés de la société dont le temps de travail est facturé au client. Le taux jugé acceptable par les analystes se situe au-dessus de 75 à 80 %. Les sociétés qui sont au tout début de leur développement ont généralement un taux de facturation inférieur mais ce taux devrait croître très rapidement. La rentabilité des entreprises restant en deçà de 75 % est remise en question (source : Morgan Stanley Dean Witter).

Taux de rotation de l'effectif

Il constitue également une variable importante. Les activités de conseil sont fondées sur la capitalisation du savoir-faire et un taux de rotation des effectifs trop important nuit à l'acquisition des compétences techniques nécessaires. La tension qui règne actuellement sur le marché du travail des spécialistes de l'informatique favorise un turnover important. Les sociétés qui parviendront à retenir leurs consultants jouiront d'un avantage comparatif certain sur leurs concurrents. Le niveau acceptable moyen est estimé entre 15 et 20 %. Des taux supérieurs sont difficiles à assumer pour des entreprises à forte valeur ajoutée. Néanmoins, le taux de turnover est moins significatif que l'évolution de celui-ci. Toute dégradation est le signe d'une hémorragie de compétence pour la société. De plus, il convient de prendre en compte les coûts d'embauche élevés de nouveaux consultants. Tout embauche dans le secteur a un coût estimé entre 10 000 et 20 000 dollars, sans compter que les nouveaux arrivants demandent souvent des salaires supérieurs à ceux de leurs prédécesseurs. Au global, une entreprise comprenant 1 000 salariés « facturables » et dont le taux de turnover passe de 20 à 25 % supporte un coût supplémentaire de 0,75 million de dollars.

Taux d'utilisation des consultants

Il permet de mesurer la rentabilité de chaque embauche. Ici, le taux cible est estimé à 75 %, en prenant comme référence un total d'heures travaillées de 2 080 heures. Si on retranche les huit semaines correspondant aux congés et aux formations, on obtient un taux de 85 % (1 660 heures). Un taux de 75 % suppose des temps morts très limités entre chaque mission pour les consultants. Néanmoins, ce critère est difficile à exploiter si l'on considère que les entreprises n'utilisent pas les mêmes référents pour évaluer leur taux d'utilisation des consultants (base de 1 800 heures par an pour Scient, comptabilisation en jours pour Viant, etc.). Ce taux est important à prendre en compte pour deux raisons : un niveau d'utilisation trop élevé se fait souvent au détriment de la formation des consultants, qui ont donc une compétence technique moindre ; à l'inverse, un taux trop bas révèle une médiocre gestion des ressources humaines ou une inadéquation de l'offre de la société à la demande du marché en termes de conseil. Le taux d'utilisation influe dans la détermination de la marge brute.

Le taux de facturation moyen induit

Il correspond au chiffre d'affaires divisé par le nombre d'employés facturables, divisé par le nombre d'heures et rapporté au taux d'utilisation. Il constitue ainsi un indicateur pertinent de mesure de la productivité du personnel employé et permet de déterminer le positionnement de l'entreprise. Un taux élevé caractérise une entreprise spécialisée dans les segments à haute valeur ajoutée.

La marge sur coûts salariaux

Cet indicateur semble plus pertinent pour le secteur que le marge brute. Elle est calculée en divisant le taux de facturation d'un consultant par son coût horaire pour l'entreprise. La rentabilité de l'entreprise impose un ratio de 2,5.

Le délai de règlement des clients

Il se calcule en divisant le nombre total de prestations facturables par les règlements effectivement reçus. Cet indicateur permet de corriger les taux de facturation affichés par la société. S'il est supérieur à 90 jours, cela revient à estimer que l'entreprise consent des crédits gratuits à ses clients. On réintègre le coût de ce crédit, qui vient en déduction du taux de facturation affiché et permet de déterminer un taux de facturation réel. De plus, il existe des risques importants sur les sociétés qui consentent des crédits trop longs à des sociétés Internet : c'est leur capacité à vendre du conseil payé et donc la qualité financière de leur clientèle qui est remise en question, au-delà même d'un coût financier.

La valorisation des consultants Internet doit ainsi s'effectuer sur la base de leur taux de croissance estimé et du caractère soutenable de celui-ci. Actuellement, la plupart des acteurs de ce marché sont en dessous de leur objectif de marge opérationnelle. Ceci s'explique par leur stade de développement qui impose de coûteux investissements dans la marque et les infrastructures. Ces investissements grèvent leur profitabilité à court terme et rendent inopérantes les méthodes traditionnelles de valorisation.

Enfin, on peut effectuer l'analyse SWOT suivante sur le secteur du conseil Internet :

Forces-opportunités	Faiblesses-risques
Conseil	**Conseil**
– Premiers bénéficiaires de la croissance de l'Internet. – Forte croissance organique. – Faible intensité capitalistique. – Création d'une activité réellement nouvelle. – Récurrence des revenus. – Capacité à attirer les meilleurs éléments. – Valorisation permet des acquisitions (« paiement en papier »).	– Capacité à gérer une croissance très forte. – Hausse des prix des cibles potentielles. – Pénurie de main-d'œuvre qualifiée. – Activité à la frontière de plusieurs domaines : risque de concurrence des entreprises traditionnelles. – Pression du marché : la valorisation élevée nécessite la réalisation d'acquisitions pour conserver les mêmes multiples.

.../...

Hébergement	**Hébergement**
– La valeur du service d'hébergement croît avec l'importance des sites. La montée en puissance d'Internet va créer de nombreux sites critiques. – La spécialisation devrait entraîner la sortie de ce marché des sociétés de conseil et d'intégration.	– La validité du modèle économique reste à établir. Exodus, référence américaine du secteur, réalise encore des pertes. – La sécurité est un enjeu qui devrait augmenter l'intensité capitalistique de ce secteur. – Augmentation de la concurrence : les acteurs traditionnels de la communication et de l'informatique semblent désireux de s'implanter dans le secteur.

Les éditeurs de logiciels

Les principaux segments sur lesquels interviennent les éditeurs de logiciels Internet sont :

- la sécurisation des paiements ;
- les plates-formes de commerce électronique ;
- l'optimisation des réseaux ;
- les logiciels d'aide à la décision.

Sécurisation des données et authentification

Pour que l'usage du e-commerce se répande, il faut deux conditions :

- connaître sa contrepartie (authentification) ;
- sécuriser les données transmises *via* Internet (sécurisation).

La sécurisation des données est essentiellement utilisée dans deux domaines :

- le e-commerce ; la norme de sécurisation utilisée sur Internet est le protocole SSL, basé sur la cryptographie à clé publique. Un certificat émis par un organisme de certification (comme Verisign) est nécessaire pour identifier le vendeur.
- L'accès aux systèmes d'information ; la technologie est la même, mais l'information codée est un code d'accès et non un code bancaire.

Les logiciels de sécurisation des données reposent sur le procédé de la cryptographie qui permet l'échange d'informations codées.

Les solutions de e-commerce

Ce secteur devrait connaître une très forte croissance afin d'accompagner le développement rapide du e-commerce. Le but des solutions de e-commerce est de faciliter la transaction. Ces solutions peuvent être personnalisées ou clés en main.

Traditionnellement, on distingue trois fonctionnalités pour les solutions de e-commerce :

Les trois fonctions des logiciels de e-commerce		
Solutions e-business	**Fonction**	**Exemple**
Front Office	Automatisation des fonctions marketing, de vente et d'après-vente.	Un commercial en déplacement peut connaître l'état du stock de son entreprise pour chaque produit.
Interactivité : gestion du contenu et personnalisation de l'information.	Dynamiser le site Internet ou Extranet avec des informations récentes et personnalisées pour chaque client (applicable aussi pour la personnalisation des bandeaux de publicité).	Permet à un chef de produit de faire des offres promotionnelles personnalisées sur Internet.
Plate-forme e-commerce	Permettre aux entreprises de faire du commerce *via* les sites Internet ou Extranet.	Une plate-forme peut comporter des logiciels pour la réalisation des devis, la gestion de la commande, la sécurisation du paiement, etc.

Source : *Paribas.*

Le tableau ci-dessous permet de mieux comprendre les secteurs d'intervention des principaux acteurs du e-commerce :

Fonctionnalités proposées par les principaux acteurs				
Société	**Secteur**	**Front Office**	**Interactivité**	**Plate-forme e-commerce**
Access Commerce	ERP	•	•	
Baan	ERP	•	•	
Broadvision	Logiciels e-business		•	•
Brokat	Logiciels e-business		•	•
Clarify	ERM	•	•	
IBM	Logiciels e-business		•	•
Intershop	Logiciels e-business		•	•
Interworld	Logiciels e-business		•	•
Microsoft	Logiciels e-business		•	•
Open Market	Logiciels e-business		•	•
Oracle	ERP	•	•	
SAP	ERP	•	•	
Siebel Systems	ERM	•	•	
Vignette	Logiciels e-business		•	

Source : *Paribas.*

L'amélioration de l'efficacité des réseaux

Les logiciels intervenant sur l'efficacité des réseaux visent à améliorer leur vitesse et/ou leur capacité. Dès lors, il s'agit d'optimiser les flux ou bien d'organiser l'information de façon optimale. Ces développements sont nécessaires à la gestion des pics d'utilisation des utilisateurs. Les sociétés présentes sur ce secteur sont Effnet (Suède), Cisco (États-Unis) et Alcatel (France).

D'autres sociétés, telles qu'Infovista en France, proposent des outils de mesure des performances des réseaux.

Les sites de services *via* Internet

Les sites de services sur Internet regroupent des activités diverses : fournisseurs d'accès, sites de contenu (portail et communautés) et e-commerce.

Les sources de revenus varient selon le type de service rendu et selon le business model choisi par la société. On en répertorie cinq :

- abonnements ;
- rétrocession des commissions de communications ;
- publicité ;
- vente de fichiers ;
- revenus de transactions.

Chaque catégorie de sites a un modèle économique différent, mais la finalité de tous ces modèles est de faire du e-commerce. Soit les sites font du e-commerce soit ils cherchent à orienter l'utilisateur vers des sites marchands. La frontière entre chaque catégorie est étroite : la plupart des portails sont dotés d'une composante e-commerce générant une part plus ou moins importante de leur chiffre d'affaires, les fournisseurs d'accès intègrent généralement un portail, etc.

Les opérateurs de télécommunications

Les opérateurs de communication occupent une place particulière dans le secteur car il ne s'agit pas de purs acteurs Internet : leur chiffre d'affaires est encore largement issu de leurs activités « traditionnelles ». Néanmoins, ils constituent des acteurs importants du secteur de l'Internet, puisqu'ils ont développé des sites portails couplés avec leur service de fourniture d'accès à Internet. Ils bénéficient ainsi du modèle européen de trafic local qui les positionne comme les principaux concurrents des portails américains (Wanadoo, portail de France Télécom, est ainsi le premier site français en termes d'audience, devant Yahoo).

Dans cette étude, seule la partie de leur activité directement liée à Internet sera évaluée, mais il n'est pas question d'entreprendre la valorisation des grandes entreprises de télécommunication européennes. Néanmoins, il convient de souligner qu'elles sont les principales bénéficiaires du développement de l'Internet et les mieux positionnées pour continuer à profiter de la croissance du secteur.

Les fournisseurs d'accès (Internet Service Provider)

Les fournisseurs d'accès permettent aux utilisateurs d'accéder au réseau : ils vendent l'utilisation de leur bande passante et un accès au backbone de l'Internet. Aux États-Unis, le modèle dominant est l'accès payant (développé au départ par AOL). En Europe coexistent des sociétés d'accès payant (pionnières du marché, telles que AOL, Club-Internet, etc.) et des sociétés proposant un accès gratuit (nouvelles entrantes, telles que LibertySurf, Freeserve, etc.). Dans le modèle gratuit, l'utilisateur ne paie aucun abonnement et le fournisseur est rémunéré grâce à la publicité et à la rétrocession des commissions de communications (à titre d'exemple, Freenet se voit rétrocéder des commissions par Mobilcom). En réaction à ces nouveaux entrants, les sociétés de service payant ont mis en place des services « tout compris », incluant dans l'abonnement le coût des communications téléphoniques.

L'arrivée des accès à haut débit (ADSL, câble) renforce cette approche de forfait tout compris. On semble s'orienter vers des abonnements donnant un droit illimité à l'accès sans coût de communication. Les prix des forfaits devraient devenir proportionnels à la bande passante.

La stratégie mise en œuvre par les fournisseurs d'accès est d'offrir un maximum de contenu afin de devenir des portails et de prolonger la présence des abonnés sur leur page d'accueil.

Les sites de contenu : portails et communautés

Les portails

Les portails sont des points d'entrée sur le réseau. Ils ont la possibilité de canaliser les utilisateurs d'Internet vers les sites de leur choix (généralement marchands). Un site devient un portail lorsqu'un nombre important d'internautes l'utilise comme point d'entrée sur le réseau. Afin d'attirer le maximum d'internautes, un portail doit proposer un contenu attractif et une interface fonctionnelle.

En Europe, les principaux portails sont les sites d'accueil des fournisseurs d'accès. Les portails purs sont principalement américains (Yahoo ! est l'exemple le plus représentatif).

De nombreuses start-up Internet ambitionnent de devenir des portails thématiques. Il existe actuellement de nombreux portails attirant une audience très limitée. On peut toutefois estimer qu'il est possible de créer des portails thématiques, à condition de choisir un créneau susceptible de rassembler un grand nombre de personnes (sport, jeux vidéo, etc.). Les portails trop ciblés semblent condamnés à avoir une audience limitée. On estime que le nombre maximal soutenable de portails horizontaux (i.e. généralistes) par pays se situe entre 4 et 6.

Ceci s'explique par trois raisons :

1. si les utilisateurs demandent à disposer d'un large choix de sites, ils ne se souviennent que d'un nombre limité de noms de portails qu'ils utilisent donc spontanément ;
2. les annonceurs ont intérêt à avoir un grand nombre d'interlocuteurs pour maintenir une pression sur les prix mais l'existence d'un nombre limité de portails leur permet de toucher une audience large ;
3. les autorités régulatrices veulent éviter de voir un seul acteur occuper plus de 25 % du marché.

Les portails sont les promoteurs des sites Internet et réorientent les internautes vers les services de leur choix. Ils occupent une place stratégique sur le réseau. Ce positionnement privilégié leur permet d'appliquer des tarifs publicitaires très élevés, qui sont la base de leur business model (couplés généralement avec des programmes d'affiliation avec des sites de e-commerce).

La rentabilité d'un portail dépend de trois éléments : son audience, la fréquence des visites et le temps moyen passé sur le site à chaque visite. Les sites enregistrant la plus grande fréquence de visites sont ceux qui proposent des services de messagerie instantanée (ICQ, AOL Instant Messenger, etc.) et les ISP qui configurent généralement le navigateur de leur client afin qu'ils se connectent directement sur le site à chaque utilisation d'Internet. Les sites enregistrant le plus grand nombre de visites sont les portails généralistes tels que Yahoo ! ou Wanadoo en France. Pour le temps moyen passé sur le site, il n'y a pas de règle bien définie.

Les sites de communautés et les portails verticaux

La communauté est la forme interactive d'un portail. Le contenu n'est pas seulement proposé par le promoteur du site, mais vient de tous les membres. Le lien de confiance créé entre le promoteur du site et la communauté qu'il anime lui permet de recueillir des informations sur ses membres. Le business model des sites de communautés est donc principalement fondé sur le marketing direct, c'est-à-dire l'utilisation des informations recueillies sur les membres et leur vente aux entreprises de e-commerce. Les sites de communautés et les portails verticaux ont généralement une audience moins large que les portails horizontaux, mais leur population ciblée leur permet de pratiquer des tarifs publicitaires plus élevés.

Les portails verticaux sont des versions plus ciblées des portails horizontaux. Leur objectif n'est pas de rivaliser avec les portails horizontaux en termes d'audience mais de proposer un contenu plus ciblé afin de proposer aux annonceurs des services marketing direct. Leur business model est donc le même que celui des sites de communautés, seul diffère le contenu. Cette audience plus ciblée permet d'afficher des CPM (coût publicitaire pour mille pages vues) plus élevés que les portails généralistes, et de bénéficier parallèlement de commissions plus importantes de la part des sites de e-commerce, également désireux d'atteindre des cibles spécifiques. L'audience plus faible qu'ils enregistrent est ainsi compensée par des tarifs plus élevés. Néanmoins, l'augmentation de la concurrence devrait entraîner une baisse progressive des CPM, pratiqués par les portails verticaux. Mais cette baisse pourrait être compensée par l'augmentation du nombre d'internautes et celle du nombre d'annonceurs sur Internet.

De nombreux analystes estiment que les communautés vont devenir des « infomédiaires », c'est-à-dire des intermédiaires connaissant bien le consommateur et chargés de gérer ses relations avec les sites marchands.

Les sources de revenus des sites de communautés se composent essentiellement des quatre éléments suivants :

- publicité ;
- revenus de sponsoring (parrainage d'une rubrique par une marque) ;
- vente de fichiers ;
- commissions ou rétrocessions des transactions sur les transactions effectuées.

La principale source de revenus de ces sites est la publicité mais on assiste à une augmentation rapide des revenus venant des commissions e-commerce. On peut enfin effectuer l'analyse SWOT suivante des sites de contenu.

Forces/opportunités	Faiblesses/risques
Portails horizontaux – Point de départ presque inévitable sur Internet. – Proposent leur propre contenu, à l'image de n'importe quel média. – Organisent et facilitent l'accès à d'autres sites de contenu, ce qui favorise l'établissement de partenariats. – Leur offre est globale : moteur de recherche, contenu, communautés, e-commerce. – Forte capacité à être les acteurs de la consolidation du secteur, compte tenu de la volonté d'étayer leur offre.	**Portails horizontaux** – Forte concurrence entre les nombreux acteurs du secteur. – Montée en puissance des portails verticaux. – Création de portails de e-commerce qui pourraient faire perdre aux portails généralistes leurs revenus issus des commissions sur les ventes. – Nécessité de créer un contenu spécifique pour chaque pays.
Portails verticaux – Contenus spécialisés qui génèrent un gros trafic : les portails verticaux gagnent des parts d'audience par rapport aux portails horizontaux. – Facilitent le ciblage de la publicité : tarifs plus élevés.	**Portails verticaux** – Forte compétition dans le secteur. – L'extension à l'international suppose la traduction du site en un minimum de cinq langues, ce qui génère des coûts supplémentaires.
Communautés – Elles constituent la partie interactive d'un portail. – Le contenu est apporté directement par les internautes et ne nécessite donc pas d'investissements. – Publicité ciblée lorsque les communautés tournent autour d'intérêts communs. – Développement de l'achat groupé.	**Communautés** – Difficulté à transformer le trafic en chiffre d'affaires (21 % du trafic pour 7 % des recettes publicitaires). – Les pages personnelles ne sont pas comptabilisées dans les CPM car il n'y figure en général pas de publicité. – Le challenge des sites de communautés généralistes est de regrouper les membres en des communautés ciblées, afin d'augmenter le chiffre d'affaires.

Les sites de e-commerce

Le e-commerce regroupe l'ensemble des activités de vente de biens et services *via* Internet. En février 2000, ce marché représentait 98 milliards d'euros au niveau mondial (17 milliards en Europe). Sa croissance est estimée, selon eStats, à 83 % par an jusqu'en 2003.

On peut effectuer la typologie suivante pour comprendre les différentes composantes du commerce électronique :

Typologie	Description	Caractéristiques
Business to Business (B2B)	Vente d'entreprise à entreprise.	– Segment le plus mature et le plus important, représentant 80 % du e-commerce. – Outil de flexibilité et de réduction des coûts pour les entreprises (suppression des intermédiaires).
Business to Consumer B2C	Ventre d'entreprise à particulier.	– Segment regroupant de purs acteurs de l'Internet (Amazon par exemple) et les segments Internet des entreprises *bricks and mortar* traditionnelles (Fnac.com).
Consumer to Consumer C2C	Sites d'enchères et de petites annonces.	– Sites permettant aux particuliers de vendre directement sur Internet (ex. : Aucland)
Services bancaires	*Brokers* en ligne et services bancaires généralistes.	– Sites proposant l'ensemble des services bancaires sur Internet.
Consumer to Business C2B	Sites d'achats groupés.	– Regroupements de consommateurs afin de faire baisser le prix d'un objet (ex. : Letsbuyit, Kelkoo).

Les business models des sites de commerce électronique s'articulent autour de trois positionnements principaux.

Les intermédiaires

Modèle qui prévaut dans le C2C, mais est également exploité par certains sites de B2C. Ici, le site sert d'intermédiaire entre le vendeur et l'acheteur et n'assume qu'un rôle d'intermédiaire dans la transaction.

Les distributeurs spécialisés

Il s'agit du business model de la plupart des sites de B2C. Cela implique l'achat des marchandises, leur stockage et leur livraison, comme un revendeur traditionnel. L'acquisition d'une implantation mondiale est facilitée par l'utilisation du média Internet, mais les investissements marketing et les coûts logistiques sont très élevés.

Les portails spécialisés

C'est le modèle qui domine le secteur du B2B. On parle aussi de communautés professionnelles. Le site propose un conseil pointu aux visiteurs et effectue dans le même temps des transactions de e-commerce, soit comme distributeur spécialisé, soit comme intermédiaire. Certaines entreprises de B2C ont tenté d'appliquer ce modèle au commerce business to consumer (exemple d'Amazon qui se diversifie) mais le démarrage semble lent et remet en cause l'applicabilité du modèle au B2C.

Le B2B a été plus rapide à démarrer que le B2C, compte tenu du taux d'équipement plus important des entreprises en PC par rapport aux ménages et également grâce à la souplesse d'Internet dans les procédures d'appel d'offres. Le B2C démarre maintenant, mais la rentabilité des sites reste encore à prouver. Les prévisions selon lesquelles Internet était la solution à tous les problèmes des consommateurs et marquait la fin du commerce traditionnel se sont révélées fausses. On peut en fait résumer les caractéristiques et facteurs de succès du secteur du B2C par le tableau suivant.

Caractéristiques du secteur	Implications stratégiques
Caractère multinational	– La volonté de profiter des marchés internationaux suppose en Europe la traduction du site en de multiples langues et augmente donc les coûts de développement. – Les coûts logistiques sont généralement supérieurs à ceux du commerce traditionnel (compte tenu des coûts de la livraison à domicile). Une zone de couverture trop étendue fait croître ces frais de façon exponentielle. – Existence d'un risque juridique (règles différentes selon les pays d'implantation) et un risque de modification des droits de douane.

…/…

Absence d'intermédiaires	Conduit à la création d'infomédiaires qui gèrent les relations entre l'internaute et l'entreprise de e-commerce.
Barrières à l'entrée très limitées	– L'importance pour un site d'être connu des internautes confère au premier entrant un avantage concurrentiel difficile à combler pour les suivants (comme le montre l'exemple américain). – Les purs acteurs de l'Internet doivent créer *ex nihilo* une marque, ce qui est souvent difficile. Les distributeurs traditionnels qui s'implantent sur Internet captent généralement le marché étant donné qu'ils disposent d'une marque établie. – Le coût d'acquisition des clients croît de façon exponentielle à mesure que la concurrence augmente.
Impact déflationniste	– Internet constitue un outil de comparaison des prix très efficace qui laisse peu de latitude aux distributeurs dans la fixation de leurs prix de vente. – Le service reste le facteur déterminant de succès des sites (délais de livraison, prix de la livraison, sécurisation du paiement, amplitude de la gamme de produits proposés, fonctionnalité du site).

Identification des facteurs clés de succès pour le secteur de l'Internet en Europe

Le retard de l'Europe en matière de développement de l'Internet permet de tirer les leçons de l'expérience américaine et d'identifier les facteurs qui déterminent le succès des sociétés du secteur. On peut identifier cinq facteurs déterminants :

1. la marque ;
2. la taille ;
3. les alliances et acquisitions réalisées ;
4. la faculté à mettre le client au cœur de l'activité ;
5. la capacité d'innovation.

La marque

C'est l'élément déterminant pour réussir sur Internet. L'audience d'un site est dépendante de la reconnaissance de la marque et cette audience est l'élément déterminant du succès d'un site. La création d'une marque reconnue sur Internet n'est pas une chose aisée. De nombreux acteurs traditionnels ont pensé qu'il leur suffisait de migrer sur Internet pour y obtenir la même reconnaissance que dans le « monde réel ». Il est en fait nécessaire de mettre en œuvre une tactique de marque stratégique, accompagnée d'une politique marketing prenant en compte les spécificités de ce canal de distribution (personnalisation supérieure de la publicité).

Si l'on prend en compte le fait qu'aux États-Unis, les dix sites réalisant la plus forte audience récupèrent 70 % des recettes publicitaires (source : Forrester Research), on comprend aisément l'importance d'avoir une marque connue d'un large public. En France, cette proportion est encore plus importante : les dix premiers sites réalisent 85 % des recettes publicitaires. La croissance exponentielle attendue des dépenses publicitaires sur Internet rend impératif pour les entreprises de se positionner auprès du public pour profiter de cette manne.

La difficulté pour les entreprises traditionnelles de réussir leur migration vers l'Internet est illustrée par le classement des sites publié par MediaMetrix : sur les 25 sites réalisant la meilleure audience, seuls 5 sont issus des médias traditionnels, et aucun de ces 5 sites ne porte la même marque que leur marque support (Disney et NBC). En Europe, la proportion d'entreprises traditionnelles parmi le Top 25 est plus élevée du fait de l'organisation particulière des télécommunications. Les opérateurs téléphoniques ont développé des portails couplés avec leur offre de fournisseurs d'accès, ce qui leur assure une audience importante. Le classement des sites aux États-Unis en décembre 2000 est le suivant :

Le facteur taille

Cet indicateur est également lié à l'audience. Il est déterminé par deux facteurs : le nombre de visiteurs et la performance de l'action en bourse (pour les sociétés cotées). L'important est d'avoir une audience qui augmente rapidement et d'être perçu comme une entreprise ayant une croissance rapide.

Les statistiques du site (nombre de pages vues, nombre de visiteurs uniques, temps passé sur le site, etc.) permettent à l'entreprise d'acquérir une plus grande crédibilité et d'être en position de force pour négocier avec les investisseurs, les annonceurs, etc. Par ailleurs, les performances boursières de l'entreprise lui permettent d'être identifiée comme un acteur ayant mis en œuvre une stratégie gagnante sur Internet.

Les alliances et acquisitions

La vitesse de croissance de l'Internet est sans précédent. Alors que la radio a mis 40 ans à atteindre 40 millions d'utilisateurs, Internet a atteint ce seuil en cinq ans seulement. Il est impossible pour une entreprise de s'adapter à cette évolution rapide sans recourir à des partenaires externes. Le développement de l'Internet s'est donc dès le départ accompagné de vagues d'acquisitions.

Les partenariats permettent aux entreprises d'élargir leur gamme de produits sans mettre en œuvre toutes les infrastructures nécessaires à cette nouvelle activité. À cet égard, on peut citer le partenariat de Yahoo avec Reuters pour l'actualité, qui permet à Yahoo de proposer un service apprécié des utilisateurs et à Reuters de bénéficier de l'audience du portail.

Les acquisitions répondent à la même logique. Les sites recherchent sans cesse à enrichir leur contenu et procèdent pour cela à des acquisitions. Le tableau suivant résume les principales acquisitions du secteur depuis 1996.

Table 6 : Major Internet Mergers and Acquisitions since 1996

Date Announced	Acquirer Name	Target Name	Target Full Business Description	Value of Transaction ($ Million)
01/09/2000	America Online Inc	Time Warner, Inc	Media conglomerate	160,000
30/09/1999	CMGI Inc	Flycast	Advertising services	700
30/09/1999	CMGI Inc	AdForce	Advertising services	500
	America Online Inc	Mapquest, Inc	Vertical	1,100
25/10/1999	Excite At Home	Bluemountain.com	Community: online greetings cards	1,050
13/07/1999	Excite At Home	iMall Inc	Etailer and content provider targeted at babies and parents	460
12/07/1999	Walt Disney Co	Infoseek Corp	Horizontal portal	1,607
12/07/1999	DoubleClick Inc	NetGravity Inc	Advertising services	512
20/05/1999	Healtheon Corp	WebMD Inc	Vertical	7,865
10/05/1999	NBC Multimedia Inc	Snap LLC	Horizontal portal	522
10/05/1999	NBC	Xoom.com Inc	Community	1,510
20/04/1999	eToys Inc	BabyCenter Inc	Etailer and content provider targeted at babies and parents	652
01/04/1999	Yahoo! Inc	Broadcast Com Inc	Webcasting technology	4,733
27/01/1999	Yahoo! Inc	GeoCities	Community	4,660
19/01/1999	At Home Corp	Excite Inc	Horizontal portal	5,950
24/11/1998	America Online Inc	Netscape Communications Corp	Internet technology developer and horizontal portal	4,199

Source : *Deutsche Bank.*

La capacité d'innovation

L'innovation ne signifie pas pour une société Internet la réalisation du site le plus complexe possible. Les déboires de Boo.com sont à cet égard éloquents. La capacité d'innovation est l'aptitude à anticiper les attentes du consommateur, voire à les créer. Yahoo semble le meilleur exemple de site innovant. L'activité originelle de moteur de recherche est maintenant marginale (moins de 20 % de l'activité aujourd'hui contre plus de 80 % en 1997) et Yahoo a développé une gamme très complète de services afin de proposer à l'internaute tout ce qu'il peut rechercher sur le Web. C'est dans cette intégration de tous les services que se situe l'innovation apportée par Yahoo. En effet, le service d'e-mail gratuit était proposé depuis bien longtemps par Hotmail lorsque Yahoo a mis le sien en place. Mais, pour la première fois, un véritable portail était créé, proposant un panel complet des services disponibles sur Internet.

Un service centré sur le consommateur

Cette caractéristique est assez proche de la capacité d'innovation. Internet impose aux entreprises une personnalisation accrue du service proposé. Leur connaissance du consommateur est plus fine, mais la capacité du consommateur à choisir est également démultipliée.

Dans cette optique, le *front-end* et le *back-end* doivent être particulièrement soignés. Le front-end désigne l'interface du site et doit permettre au client de commander facilement, tout en lui offrant un large choix et un descriptif détaillé des produits. La grande faiblesse de Boo résidait dans son interface trop complexe.

Le *back-end* permet au consommateur de recevoir le bon produit, dans les conditions attendues et au bon moment. Cela correspond en fait à la partie logistique du commerce électronique, partie primordiale et qui pose souvent des problèmes aux sites. Cette partie ne pose pas de réels problèmes lorsque les objets commandés sont de gros volumes (les entreprises « traditionnelles » proposent également leur livraison). En revanche, pour des produits peu volumineux ou des paniers à bas prix, l'enjeu est de proposer un suivi de la commande irréprochable tout en contrôlant les coûts. La *back-end* apparaît comme le facteur discriminant pour les entreprises de e-commerce et va permettre de déterminer quels vont être les survivants dans le secteur.

Particularités du marché européen

Des entreprises de taille supérieure

L'Europe accuse un retard d'environ 18 mois sur le marché américain de l'Internet. Cela a permis aux entreprises traditionnelles européennes de se lancer dans cette activité, en apprenant les leçons des échecs de leurs homologues américaines. Ainsi, si le marché américain est dominé par les entreprises ayant une activité centrée sur l'Internet, le marché européen l'est par les entreprises de communication traditionnelles qui ont développé des filiales Internet. Cette caractéristique a été accentuée par la moins grande culture entrepreneuriale en Europe.

Si des start-up Internet vont parvenir à prendre une part du marché (ou le font déjà), on peut estimer que les principales sociétés Internet, en Europe, seront les filiales des grands groupes (T-Online, Terra Networks sont de bonnes illustrations de ce phénomène).

Des cultures et des langues différentes

Le marché européen est loin d'être homogène. Ceci explique en grande partie le relatif échec des entreprises américaines implantées sur le territoire européen. Beaucoup ont estimé que l'implantation d'une filiale au Royaume-Uni suffisait à leur ouvrir le marché des 300 millions d'internautes européens. Or, l'Europe est caractérisée par les différences de langue et de culture entre chacun des pays. Cela favorise le succès des acteurs locaux, qui connaissent parfaitement leur cible. Ainsi, dans chaque pays, le site leader est le fournisseur d'accès national. Certaines entreprises américaines ont néanmoins pris en compte ce facteur : l'offre de Yahoo est personnalisée selon chaque pays, ce qui permet à l'entreprise d'obtenir de très fortes audiences dans tous les pays européens.

Pour les sites de e-commerce, il est nécessaire de prendre en compte les différences de réglementation, ainsi que les disparités de taux de TVA. La conquête du marché européen se révèle par conséquent plus difficile que celle du marché américian parce qu'elle impose de multiplier les versions du site afin de répondre aux exigences culturelles et réglementaires des clients.

Un régime de télécommunications particulier

Enfin, la dernière particularité qu'il convient de souligner pour comprendre le marché européen est le prix des communications locales en Europe. Alors que ces dernières sont gratuites aux États-Unis, elles restent payantes dans les pays européens. Cette caractéristique a une influence non négligeable sur le développement de l'Internet et sur le temps moyen passé en ligne. Alors qu'il est de 43,2 heures par mois aux États-Unis, le taux moyen est de 11,7 heures en France et 13,2 en Allemagne.

Par conséquent, en Europe, Internet est plus un moyen de transaction qu'un outil de divertissement. Ceci doit être pris en compte dans les business-models choisis par les start-up : le service doit être suffisamment fonctionnel pour permettre un temps de visite court et il faut privilégier les services utiles aux purs outils de divertissement.

Une autre conséquence des communications locales payantes est l'émergence en Europe de fournisseurs d'accès gratuits, qui se rémunèrent grâce aux commissions rétrocédées par les opérateurs téléphoniques.

On peut résumer les enjeux stratégiques du secteur par les tableaux suivants.

Barrières à l'entrée

Barrières	**Spécificités nationales** – Réglementations nationales – Différences linguistiques	**Effet réseau** – Croissance exponentielle – Taille critique – Création d'un standard – Bouche à oreille	**Coût du changement** – Perte de temps – Temps d'apprentissage – Nécessité d'information
Adaptées aux	– Contenu – ISP – E-commerce	– Logiciels – Contenu – E-commerce – ISP	– Conseil – ISP – Contenu
Implications	**Émergence de leaders nationaux**	Avantage compétitif pour le leader	
Qualité requise	– Différenciation locale	**Notoriété**	**Fidélisation**

Source : *Paribas.*

Grille d'évaluation de la qualité du secteur	
	Critères
Leviers offerts par Internet	– Quel est le potentiel de gains par rapport aux entreprises *bricks and mortar* ? Internet permet-il d'ouvrir de nouveaux marchés ? – Internet permet-il une baisse des coûts ? Entraînera-t-il une réorganisation du secteur ? – Les produits sont-ils adaptés à Internet ?
Perspectives de concentration du secteur	– **Horizontale** : les leaders européens seront constitués par la concentration des leaders nationaux. Cette concentration a-t-elle déjà commencé ? – **Verticale** : le secteur est-il attractif dans une logique d'intégration verticale ? Existe-t-il des activités connexes susceptibles d'être intéressées par ce secteur ?
Force des barrières à l'entrée	– L'effet réseau est-il important (marketing viral, taille critique) ? – Les spécificités culturelles et linguistiques favorisent-elles l'émergence de leaders nationaux ? – Les sociétés traditionnelles du secteur vont-elles se développer en ligne ?

Source : *Paribas.*

Grille d'évaluation du positionnement concurrentiel	
	Critères
Caractère innovateur	La société est-elle innovante ? L'avantage au premier entrant est très fort, tant pour les innovations en termes de marketing que pour les innovations technologiques.
Fondamentaux	– Qualité du management : c'est l'un des principaux facteurs de différenciation. Il faut des managers capables de gérer la très forte croissance. – Fiabilité du modèle économique : la diversification des sources de revenus est un impératif (si elle reste soutenable). – Société centrée sur son core-business : la société doit développer une activité stratégique avant d'entreprendre toute diversification.

.../...

Position concurrentielle	– La société a-t-elle une taille critique ? Ce critère a un impact sur le coût de recrutement de nouveaux clients. Part de marché. – Position de prédateur ou de proie ? La concentration actuelle du secteur force les entreprises à se positionner par rapport à cette problématique.

Source : *Paribas.*

La valorisation par les multiples : détermination des indicateurs pertinents selon le business model

La valorisation des sociétés Internet en Europe relève plus actuellement d'un art que d'une science exacte. Les valeurs Internet sont aujourd'hui évaluées en fonction des revenus significatifs qu'ils sont susceptibles de générer dans le futur mais la valorisation est fondée sur les éléments financiers actuels, qui sont ceux d'entreprises en démarrage. Ainsi, les analystes sont confrontés à des multiples qui remettent en cause tous les référents habituels.

La valorisation des sociétés Internet semble donc être un exercice impossible. Ce sentiment est exprimé par deux points de vue d'Andy Grove, président d'Intel :

« Les analystes devraient considérer que ces valeurs sont hautement spéculatives et ne pas tenter de les évaluer. L'acheteur de ces actions n'investit pas, il effectue un pari, il parie sur une nouvelle technologie, un nouveau service. Les gains peuvent être énormes mais ils relèvent du hasard et non d'une analyse financière poussée. » De même, *« Mon retour sur investissement en matière de e-commerce ? Êtes-vous fou ? Je suis comme Christophe Colomb découvrant le nouveau monde. Quel était son retour sur investissement ? »*

En dépit de ces assertions propres à décourager toute tentative de rationalisation des valorisations des sociétés Internet, il semble nécessaire de définir des méthodes permettant de définir la valeur des entreprises du secteur. Ces méthodes doivent être adaptées par rapport aux méthodes traditionnelles, afin de prendre en compte les caractéristiques d'un secteur naissant, et pour le moins de comparer les entreprises entre elles. Néanmoins, on ne saurait s'affranchir totalement des méthodes traditionnelles. Le caractère nouveau du secteur ne justifie pas l'application de méthodes de valorisation irrationnelles. La dérogation accordée au secteur en raison de son absence totale de maturité ne saurait se prolonger indéfiniment.

Le DCF est considéré comme la seule méthode permettant de déterminer de façon acceptable la valeur intrinsèque d'une entreprise. Il semble néanmoins difficile à exploiter dans le cas des sociétés Internet. Certains analystes effectuent des actualisations de cash-flows sur des périodes de 25 ans. Ces tentatives semblent prématurées. Il est en effet difficile de prévoir d'une année sur l'autre les cash-flows d'une entreprise ayant six mois d'existence, il semble donc irréaliste d'espérer effectuer des prévisions fiables à 25 ans. De plus, les prévisions proposées à très long terme retiennent une part excessive de la valeur du cash flow final dans la valeur obtenue, ce qui remet en cause la méthode (au-delà de 60 %, la méthode peut être critiquée).

Le modèle d'actualisation des cash-flows reste valide, mais le secteur de l'Internet exacerbe ses inconvénients : la sensibilité aux hypothèses. La formation d'hypothèses à long terme est d'autant plus difficile que le secteur est nouveau. De plus, l'actualisation de cash-flows futurs éloignés exacerbe la sensibilité au taux d'actualisation, dont le choix est toujours sujet à discussion. Enfin, la méthode du DCF nécessite, pour être appliquée aux sociétés Internet, de tester diverses hypothèses et de les pondérer, ce qui ajoute à l'imprécision. On présentera néanmoins la méthode mise en place par McKinsey pour actualiser les cash-flows des sociétés Internet. Pour le moment, la méthode du DCF est avant tout utilisée « à rebours ». En partant de la capitalisation boursière actuelle des sociétés, on détermine grâce au DCF quelles sont les hypothèses économiques qui la sous-tendent, c'est-à-dire à quelles prévisions de cash-flows sur 5 ou 8 ans correspond la valeur actuelle de la société.

Les analystes semblent donc condamnés actuellement à se contenter de méthodes de valorisation spécifiques à la « nouvelle économie ». Néanmoins, ces méthodes peuvent donner une idée assez juste des chances de succès des entreprises Internet et de leur valeur relative. Pour cela, il convient de définir les indicateurs pertinents pour chaque type de site.

Choix des multiples pertinents

Il convient de souligner que la valorisation des sociétés Internet ne s'affranchit pas des multiples traditionnels. L'absence de bénéfices des sociétés qui en sont au début de leur phase de développement rend simplement parfois délicate leur utilisation. Elle interdit tout d'abord toute utilisation du PER. Mais un multiple classique du chiffre d'affaires reste pertinent, ainsi que, lorsqu'ils sont applicables, les multiples d'EBITDA et d'EBIT. Les multiples d'éléments financiers restent les principaux critères de valorisation. Les autres éléments n'ont de raison d'être que parce qu'ils permettent d'affiner cette valorisation.

Le tableau présenté p. 293 résume les principaux indicateurs utilisés et détermine leur pertinence selon le business model de la société valorisée. Tous ces indicateurs seront détaillés ensuite, lors de l'étude des différents business-model.

La valorisation des sociétés de conseil Internet

Ce secteur est constitué d'un nombre suffisant de sociétés cotées pour permettre d'effectuer une évaluation pertinente par la méthode des comparables boursiers. À la différence de nombreux autres segments du secteur de l'Internet, les sociétés sont pour la plupart rentables, ce qui permet l'utilisation de multiples traditionnels.

Les sociétés de conseil en Internet vont connaître de très forts taux de croissance organique du chiffre d'affaires au cours des deux prochaines années (de 50 à 100 % selon les analystes de Paribas). La rentabilité des entreprises du secteur est très différente selon leur capacité à absorber leurs acquisitions et leur maîtrise de la croissance organique. Les sociétés maîtrisant mieux ces deux facteurs bénéficient d'une prime que l'on retrouve dans leur multiple de chiffre d'affaires. De même, la taille de l'entreprise et le caractère international font bénéficier certaines entreprises d'une prime à la valorisation.

Les ratios retenus pour cette évaluation sont les suivants :

- multiple du chiffre d'affaires ;
- multiple de l'EBITDA ;
- multiple du résultat net ;
- VE/consultant ;
- CA/consultant.

Positionnement des entreprises européennes retenues pour l'exemple :

Société	Hébergement	Informatique	Marketing	Stratégie
Fram	•	••	••	••
Icon Medialab		••	••	••
Integra	••	••		

Suite p. 294

VE : Valeur de l'entreprise

Multiple	Signification	Pertinence pour le business model				
		ISP	Contenu	Commerce	Conseil	Logiciel
VE/CA	Souvent le seul critère financier disponible lorsque les sociétés ne sont pas rentables. Cet indicateur doit être rapporté à la croissance attendue du Chiffre d'affaires pour être pertinent.	•	••	•••	•••	••
VE/Utili-sateur	Cet indicateur est un excellent critère de mesure de la fiabilité des prévisions du chiffre d'affaires. Il met également l'accent sur l'audience comme critère de rentabilité: cet indicateur est donc avant tout pertinent pour les entreprises dont le business-model est fondé sur la publicité.	••	•••	•	•	••
VE/membre	S'applique surtout aux ISP, pour lesquels ce critère détermine le chiffre d'affaires. Pour les sites de contenu, les membres sont souvent les utilisateurs ayant accepté de donner des informations précises sur eux-mêmes, ce qui leur permet d'offrir des prestations de marketing direct aux annonceurs.	•••	••	••	•	•
VE/1000 pages vues ou VE/temps passé sur le site par jour	Critère adapté surtout aux start-up dont le chiffre d'affaires n'est pas encore significatif. Déterminant pour estimer la croissance des revenus publicitaires. Moins significatif malgré tout que le critère des visiteurs uniques.	••	•••	•	ns	ns
VE/SIG avant frais de marketing	Cet indicateur permet de pallier l'absence de résultats positifs. On considère en effet que les frais de marketing et publicité sont des investissements, ce qui permet de les sortir du compte de résultat. On obtient ainsi des soldes positifs dont on peut faire des multiples et qui servent de comparable. Ce critère permet de renouer avec des méthodes de valorisation plus traditionnelles.	•	•••	•••	ns	ns
CA/salarié	Critère important pour déterminer la rentabilité du business model. Permet d'évaluer la maîtrise des coûts de personnel.	ns	ns	•	••	ns
CA/abonné ou CA/utilisateur	Ce critère est à rapprocher du coût d'acquisition des nouveaux clients. Il permet d'évaluer la capacité de l'entreprise à transformer le trafic en chiffre d'affaires.	•••	•••	••	ns	ns

En retenant les facteurs définis, on obtient les multiples suivants :

Multiples de valorisation des sociétés de conseil Internet					
Société	PER			VE/consultant (en M€)	CA 2000 /consultant (en M€)
	1999	2000	2001		
Fram	1129,0x	140,0x	101,0x	2 095	126
Icon Medialab	ns	ns	ns	1 662	215
US Web	99,0x	63,0x	41,0x	642	187
Razorfish	226,0x	192,0x	175,0x	1 081	53
Moyenne Web Services	**484,7x**	**131,7x**	**105,7x**	**1 370**	**145**
Integra	ns	ns	ns	1 891	47
Exodus	ns	ns	ns	4 801	410
Moyenne hébergement	**ns**	**ns**	**ns**	**3 346**	**229**
Moyenne générale	**484,7x**	**131,7x**	**105,7x**	**2 029**	**173**

Les multiples obtenus sont à rapprocher des facteurs clés de succès définis précédemment pour le secteur du conseil. Pour chacune de ces sociétés, il convient d'établir le positionnement par rapport aux sept critères définis et de les comparer avec l'entreprise que l'on désire valoriser.

Les multiples présentés montrent que les sociétés européennes sont plus valorisées que les sociétés américaines du secteur. Ceci s'explique par la moindre maturité du secteur en Europe, qui permet d'espérer des taux de croissance supérieurs. De plus, le nombre encore limité de sociétés Internet cotées sur les places européennes les fait bénéficier d'une prime liée à la volonté des investisseurs institutionnels d'intégrer une part de valeurs technologiques dans leur portefeuille. Les fortes différences existant dans les multiples d'EBITDA et les PER sont majoritairement dues aux différences de rentabilité, qui illustrent des stades de développement différents.

La valorisation des fournisseurs d'accès

Les ISP représentent 46 % de la capitalisation boursière des sociétés Internet en Europe. Les trois premières capitalisations boursières européennes sont des ISP. Comme dit précédemment, le secteur des ISP en Europe présente la particularité de contenir des acteurs qui proposent un accès gratuit à Internet (Freeserve, Liberty Surf, par exemple).

Afin de valoriser les ISP, il convient tout d'abord de distinguer ceux qui interviennent sur le marché des entreprises et ceux qui proposent leurs services aux particuliers. Les multiples induits seront en effet très différents selon le segment d'intervention.

Le tableau suivant résume les domaines d'intervention des principaux ISP européens.

Segment de marché couvert par les ISP européens		
Société (actionnaire principal)	**Particuliers**	**Entreprises**
Terra Networks (Telefonica)	• •	•
Freeserve (Dixons)	• •	
BT Internet (British Telecom)	• •	•
T-Online (Deutsche Telekom)	• •	•
Wanadoo (France Télécom)	• •	•
Tiscali	• •	
Freenet (Mobilcom)	• •	
Easynet	•	• •
Affinity		• •
Distefora		• •
Internet Technology Group	• •	• •
Cybernet		• •
Infosources	• •	
Gigabell	•	• •
Metabox	• •	

• • *: cœur de l'activité* • *: activité principale.*
Source : *Paribas.*

Afin de réaliser l'évaluation des ISP, il convient de déterminer deux types de critères :

- les critères de profitabilité permettent de valider le business model de l'entreprise et d'étudier ses fondamentaux. On pourra ensuite corriger la valeur obtenue en comparant les indicateurs de rentabilité de la société avec ceux des sociétés retenues dans l'échantillon.
- les critères de valorisation sont pertinents pour évaluer l'entreprise. Le grand nombre de sociétés cotées dans le secteur va permettre de disposer d'une large base de valorisation, que l'on

affine ensuite en étudiant de manière approfondie les différentes sociétés composant l'échantillon.

Critères de profitabilité retenus

Critères de profitabilité des ISP européens	
Critère retenu	**Explication**
CA/abonné	Permet de déterminer la contribution de chaque utilisateur au chiffre d'affaires de l'entreprise. Ce critère est important dans le cas des ISP dont le chiffre d'affaires vient essentiellement des abonnements versés par les utilisateurs (pour les ISP gratuits, ce chiffre reste valable étant donné les commissions reversées sur les communications par les compagnies de téléphone).
CA/ nombre de pages vues par jour	Permet de déterminer la sensibilité du chiffre d'affaires à l'augmentation de l'audience. Cet indicateur illustre la double activité des ISP qui développent également des services de portail, générant ainsi des recettes publicitaires.
CA/1000 pages vues	Même justification que pour l'indicateur précédent, mais le CA/1000 pages vues permet de déterminer le tarif publicitaire pratiqué par l'ISP.
CA/annonceur	Il s'agit également d'un critère publicitaire. Détermine le montant moyen facturé par annonceur.

Pour les ISP gratuits, il convient également d'analyser la nature des contrats prévoyant une rétrocession des commissions de communications de la part des compagnies de télécommunication.

Tous ces critères permettent de valider le business plan et les hypothèses retenues pour l'établissement du compte de résultat prévisionnel. Toute augmentation prévue du chiffre d'affaires par abonné doit être justifiée (augmentation de l'abonnement, mise en œuvre de nouveaux services, etc.).

Critères de valorisation

La valorisation des ISP fait apparaître deux critères essentiels pour les investisseurs : la taille et la présence internationale. La valorisation actuelle des ISP européens fait apparaître des multiples bien plus importants que ceux des sociétés américaines. Ceci s'explique par la différence de maturité entre les deux marchés : le marché européen, en pleine phase de démarrage, dispose d'un potentiel de croissance plus important.

On utilise les critères suivants pour la valorisation des ISP.

Critères de valorisation des ISP	
Critère utilisé	**Pertinence**
Valeur d'entreprise/ Chiffre d'affaires	– Cet indicateur remplace (mal) les multiples de résultats dans le secteur de l'Internet où les résultats sont négatifs. – Pour des entreprises vraiment comparables, il constitue une première approche de valorisation à ne pas négliger. – Il est nécessaire d'affiner ce ratio en le pondérant par le taux de croissance du chiffre d'affaires.
Valeur d'entreprise/ nombre d'abonnés	– Ce critère est d'autant plus pertinent que le secteur des ISP connaît une consolidation rapide. – Le nombre d'abonnés est important parce que ces derniers permettent d'obtenir une récurrence élevée du chiffre d'affaires. – Les clients des ISP font partie des CSP supérieures, d'où un potentiel de CA/abonné élevé. – L'ISP possède de nombreuses informations sur ses abonnés, ce qui peut être utilisé pour vendre des prestations de marketing direct.
DCF	– Les ISP étant généralement proches de leur seuil de rentabilité, on peut utiliser la méthode de l'actualisation des cash-flows. – L'utilisation de cette méthode nécessite d'effectuer trois prévisions difficiles : – Taille du marché dans 5 ans. – Part de marché de l'entreprise par rapport au leader. – Niveau de marge de l'entreprise étudiée.
Multiples des résultats	– Le PER est rarement significatif, les entreprises n'ayant, pour la plupart, pas atteint leur niveau de rentabilité. De même, les multiples d'EBITDA et d'EBIT sont impossibles à établir. – Comme pour la plupart des sociétés Internet s'adressant au grand public, les soldes intermédiaires de gestion peuvent être corrigés en réintégrant les dépenses de marketing et de publicité, qui s'apparentent à des investissements. On peut ainsi appliquer les multiples traditionnels sur des soldes devenus positifs.

Enfin, la difficulté de valorisation des ISP réside dans leur stratégie de diversification de leur activité. Rares sont ceux qui maintenant sont de purs ISP : la plupart ont développé des portails, des composantes e-commerce, etc.

Ainsi, on peut employer deux stratégies de valorisation :

– Utiliser les multiples de sociétés comparables ayant développé le même panel d'activités.

– Décomposer l'entreprise en différentes activités que l'on valorise séparément. Par exemple, on pourrait valoriser les activités Internet de France Télécom en rapprochant Wanadoo de T-Online et Voila d'un portail tel que Lycos.

Cette diversification semble destinée à se renforcer, si l'on prend comme référence les ISP américains : AOL ne cesse d'investir dans le contenu afin d'étoffer son offre (la fusion avec Time Warner participe de cette stratégie). On assiste à une mutation du modèle économique, qui va remettre en cause les critères de valorisation choisis (même si ces derniers restent pour l'heure pertinents, étant donnée la stratégie actuelle des sociétés).

Actuellement, les revenus issus des abonnements représentent 70 % du chiffre d'affaires d'AOL contre 92 % de celui de Wanadoo. On peut donc prévoir pour les ISP européens une baisse des revenus issus directement des abonnés et une augmentation de la part de la publicité et des commissions de e-commerce dans le chiffre d'affaires. De même, Freeserve tire actuellement 51 % de ses revenus des rétrocessions de commissions de communications : la loi britannique étant susceptible de changer prochainement pour limiter ces rétrocessions, Freeserve va être contraint d'augmenter la part de son chiffre d'affaires issue de la publicité et du e-commerce. Le business model classique des ISP est donc en train de se modifier profondément.

Afin d'illustrer les critères de valorisation énoncés précédemment, on peut effectuer le tableau présenté à la page suivante, qui résume les données des principaux ISP.

Valorisation des ISP						
Société	**Business Model**	**Capitalisation (en M€)**	**Abonnés (millions)**	**VE/ abonnés (en €)**	**VE/CA 1999**	**VE/CA 2000**
Terra	Gratuit	15.703	0,86	18.259	x214	x102
Freeserve	Gratuit	9.318	1,50	6.212	x2141	x381
Tiscali	Gratuit	6.198	0,60	10.330	x152	x65
Freenet	Gratuit	1.909	0,63	3.029	x289	x115
Infosources	Abonnés	264	0,17	1.535	x11	x8
AOL	Abonnés	179.051	21,20	8.446	x30	x30

Utilisation de la méthode du « top-down »

On peut également utiliser la méthode « top-down » pour valoriser les ISP. Cela signifie que l'on part des niveaux de valorisation actuels pour déterminer quels sont les indicateurs qui les sous-tendent.

On estime d'abord la valeur induite de l'entreprise en 2009. On part pour cela de la valorisation actuelle et l'on considère que les investisseurs demandent un retour sur investissement de 10 %. On considère que cette valeur terminale représente 90 % et que la valeur des cash flows, actualisés entre 2000 et 2009, représente les 10 % restants. Afin de déterminer la structure du compte de résultat en 2009, on estime que le multiple d'EBITDA sera de 12x et que la marge sur EBITDA des entreprises du secteur est de 40 %.

Puis on détermine la taille du marché en 2009. Le cabinet Monitor a effectué les prévisions suivantes pour les différents marchés européens. Elles sont présentées dans le tableau de la page suivante.

Projections de la taille des marchés européens de l'Internet				
Marché national	**Entreprise évaluée**	**Marché considéré**	**Taille du marché en 2000 (en M€)**	**Taille estimée du marché en 2009 (en Mds€)**
Royaume-Uni	Freeserve	Publicité en ligne	92	3,5
		E-commerce	433	16,0
		ISP	572	6,5
		Total	1.097	26,0
Espagne	Terra Networks	Publicité	41	1,3
		E-commerce	193	7,2
		ISP	256	2,5
		Total	490	11,0
Italie	Tiscali	Publicité	50	2,1
		E-commerce	237	9,3
		ISP	313	3,5
		Total	600	14,9
Allemagne	Freenet	Publicité	173	7,2
		E-commerce	820	31,5
		ISP	1.086	11,4
		Total	2.079	50,1

Source : *Monitor.*

Enfin, on détermine la part de marché induite en 2009.

On obtient alors le tableau suivant, qui récapitule les hypothèses sur lesquelles reposent les valorisations actuelles de Freenet, Freeserve, Tiscali et Terra Networks.

Parts de marché induites par les valorisations actuelles					
		Freeserve	**Terra Networks**	**Tiscali**	**Freenet**
Prix de l'action	08-02-2000	7 35£	115	860	231,2
Parité/monnaie locale	08-02-2000	1,63£			
Nombre d'actions	En millions	1 008	280	15	17
Capitalisation boursière		12 098	9 660	12 900	3 930
Dette Nette		73	3,1	0,7	0,1
Valeur d'entreprise		12 025	9 657	12 899	3 930
Wacc utilisé		10 %	10 %	10 %	10 %
Valeur induite en 2009	En utilisant un wacc de 10 %	28 353	22 771	30 416	9 267
Valeur terminale	90 % de la valeur induite en 2009	25 518	20 493	27 374	8 341
Multiple d'EBITDA en 2009		12	12	12	12
EBITDA en 2009	Valeur induite par le multiple	2 126	1 708	2 281	695
Marge sur EBITDA en 2009		40 %	40 %	40 %	40 %

…/…

Chiffre d'affaires en 2009	Dérivé de la marge sur EBITDA	5,316	4.269	5.703	1 738
Marché publicité en ligne		3,868	1,728	2.114	7 328
E-commerce		16.647	7 439	9.098	31 539
Marché ISP		6,154	2 750	3,364	11 660
Marché global	CAGR de 43 % entre 2003 et 2009	26,669	11 918	14,576	50 527
Part de marché induite en 2009		20%	36 %	39 %	3,4 %

Calculs de sensibilité au wacc et à la marge sur EBITDA : l'exemple de Freeserve.

Freeserve :

	Marge sur EBITDA			
Wacc utilisé	**30**	**35**	**40**	**45**
8	23	19	17	15
9	24	21	18	16
10	27	23	20	18
11	29	25	22	19
12	31	27	23	21

La méthode « top-down » ou régressive permet de voir que le marché anticipe que les ISP vont conserver des parts de marché très élevées, comprises entre 20 et 40 % selon les entreprises. Freenet souffre de prévisions beaucoup moins favorables, étant donné sa position actuelle sur le marché allemand (ne se situe pas dans le top 3 des sites). Tiscali et Terra Networks ont des parts de marché attendues supérieures à 35 %, reflétant les anticipations du marché d'une expansion à l'étranger de ces deux opérateurs.

La valorisation des sites de contenu

En Europe, le secteur des portails et sites de contenu est assez peu développé. Il existe encore peu de sociétés cotées (même si elles font leur apparition sur le marché avec une vitesse étonnante). En janvier 2000, les sites de contenu ne représentaient que 4 % de la capitalisation boursière du secteur de l'Internet en Europe.

Les leaders du secteur en Europe sont Yahoo, Microsoft, Geocities (Yahoo), Lycos, Tripod (Lycos), Multimania, Voila.

Les sites américains ont réussi à s'adapter aux spécificités du marché européen et occupent les premières places, grâce aux services personnalisés qu'ils ont mis en place (une version du site par pays). Seuls Multimania et Voila parviennent à intégrer le top 8 européen.

Critères de rentabilité des sites de contenu

Les critères suivants conditionnent la rentabilité des entreprises du secteur et permettent de valider leur business model.

Critères de rentabilité des sites de contenu		
	Critère	**Intérêt**
Portails	CA/visiteur unique	– Permet de mesurer la capacité de l'entreprise à transformer le trafic en chiffre d'affaires. – Important pour valider la cohérence des hypothèses du business plan (évolution du trafic par rapport à l'évolution du CA).
	CA/nombre de pages vues par jour	– Même rôle que le critère précédent (les classements utilisent le nombre de visiteurs uniques mais les investisseurs utilisent indifféremment pages vues ou visiteurs uniques).
	CA/1000 pages vues	– Permet de déterminer les tarifs publicitaires et leur évolution.

.../...

	CA moyen par annonceur	– Indicateur des tarifs publicitaires pratiqués et du ticket moyen par annonceur.
Communautés	CA/nombre de pages personnelles hébergées	– Capacité à générer du chiffre d'affaires rapportée au nombre de membres.
	CA/1000 pages vues	– Critère publicitaire, *cf.* plus haut.

Critères de valorisation

Le tableau suivant résume les critères de valorisation retenus pour l'évaluation des portails et sites de communautés.

Critères d'évaluation des sites de contenu : portails et communautés	
Critère retenu	**Pertinence**
VE/CA	– Comme pour les ISP, ce critère constitue souvent le seul indicateur financier applicable. – Sa pertinence suppose de former un échantillon de sociétés vraiment comparables (même business model pour avoir une même structure du CA)
VE/visiteurs uniques	– Visiteur unique : personne ayant accédé au moins une fois au site durant un mois donné. – Les business models de ces sites étant majoritairement fondés sur la publicité, le nombre de visiteurs uniques est un facteur de génération du chiffre d'affaires.
VE/1000 pages vues	– Même utilisation que le critère précédent. – Permet de mettre en relation avec les recettes publicitaires pour 1000 pages vues.
VE/membre	– Pour les portails : le critère n'est pas toujours pertinent parce que le modèle n'est pas fondé sur l'existence de membres. Néanmoins, les informations dont dispose l'entreprise sur les membres sont généralement plus détaillées que pour les visiteurs uniques. Ce critère est donc un indicateur de la capacité de l'entreprise à vendre des services de marketing direct. – Pour les communautés : ce critère est assez déterminant puisque le succès d'une communauté repose sur son nombre de membres. Possibilité également de mettre en œuvre des services de marketing direct.

.../...

VE/SIG	– Comme pour les ISP, les résultats d'exploitation sont souvent encore négatifs. On applique donc des multiples aux résultats retraités des charges de marketing, que l'on considère comme des investissements. Cela permet d'obtenir des SIG positifs, dont on tire des multiples.
DCF	– L'absence de cash flows positifs oblige à actualiser les flux sur une longue période, ce qui remet en cause la méthode. – On peut néanmoins, comme on l'a fait pour les ISP, effectuer un DCF « à rebours » pour déterminer ce qui sous-tend les niveaux de valorisation actuels.

Les portails horizontaux désignent les portails généralistes, tels que Yahoo ou Lycos. Les portails verticaux sont, en revanche, des sites spécialisés sur un thème particulier. On peut par exemple citer Sportsline aux États-Unis, consacré au sport, ou encore Women.com, portail féminin. Les sites de communautés généralistes hébergent les pages personnelles de leurs membres, quel que soit leur sujet (exemple : Multimania). Il existe aussi des sites de communautés ciblés, qui ont généralement une optique B2B (communautés professionnelles), à l'image de VerticalNet.

Le business model des sites de contenu était à l'origine centré exclusivement sur les revenus publicitaires. On assiste peu à peu à une translation des sources de revenus, le e-commerce prenant une place de plus en plus importante.

Évolution de la structure du chiffre d'affaires des portails

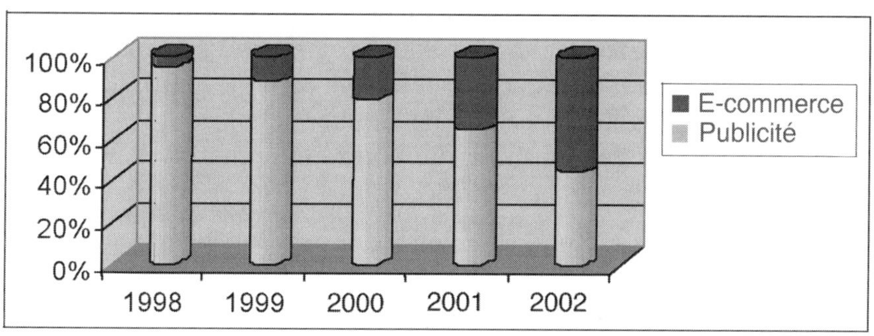

La publicité reste néanmoins pour le moment la principale source de revenu des sites de contenu. Il faut donc garder à l'esprit l'importance du facteur taille dans ce domaine, les 10 premiers sites américains percevant 70 % des revenus publicitaires aux États-Unis. Les sites nouvellement créés souhaitant attirer une part des revenus publicitaires sont obligés de générer le maximum de trafic pour séduire les investisseurs.

Les communautés ciblées et les portails verticaux parviennent à générer des recettes publicitaires plus importantes que les portails généralistes, à trafic égal. Leur audience plus ciblée leur permet de pratiquer des tarifs publicitaires plus élevés, puisqu'elle intéresse des annonceurs désireux de mettre en œuvre une campagne publicitaire en direction d'un public identifié.

Le tableau suivant applique les critères de valorisation précédemment établis au secteur des portails verticaux. Il intègre I-France, dont l'acquisition récente donne une idée des prix pratiqués sur le marché français.

	Cours de l'action au 04-05-00	Market Cap.	CA/VU	CA/page vue par mois	VE/VU	VE/page vue par mois	VE/page vue par jour	VE/ membre
Sportsline	18,0	467	7,7	nd	59,8	nd	31,1	nd
Women.com	4,8	221	5,9	nd	43,4	1,2	44,2	76,2
Ivillage	9,8	289	5,6	0,3	36,1	2,1	nd	68,8
Launch.com	7,6	103	2,7	nd	15,6	nd	nd	29,4
Iturf.com	4,6	91	8,3	0,1	30,5	0,5	nd	15,2
Moyenne			**6,0**	**0,2**	**37,1**	**1,2**	**37,7**	**47,4**
Ifrance (en -)	**na**	**160**	**18,6**	**0,6**	**72,7**	**2,2**	**nd**	**500,0**

Valorisation des entreprises de e-commerce

Les sociétés de e-commerce sont généralement moins valorisées en Europe que les autres sociétés du secteur de l'Internet. La raison en est simple : le e-commerce est le dernier des segments à se généraliser, les consommateurs ayant besoin d'acquérir une certaine confiance dans ce nouveau média avant d'accepter de donner leurs coordonnées bancaires. De plus, les acteurs importants du e-commerce en Europe ne sont pas encore cotés.

Avant de définir les méthodes de valorisation adoptées pour les entreprises de e-commerce, il est nécessaire de déterminer quels sont les facteurs qui déterminent le succès de ces sociétés.

On peut ainsi identifier les quatre critères suivants :

Critère	Explication
Qualité du modèle économique	– Analyse du retour sur capitaux employés. – Les intermédiaires purs vont connaître une croissance plus rapide dans un premier temps, du fait de leur moindre besoin en infrastructures. Ensuite, l'exigence de qualité de services les obligera à mettre en place les mêmes structures logistiques que les distributeurs.
Perspectives de croissance	– Elles dépendent du positionnement produit choisi par l'entreprise. Certains produits sont plus susceptibles que d'autres de faire l'objet d'un achat en ligne (voyage par exemple). – Elles dépendent aussi de la culture des pays d'implantation.
Force des barrières à l'entrée	– Ce critère majeur permet d'édicter les règles qui président à la valorisation des sociétés du secteur. – Les spécificités nationales existant en Europe favorisent l'émergence de leaders nationaux qui bénéficient d'une prime de valorisation (le deuxième site de e-commerce en France est Fnac.com). – L'effet réseau entraîne la formation d'un avantage compétitif pour le leader. La notoriété est un facteur déterminant et l'avantage du premier entrant est très fort. – La consolidation du secteur devrait intervenir prochainement. Les leaders seront les mieux placés pour acquérir des cibles potentielles.
Avantage compétitif	– Ce critère est à mettre en relation avec la capacité d'innovation de l'entreprise. Tout service innovant proposé par l'entreprise avant ses concurrents lui fait bénéficier d'un avantage compétitif déterminant.

Critères de valorisation des entreprises de e-commerce

Les *business models* des entreprises de e-commerce sont fondés sur les revenus issus des transactions effectuées *via* leur site. Les critères suivants ont été définis pour valoriser les entreprises du secteur.

Critères de valorisation des entreprises de e-commerce	
Critères	**Pertinence**
Multiple de chiffre d'affaires	– Comme pour les entreprises intervenant dans les autres secteurs de l'Internet, le multiple de CA est souvent le seul qui soit disponible, la plupart des sociétés n'ayant pas atteint leur seuil de rentabilité. – Peu satisfaisant, il donne quand même une indication sur la valeur, à condition de prendre des sociétés strictement comparables.
VE/Utilisateur ou par membre	– Cet indicateur est très pertinent pour les sociétés effectuant du e-commerce dans le cadre des sites de communautés d'intérêts. – Permet de déterminer qui sont les clients récurrents (importance cruciale de la notion de fidélité dans le secteur de l'Internet).
Multiples de SIG retraités des frais de marketing	– Même logique que pour les autres secteurs. – Permet d'utiliser les méthodes traditionnelles de valorisation par les multiples.
DCF	– Constitue toujours la méthode à privilégier. – Secteur encore trop jeune pour que le DCF donne une valeur satisfaisante mais cette méthode redeviendra adaptée dès que le secteur aura atteint un peu plus de maturité.

Le Business to Business

Un site de B2B est un portail spécialisé soit par métier (portail vertical), soit par produit (portail horizontal). Les portails verticaux sont utilisés pour ce qui relève du *core business* de l'entreprise (approvisionnements). Ils supposent une relation à long terme, des montants de transactions élevés et des coûts de changement élevés (intégration fournisseur/client). Au-delà de la transaction, le site apporte un important contenu informatif. Les portails horizontaux, en revanche, se rapprochent plus des activités de B2C. Ils concernent généralement les activités annexes de l'entreprise (achat de matériel informatique par exemple). Ils supposent des montants de transactions moins élevés, une relation centrée exclusivement sur la transaction, et le trafic est le facteur déterminant de succès de ces entreprises. Le marché du B2B représente 79 % du marché européen du e-commerce en 1999 (13,3 milliards de dollars). Sa croissance devrait néanmoins continuer à être exponentielle, toutes les potentialités du secteur étant loin d'être exploitées.

Le B2B permet de révolutionner la politique d'achat de l'entreprise. Il permet un meilleur accès à l'information, une simplification des procédures d'achat et une gestion optimale des stocks (gestion en temps réel).

Les business models des entreprises de B2B reposent sur trois types de revenus : marge commerciale, abonnement, paiement à la consultation de l'information.

Le Business to Consumer

Le développement du B2C, en Europe, accuse un retard par rapport au B2B, surtout du fait de la faiblesse de l'équipement des ménages en PC. Il représente actuellement 3,5 milliards de dollars mais la croissance annuelle attendue du secteur jusqu'en 2003 est de 98 %.

Les facteurs de succès d'un site de B2C sont proches de ceux d'un magasin spécialisé traditionnel : visibilité, qualité de services, offre attractive, marque. À cet égard, la fidélisation des clients est un enjeu majeur. La croissance du coût d'acquisition d'un nouveau client impose aux entreprises de mettre en œuvre une politique efficace de fidélisation. Internet favorise l'utilisation de tous les ressorts du marketing direct, ce qui permet d'accueillir chaque client de façon personnalisée et de lui proposer une sélection d'articles susceptibles de l'intéresser (Amazon a été la première entreprise à utiliser l'accueil personnalisé sur son site).

La valorisation des entreprises de B2C doit aussi tenir compte de la convivialité du site et de la simplicité de l'interface (contre-exemple de Boo.com). Par ailleurs, certains articles sont plus susceptibles que d'autres de faire l'objet d'un achat en ligne (services bancaires, voyages, etc.).

Les distributeurs de produits financiers

L'apparition de nombreuses sociétés de courtage en ligne appelle quelques commentaires. Tout d'abord, il faut noter que ce secteur va très probablement poursuivre son développement dans les années à venir, étant donné qu'il existe une réelle demande des consommateurs pour un accès direct à leurs services bancaires. De plus, le caractère immatériel des produits financiers permet de les distribuer par Internet sans connaître les problèmes de maîtrise logistique des autres segments du e-commerce. Le succès de Consors en Europe illustre bien la demande pour ce type de services.

Deux menaces pèsent néanmoins sur le secteur :

- la guerre des prix entre les nombreux acteurs du segment risque de peser sur leur rentabilité ;
- les banques traditionnelles investissent aujourd'hui le secteur (avec retard) et il est plus rassurant pour un consommateur de confier la gestion de son compte à une grande banque qu'à une start-up.

Toutefois, deux facteurs permettent de prédire le succès de ces entreprises : l'augmentation de la part d'épargne des ménages placée en actions et l'élargissement de la gamme de produits offerts qui leur permettra de se positionner comme de véritables portails financiers.

Toutes ces méthodes de valorisation sont des outils efficaces de comparaison des entreprises du secteur entre elles et permettent de valider les business models des sociétés. Elles ne constituent pas de véritables méthodes de valorisation. En effet, elles partent du principe que les valorisations actuelles sont justes et appliquent les multiples qui en sont issus aux autres entreprises.

Ainsi, il semble nécessaire de définir un outil de calcul de la valeur intrinsèque. C'est ce que tente d'effectuer la méthode McKinsey, qui applique une version modifiée du DCF à la société Amazon.com.

Retour au DCF : la méthode McKinsey

Arguant du fait que seul le DCF permet de déterminer la valeur intrinsèque d'une entreprise, McKinsey a tenté de renouer avec les méthodes traditionnelles de valorisation et a adapté les méthodes d'actualisation des cash flows pour la rendre applicable au secteur de l'Internet. Cette méthode a ensuite été appliquée à Amazon.com, figure emblématique de la nouvelle économie.

Présentation de la méthode

Le DCF reste la méthode la plus fiable pour valoriser une société. Le défi réside ici à utiliser cette méthode traditionnelle et à l'appliquer à la nouvelle économie. Trois facteurs rendent difficile la valorisation des sociétés Internet :

- celles-ci réalisent de très petits bénéfices, voire des pertes dus essentiellement aux frais de marketing très élevés qu'elles supportent ;
- ces sociétés connaissent des taux de croissance très élevés qui rendent délicate toute tentative d'évaluation ;
- le secteur est naissant et le devenir de ces sociétés demeure très incertain.

Néanmoins, la méthode du DCF semble aboutir sur des valorisations satisfaisantes (même si celles-ci restent tributaires de la volatilité intrinsèque des valeurs Internet). Les méthodes analogiques sont peu pertinentes lorsque l'on est en présence de sociétés dont les résultats d'exploitation et le résultat net sont négatifs et dont le chiffre d'affaires croît de façon exponentielle. De plus, ces méthodes ne prennent en compte que les trois ou, au mieux, cinq ans qui suivent, alors que le DCF permet de fonder l'évaluation sur des prévisions à plus long terme, donc d'être en phase avec les grands cycles de l'économie Internet.

Il est en effet attendu que les taux actuels de croissance de la nouvelle économie perdurent pendant au moins dix ans. Bien sûr, la méthode du DCF n'élimine pas la difficulté que l'on rencontre à faire des estimations de cash flows sur une longue période, mais elle a l'avantage de prendre en compte la croissance exponentielle des sociétés Internet et le risque inhérent au secteur. L'application de la méthode aux sociétés Internet nécessite quelques aménagements.

Tout d'abord, il semble plus judicieux de partir du futur pour effectuer les prévisions. L'état de la croissance future peut être défini par des indicateurs comme le taux final de pénétration, le revenu moyen par client et l'évolution probable du taux de marge. En effet, ce raisonnement « à l'envers » permet de se projeter dans un univers moins incertain. Les sociétés Internet connaîtront des indicateurs économiques stables à un horizon de dix à quinze ans et c'est sur ces indicateurs qu'il semble judicieux de fonder la méthode. Afin d'établir ces prévisions, on extrapole les données actuelles. Pour une entreprise de e-commerce, par exemple, son statut de premier entrant et sa capacité à avoir une forte capacité de pénétration vont déterminer les parts de marché dont elle disposera dans l'avenir, lorsque le marché aura une maturité supérieure.

Application de la méthode au cas d'Amazon.com

La capacité montrée par Amazon.com à pénétrer et dominer le marché de la vente en ligne est inédite. Amazon est parvenu à prendre le leadership sur le marché de la vente de cassettes vidéos en ligne en 45 jours (10 jours pour le marché des appareils électroniques). Sur ces bases, on peut donc considérer, en hypothèse optimiste, qu'Amazon.com va asseoir son leadership sur ce secteur aux États-Unis et, par conséquent, jouir d'une part de marché 12% sur les marchés du CD et du livre dans ce pays. Sur ces hypothèses, le chiffre d'affaires réalisé par Amazon.com en 2010 devrait atteindre 60 milliards de dollars (par comparaison, celui de Wal-Mart est estimé la même année à 300 milliards de dollars).

Il est maintenant nécessaire d'établir le bilan et le compte de résultat prévisionnels d'Amazon.com pour 2010. Considérant qu'Amazon occupera une place de leader sur le marché, sa capacité d'achat devrait être supérieure à celle de ses concurrents et donc permettre l'obtention de marges opérationnelles supérieures.

Afin d'établir les éléments du bilan, on peut effectuer des hypothèses sur le taux de rentabilité du capital (chiffre d'affaires divisé par la somme du capital utilisé et des actifs immobilisés). On estime que ce taux atteindra 3.4, contre 2.5 pour les revendeurs classiques.

En combinant ces différentes données, on obtient une hypothèse de départ pour les comptes de la société en 2010. Il s'agit là de prévisions optimistes qu'il conviendra ensuite de décliner pour obtenir des business-plans dégradés. La pondération finale de ces business-plans permettra d'obtenir une valeur cohérente pour Amazon.com. On obtient ainsi, pour l'hypothèse optimiste, un chiffre d'affaires de 60 milliards de dollars en 2010. L'EBIT atteint 7 milliards (avec un taux de 11%), et le capital total 18 milliards. On estime également que le taux de croissance du chiffre d'affaires d'Amazon.com sera de 15% pour les 15 années suivant 2010. Après 2025, on fixe un taux de croissance à l'infini de 5,5%, légèrement supérieur au taux de croissance de l'économie en général. On peut dès lors appliquer la méthode du DCF à ces hypothèses. La valeur actuelle d'Amazon.com est alors de 37 milliards.

Quatre scénarios

Dans le scénario A, Amazon.com devient la deuxième plus grosse entreprise de commerce (on line et off-line) aux États-Unis. La société a une consommation de capital bien inférieure aux autres intervenants du secteur, principalement grâce à son utilisation massive d'Internet. Dans la même logique, les coûts sont réduits et permettent une marge opérationnelle supérieure à celle des concurrents. On obtient, sur ces hypothèses, une valorisation d'Amazon.com à 79 milliards de dollars.

Dans le scénario B, le chiffre d'affaires d'Amazon.com n'est pas très différent du scénario A, mais on fait varier les marges et le besoin en capital, afin de les fixer à des niveaux comparables à ceux des entreprises du secteur. La valeur obtenue est alors de 39 milliards.

Le scénario C dégrade à la fois le chiffre d'affaires réalisé et les marges (qui restent au niveau de celles des revendeurs traditionnels). La valeur induite est alors de 15 milliards.

Enfin, le scénario D correspond à l'hypothèse catastrophe. Amazon.com ne parvient pas à capter une part significative du marché. Ses concurrents utilisent également les canaux de distribution d'Internet ce qui a un impact négatif sur les marges. La valeur obtenue pour Amazon.com est alors de 3 milliards.

On se trouve donc en présence de 4 scénarios, établissant une échelle de valeur comprise entre 3 et 79 milliards. Même si cette échelle est vaste, chaque scénario est plausible. On assigne à chacun une probabilité, afin de déterminer une valeur médiane satisfaisante.

La probabilité attachée au scénario A est très faible, il semble irréaliste de penser qu'Amazon.com va parvenir à obtenir de tels taux de marge sans provoquer de réactions de la part de ses concurrents. Une probabilité de 5 % semble réaliste. De même, le positionnement concurrentiel déjà établi par Amazon.com rend le scénario D peu probable. Néanmoins, par mesure de prudence, on lui assigne une probabilité supérieure. Enfin, les scénarios B et C, qui constituent l'hypothèse moyenne, dans laquelle Amazon.com obtient des marges moyennes et des taux de croissance satisfaisants, vont être attachés à la même probabilité, supérieure à celles des deux autres scénarios.

On obtient dès lors les résultats suivants :

	Valeur au DCF	Probabilité de réalisation	Valeur estimée
Scénario A	79	5%	3,95
Scénario B	37	35%	12,95
Scénario C	15	35%	5,25
Scénario D	3	25%	0,75
Valeur moyenne			**22,9**

La valeur finalement obtenue pour Amazon.com atteint ainsi 22,9 milliards de dollars. On peut la comparer avec la capitalisation boursière actuelle de la société, qui atteint 19,4 milliards (après avoir été supérieure à 40 milliards). On peut donc considérer que le cours actuel de la société est en phase avec la valeur intrinsèque, déterminée par le DCF.

Néanmoins, la faiblesse de la méthode réside dans la façon de fixer les probabilités, qui se révèle fortement subjective. Dès lors, on peut les faire varier afin de déterminer la sensibilité de la valeur obtenue à ces probabilités. Ainsi, on déterminera la volatilité de la valorisation effectuée. Pour cela, on détermine deux nouvelles combinaisons de probabilités, correspondant à une hypothèse optimiste et une hypothèse pessimiste.

Hypothèse pessimiste

	Valeur au DCF	Probabilité de réalisation	Valeur estimée
Scénario A	79	0%	0
Scénario B	37	25%	9,25
Scénario C	15	35%	5,25
Scénario D	3	40%	1,2
Valeur moyenne			**15,7**

Hypothèse optimiste

	Valeur au DCF	Probabilité de réalisation	Valeur estimée
Scénario A	79	10%	7,9
Scénario B	37	50%	18,5
Scénario C	15	35%	5,25
Scénario D	3	5%	0,15
Valeur moyenne			**31,8**

Dans l'hypothèse optimiste, Amazon.com parvient à asseoir sa domination sur le marché considéré. On augmente donc les probabilités attachées aux scénarios A et B. On obtient alors une valeur de 32 milliards.

Dans l'hypothèse pessimiste, Amazon.com devient un intervenant parmi d'autres. Les probabilités attachées aux scénarios C et D sont alors augmentées et la valeur obtenue est réduite à 16 milliards.

Cette volatilité est impossible à supprimer. L'échelle de valeur obtenue pour la société est alors comprise entre 16 et 32 milliards, avec une moyenne satisfaisante à 22,9 milliards de dollars.

Enfin, la dernière difficulté rencontrée lorsqu'il s'agit de déterminer la valeur d'une entreprise Internet réside dans le passage des probabilités à la réalité. L'incertitude qui entoure ce nouveau secteur rend délicate la distinction entre les entreprises qui connaîtront le succès et celles qui feront faillite à moyen terme. Tout le monde s'accorde pour prédire un écrémage dans le secteur, mais comment distinguer les entreprises qui en pâtiront des futurs vainqueurs ? Cette étape suppose de comprendre quels sont les déterminants de la création de valeur dans le secteur.

Dans le domaine d'intervention d'Amazon, le facteur clé semble être la valeur du consommateur. On peut donc retenir cinq déterminants pour servir de fondement à notre analyse :

1. le chiffre d'affaires moyen par client et le chiffre d'affaires moyen par annonceur publicitaire (éminemment lié au trafic et donc au nombre de clients) ;
2. le nombre total de clients ;
3. la marge par client ;
4. le coût moyen d'acquisition d'un nouveau client ;
5. la proportion de clients perdus chaque année (ou le degré de fidélité des clients).

Dans les quatre scénarios établis, les variables sont principalement le nombre de clients et le chiffre d'affaires moyen par client. Le scénario B présume qu'Amazon.com aura 120 millions de clients en 2010 (dont 84 millions aux États-Unis). Cette hypothèse suppose qu'Amazon.com reste le leader sur le marché américain et parvienne à établir une position confortable à l'étranger. Le chiffre d'affaires annuel moyen par client la même année est fixé à 500 dollars (correspondant à 2 CD, 3 livres, 2 flacons de parfum et, par exemple, un Organizer de poche), contre 140£ à la fin de 1999. Le taux de marge estimé est le même que celui réalisé actuellement (avant coût d'acquisition d'un nouveau client). Cette hypothèse semble possible, si l'on considère les économies d'échelles qu'Amazon.com est susceptible de réaliser à mesure que sa base de clientèle s'élargit. L'augmentation du coût d'acquisition d'un nouveau client est une tendance générale du secteur et accompagne invariablement la marche d'un secteur vers la maturité. Le taux de fidélité est fixé à un niveau élevé et présuppose une certaine paresse de la part des consommateurs. Un taux de fidélité élevé est nécessaire au maintien de la rentabilité de l'entreprise (étant donné le coût d'acquisition des nouveaux clients). Un taux de 75 % suppose qu'Amazon.com conserve ses clients quatre ans.

Dans ce scénario, les cinq variables sont donc établies comme suit :

Niveau des variables dans le scénario B :

	1999	2010
Chiffre d'affaires moyen par client en dollars	140	500
Nombre de clients (en millions)	9	120
Marge par client	14%	14%
Coût d'acquisition d'un nouveau client en dollars	29	50
Taux de fidélité	75%	75%

En conclusion

L'utilisation du DCF semble être une tentative louable pour appliquer une méthode rationnelle à une activité qui ne l'est pas. Il semble illusoire de supprimer les sources d'incertitude inhérente à cette activité. Pour s'en convaincre, il suffit de comparer la rentabilité obtenue par un investisseur en fonction des différents scénarios. Pour un investissement réalisé en 1999, le retour sur investissement dans le cas du scénario A est de 23 % par an. Le scénario C réduit ce gain à 7 % par an. On peut donc estimer que, dans le premier cas, le cours de bourse de 1999 sous-évaluait largement Amazon.com. En revanche, si l'on applique le deuxième scénario, il apparaît que le cours en 1999 était surévalué (retour sur investissement inférieur au taux de rentabilité exigé par l'investisseur). Ces données reflètent l'incertitude qui encadre le futur dans ce secteur. Le principal problème est de déterminer quels seront les nouveaux Microsoft ou Cisco.

Devant l'impossibilité d'appliquer les méthodes traditionnelles de valorisation aux sociétés intervenant dans le secteur de l'Internet, les analystes ont fait preuve de pragmatisme. Dépassant le premier mouvement qui a été de renoncer à établir des méthodes rationnelles de valorisation à un secteur qui semblait ne répondre à aucune rationalité, ils ont mis en place des outils de comparaison des entreprises du secteur, afin de valider les business models des sociétés naissantes.

Ainsi, de nouveaux outils ont été créés, dérivés des traditionnelles méthodes analogiques. Des indicateurs pertinents ont été définis en fonction de chaque modèle de développement : multiples de visiteurs uniques, multiples de soldes intermédiaires de gestion retraités, etc.

Néanmoins, ces nouveaux indicateurs ne sauraient constituer des méthodes de valorisation satisfaisantes. En effet, ils ne font que reproduire les niveaux de valorisation pratiqués sur le marché (comme toute méthode analogique) et ne déterminent en aucun cas la valeur intrinsèque de l'entreprise étudiée.

Partant de ce constat, certains analystes ont tenté de revenir à la méthode du DCF, universellement admise. Certains l'utilisent « à rebours » (méthode « top-down »), pour comprendre quelles prévisions sous-tendent les niveaux de valorisation actuels. D'autres ont modifié la méthode traditionnelle pour l'adapter aux spécificités du secteur de l'Internet (méthode McKinsey). Ces deux tentatives restent néanmoins peu satisfaisantes. Elles constituent toutefois une première approche de valorisation, en attendant que les méthodes traditionnelles puissent s'appliquer aux valeurs du secteur. En effet, lorsqu'elles auront atteint un stade de maturité supérieur, les sociétés Internet seront soumises aux méthodes utilisées pour les autres secteurs. La cohérence de leur niveau de valorisation ne pourra être établie qu'à ce moment-là. L'inévitable sélection aura alors lieu.

ANNEXE I : ENGAGEMENT DE CONFIDENTIALITÉ

Messieurs,

Dans le but pour l'investisseur <nom de l'investisseur> (l'INVESTISSEUR), sis au <adresse>, d'évaluer l'intérêt d'un investissement financier dans le capital de la société mentionnée ci-dessous (la SOCIÉTÉ), la SOCIÉTÉ, va présenter à l'INVESTISSEUR le concept et la description détaillée du projet mentionné ci-dessous (le PROJET) ; les caractéristiques techniques et les fonctionnalités de produits et de logiciels développés dans le cadre du PROJET ; des informations relatives au marché, au développement commercial et aux performances financières estimées de la SOCIÉTÉ, notamment contenues dans le business plan remis à l'INVESTISSEUR.

L'INVESTISSEUR comprend que la SOCIÉTÉ n'accepte de divulguer ces informations (les INFORMATIONS CONFIDENTIELLES) que dans le cadre des termes et conditions définis par le présent engagement de confidentialité (ENGAGEMENT DE CONFIDENTIALITÉ).

Nature de l'engagement

Nous nous engageons par la présente à conserver secrètes les **informations confidentielles** ainsi communiquées et, sauf accord préalable écrit de votre part à ne pas les communiquer de quelque manière que ce soit à tout tiers au présent **engagement de confidentialité,** étant précisé que ces **informations confidentielles** pourront être communiquées à nos dirigeants, administrateurs et employés, conseils et auditeurs, dès lors que cette communication est strictement nécessaire à l'analyse par nous-mêmes de ce dossier. Bien évidemment, nous vous garantissons par la présente que les personnes susvisées sont liées par un engagement de confidentialité dont les termes couvrent ceux du présent **engagement de confidentialité**.

Les **informations confidentielles** ne pourront en aucun cas être utilisées dans un but autre que celui de nous permettre d'apprécier notre intérêt à investir dans le capital de la **société.**

Par exception, dans le cadre de cet **engagement de confidentialité,** le terme **informations confidentielles** ne recouvre pas les informations qui :

1. sont déjà dans le domaine public à leur date de communication, ou qui viennent à y tomber sans manquement de notre part à l'une de nos obligations ;
2. sont déjà en notre possession à leur date de communication.

Dans l'hypothèse où nous serions contraints, par décision de justice, ou par toute loi ou réglementation applicable, de révéler tout ou partie des **informations confidentielles,** nous vous en informerons sans délai afin que vous puissiez, le cas échéant, intenter toute action légale nous permettant de limiter ladite révélation d'**informations confidentielles.**

Le présent **engagement de confidentialité** prend effet à la date de la présente lettre et restera en vigueur pour une durée de 3 (trois) ans à compter de cette date.

Le présent **engagement de confidentialité** est expressément soumis au droit français. Tout différend relatif à l'interprétation ou à l'exécution des présentes sera de la compétence exclusive du Tribunal de commerce de Paris.

Société : <nom> <adresse>

Représentée par : <nom> <adresse>

Projet : <innovation, champs d'application>

Fait à Paris le : <date>

Pour le compte de l'**investisseur,** représenté par M. <nom>

Signature :

ANNEXE 2 : EXEMPLE DE CONVENTION D'ACTIONNAIRES

Avertissement

Le modèle juridique qui suit est donné à titre purement indicatif et ne préjuge en rien de la grande diversité des situations possibles. La convention d'actionnaires est un document important puisqu'il régit les relations et les obligations réciproques des partenaires (entrepreneurs et financiers) de la création d'entreprise.

De telles conventions contiennent la plupart du temps des clauses classiques qu'il est bon de connaître, et surtout de comprendre, avant de les accepter.

Notre objectif ici est avant tout d'éviter à l'entrepreneur la désagréable impression de devoir signer un document épais et complexe sans en maîtriser les implications. Nous n'en présentons par conséquent que les clauses les plus importantes et les plus fréquentes.

Pour ce qui est de l'établissement d'un pacte réel, son élaboration doit être mûrement réfléchie et nous déconseillons fortement de copier en l'état le texte qui suit.

Entre les soussignés

Objectif de rédaction

Il s'agit de définir précisément les personnes physiques et morales impliquées. Elles sont généralement réparties en groupes d'intérêts, ce qui simplifie la rédaction des actes, surtout en cas d'arrivée de nouveaux actionnaires.

Exemple

- Monsieur XXX demeurant au XXX, ci-après dénommé l'**entrepreneur** ;
- La société XXX, au capital de XXX F, ayant son siège social au XXX, immatriculée au RCS de XXX sous le numéro XXX, représentée par M. XXX en qualité de XXX ;

  ci-après dénommés ensemble et solidairement, ainsi que les personnes morales ou physiques qui adhéreront au présent pacte avec les mêmes droits et obligations, le GROUPE MANAGER ou membres du GROUPE MANAGER, de première part ;
- Monsieur XXX demeurant au XXX ;
- La société XXX, au capital de XXX F, ayant son siège social au XXX, immatriculée au RCS de XXX sous le numéro XXX, représentée par M. XXX en qualité de XXX ;

ci-après dénommée, ainsi que les personnes morales ou physiques qui adhéreront au présent pacte avec les mêmes droits et obligations, le GROUPE INVESTISSEUR, de seconde part.

Après avoir exposé que

Objectif de rédaction

L'exposé des motifs est utile en cas de contestations ultérieures, notamment s'il apparaît une situation particulière où les dispositions de la convention ne sont pas applicables. Il permet de situer la convention dans son contexte économique et de rappeler au tribunal, le cas échéant, les raisons qui ont présidé à son élaboration. Le juge se rapportera à ce texte pour trancher les litiges.

Exemple

Le GROUPE MANAGER est titulaire, selon la répartition ci-dessous exposée, des titres composant le capital social de la société XXX, société anonyme au capital de XXX F, dont le siège social se trouve au

XXX, immatriculée au RCS de XXX sous le numéro XXX (l'entreprise) :

- Monsieur XXX : XXX actions ;
- La société XXX : XXX actions ;

Total : XXX actions

L'**entrepreneur** à constitué l'**entreprise** aux fins de développer une activité de <description de l'activité>.

Pour sa part, le **groupe investisseur** oriente particulièrement ses prises de participation dans des sociétés innovantes. En conséquence, le **groupe manager** déclare avoir souhaité se rapprocher du **groupe investisseur,** afin que l'**entreprise** bénéficie d'opportunités d'investissement contribuant à financer son développement industriel et commercial.

Parallèlement, le **groupe investisseur** déclare souhaiter pouvoir céder, au moment qu'il choisira la participation qu'il détiendra dans le capital social de l'**entreprise**, sans que le **groupe manager** ne puisse s'y opposer.

Dans cette perspective, un scénario de référence, figurant en annexe, a été élaboré par le **groupe manager** celui-ci s'engageant à faire leurs meilleurs efforts pour la réalisation des objectifs financiers qui y sont décrits.

Les soussignés déclarent que le présent pacte annule tout autre document précédemment rédigé et relatif à leurs relations exposées ci-après.

Il a donc été convenu ce qui suit :

Définition des termes

Objectif de rédaction

Ici encore, il s'agit simplement de fixer les notations, par souci de clarté et de simplicité de rédaction.

Exemple

Dans la présente convention,

- « société » désigne l'**entreprise** et toute société contrôlée par elle au sens des articles 354, 355-1 et 357-1de la loi du 24 juillet 1966 ;
- « partie(s) signataire(s) » désigne toute personne, physique ou morale, prise individuellement, ayant signé la présente convention ainsi que toute personne, physique ou morale, qui adhérerait à la présente convention en vertu d'un acte d'adhésion écrit, chaque « partie signataire » pouvant également être désignée dans la présente convention d'actionnaires par son nom propre ou sa dénomination sociale ;
- « titres » signifie toute part sociale, action, obligation, convertible ou non, à bon de souscription d'actions, échangeable, certificat d'investissement ou de droit de vote, warrant, option ou droit, de souscription, d'attribution... de la **société** et/ou de toute filiale, quelle qu'en soit l'origine, et plus généralement tout droit donnant, directement ou indirectement, immédiatement, à terme ou potentiellement droit à une quote-part du capital social et/ou permettant directement ou indirectement, immédiatement, à terme ou potentiellement, l'exercice d'un droit de vote dans la **société** et/ou de toute filiale ;
- « tiers » désigne toute personne physique y compris notamment conjoints, héritiers, ayants droit... ou morale, groupement, entreprise ou entité de quelque nature que ce soit n'étant pas une partie signataire.
- « transfert » désigne toute opération de quelque nature que ce soit, notamment démembrement, apport, échange, conversion, attribution, y compris adjudication, introduction en Bourse et/ou cotation sur quelque marché que ce soit ou en vertu d'une décision de justice, ayant pour effet de transférer, ou de permettre de transférer, de quelque manière que ce soit, à titre gratuit ou onéreux, totalement ou partiellement, directement ou indirectement, immédiatement, à terme ou potentiellement, un ou plusieurs titres détenus par une partie signataire à une ou plusieurs parties signataires ou au profit d'un tiers.
- « partie signataire cédante » désigne toute partie signataire qui envisage de procéder à un transfert de titres.

- « société concurrente » désigne toute société, autre que la société et les parties signataires, ayant pour objet de <objet social>, ou de prendre des participations financières dans de telles sociétés.

Droit d'information sur la société

Objectif de rédaction

Le droit d'information est à l'usage des investisseurs. Il leur permet de suivre l'évolution de leurs participations. Ce droit doit être adapté bien entendu à la taille du projet qui doit justifier les éventuels coûts d'audit mis en jeu.

Exemple

Événements exceptionnels

Outre les droits d'information visés par les textes légaux et réglementaires, le **groupe fondateur** s'engage à ce que le **groupe investisseur** soit informé par écrit, tant par les organes de direction de la **société** que par les membres du **groupe fondateur,** préalablement à leur réalisation et dans un délai raisonnable compte tenu de la nature de l'opération en cause, de toute opération exceptionnelle, et notamment :

- de toute acquisition de valeurs mobilières ou modification d'une participation existante dans une filiale ;
- de tout programme d'investissement ou de désinvestissement supérieur à cinq cent mille francs (500 kF) ;
- de tout prêt consenti à des tiers et/ou de cautions ou garanties apportées à des tiers ;
- de prêts ou emprunts d'un montant supérieur à cinq cent mille francs (500 kF) ;
- de modifications significatives dans la structure capitalistique de la **société ;**
- de toute convention réglementée, soumise aux dispositions de l'article 101 de la loi du 24 juillet 1966 sur les sociétés commerciales ;
- de toute modification dans les méthodes d'évaluation et de présentation des comptes ;

- de toute création d'activité nouvelle ou de cessation, cession ou scission d'une activité existante ;
- de toute procédure d'alerte déclenchée par les commissaires aux comptes ou tout fait de nature à compromettre la continuité de l'exploitation.

Documents réglementaires et de gestion

Le **groupe fondateur** s'engage également à ce que le **groupe investisseur** reçoive par écrit une copie des documents internes de gestion produits par la **société,** notamment :

- les comptes sociaux, dès qu'ils auront été arrêtés par l'organe compétent ;
- les rapports généraux et spéciaux du ou des commissaires aux comptes dès que ceux-ci auront été établis ;
- l'état des traitements versés aux cinq personnes les mieux rémunérées.

Reporting

Le **groupe fondateur** s'engage également à ce que le **groupe investisseur** reçoive par écrit les rapports spécifiques suivants dont le modèle est présenté en annexe :

- un budget annuel mensualisé « consolidé » ;
- un état trimestriel du carnet de commandes de la société ;
- un état trimestriel de rapprochements entre les comptes et les budgets ;
- un état trimestriel du besoin en fonds de roulement, de la trésorerie et du cash flow « consolidés » de nature à permettre une anticipation, le cas échéant, d'un défaut de trésorerie à venir ;
- un rapport trimestriel sur la conduite et le développement des activités commerciales, industrielles et financières de la **société** et notamment de tout fait susceptible de modifier de façon sensible ses conditions d'activité ou sa structure financière.

Droit de contrôle

De manière à lui permettre d'exercer son droit d'information décrit cidessus, le **groupe investisseur** est, d'ores et déjà, expressément autorisé à faire effectuer à sa charge, à tout moment, des audits par tout cabinet d'expert-comptables de leur choix, au siège social de la **société** qui mettra à disposition du cabinet d'expert-comptable toutes les informations et les documents appropriés et/ou qui seraient demandés par ledit cabinet d'expert-comptable.

Le **groupe investisseur** définira librement l'étendue des audits ainsi menés, dans la limite du respect de l'activité normale de la **société.**

Confidentialité

Les parties signataires s'engagent au respect de la plus stricte confidentialité concernant ces informations, s'interdisant de les divulguer sans l'accord écrit préalable de la **société** ou de ses actionnaires.

Nantissement

Objectif de rédaction

Le nantissement des titres est à l'usage de l'entrepreneur. Il est en général très mal vu par les investisseurs car il présente un risque non contrôlé d'évasion de la substance de l'entreprise.

Exemple

Au cas où l'une des parties signataires désirerait nantir ses titres, elle pourra librement le faire dans la mesure où le créancier, bénéficiaire du nantissement, renonce à son droit de demander l'attribution du gage.

Droit de préemption

Objectif de rédaction

Lorsqu'un actionnaire vend ses parts, le droit de préemption protège les autres actionnaires contre un prix de transfert anormalement bas (un cadeau par exemple) : ils ont le droit d'acheter les titres au prix convenu, à la place de l'acheteur prévu. Ce droit protège également l'entrepreneur dans la mesure où il lui permet de conserver, en théorie, une majorité en cas de départ des financiers. Attention toutefois : il faut disposer de capitaux importants pour exercer le droit de préemption...

Le droit de préemption peut être total ou partiel. Dans la mesure où la menace de rachat partiel risque de bloquer l'offre d'un acheteur éventuel, nous conseillons la préemption totale.

Enfin, pour donner un peu de souplesse au dispositif, les cessions sont généralement libres à l'intérieur d'un groupe donné.

Exemple

1. Au cas où une ou plusieurs parties signataires projetterai de procéder à un transfert de titres, la présente convention prévoit pour les autres parties signataires un droit de préemption. À moins de renoncer à ce droit de préemption, les parties signataires souhaitant exercer ce droit devront le faire collectivement sur la totalité des titres proposés à la préemption.
2. Les parties signataires cédantes devront préalablement notifier aux autres parties signataires le projet de transfert envisagé en indiquant le nombre de titres dont elles envisagent le transfert, les conditions de prix et/ou de valorisation et de paiement proposées, ainsi que toutes les autres conditions (garanties) dont serait éventuellement assortie le transfert projeté, l'indication de l'identité du cessionnaire.
3. Les parties signataires souhaitant exercer leur droit de préemption disposeront d'un délai de trente (30) jours à compter de la notification du projet de transfert, pour convenir entre elles et notifier à toutes les parties signataires la répartition des titres offerts à la préemption. En cas de désaccord, la répartition se fera en proportion, pour chacune des parties signataires ayant notifié son intention de préempter, du nombre de titres dont elle est propriétaire, rapporté au nombre total de titres détenus par les parties signataires ayant notifié leur intention de préempter. Le délai de 30 jours ci-dessus sera porté à (60) soixante jours en cas de cession d'un bloc de contrôle ou portant sur plus de 30 % du capital ou des droits de vote.
4. En l'absence de notification dans le délai prévu à l'alinéa ci-dessus, ou si le total des demandes de préemption est inférieur au nombre de titres offerts à la préemption, les parties cédantes pourront procéder au transfert des titres, mais seulement dans les conditions prévues à l'alinéa 2.

5. Dans le cas contraire, le transfert interviendra au profit des parties signataires ayant exercé leur droit de préemption, selon la répartition définie ci-dessus, dans les conditions de prix qui ont été initialement notifiées en vertu à l'alinéa 2, dans un délai de huit (8) jours de l'expiration du délai prévu à l'alinéa 3.

Toutefois, par exception au droit de préemption ci-dessus, les transferts seront libres entre membres d'un même **groupe.**

Droit de sortie

Objectif de rédaction

Le droit de sortie est la clé de voûte du pacte d'actionnaires. Il sert essentiellement à protéger les intérêts de l'investisseur en lui offrant les conditions nécessaires de liquidité de son investissement : si un des actionnaires reçoit une offre de rachat, alors les autres actionnaires peuvent en profiter également, et dans les mêmes conditions de prix.

Exemple

En cas de transfert de titres par un membre du **groupe manager** et le **groupe investisseur** n'ayant pas exercé son droit de préemption, le **groupe manager** s'engage à ce que le **groupe investisseur** ait la possibilité de procéder au transfert concomitant de tout ou partie de ses titres par priorité sur le **groupe manager** aux mêmes conditions que celles obtenues par le **groupe manager.**

Les parties signataires bénéficiaires du droit de sortie devront notifier, dans le délai de vingt (20) jours de l'expiration du délai d'exercice du droit de préemption, si elles entendent demander la mise en œuvre du droit de sortie.

Pour la mise en œuvre du droit de sortie, le tiers devra s'engager irrévocablement, dans son offre écrite, à acquérir tous titres de la **société** qui seraient présentées ou à défaut, la ou les parties signataires cédantes s'interdisent de procéder au transfert.

Au cas où des parties signataires auraient exercé leur droit de préemption, elles resteraient tenues de respecter le présent droit de sortie.

Le transfert des titres des parties signataires ayant exercé leur droit de sortie devra être concomitant à celui du transfert des titres des parties signataires cédantes.

Le non-respect des obligations de notification résultant du présent article entraînera, de plein droit et sans mise en demeure préalable, le versement, par la partie signataire cédante, aux autres parties signataires au prorata du nombre de titres détenus par chacune d'elles, d'une indemnité, forfaitairement fixée en application de l'article 1152 du Code civil, sur la base de deux (2) fois le prix par titre que les autres parties signataires auraient obtenu si la présente clause avait été respectée, sans préjudice de tous autres dommages, intérêts et actions.

Quelles que soient l'époque et les conditions dans lesquelles le ou les membres du **groupe investisseur** seraient amenés à procéder à un transfert de titres, le transfert s'effectuera sans qu'aucune garantie, de quelque nature que soit, soit accordée par le ou lesdits membres du **groupe investisseur** au bénéficiaire du transfert.

Il s'agit d'une exigence difficile à contourner pour les Fondateurs, qui doivent toutefois garder à l'esprit que si la cession des titres du groupe Investisseur s'opére sans garantie d'actifs et de passifs, ils supporteront seuls 100% de la garantie exigée par l'acquéreur, alors qu'ils ne cèdent qu'un pourcentage très inférieur des titres et ainsi du produit de la vente de la société.

Exclusivité

Objectifs de rédaction

Il va de soi que les managers ne travaillent ni pour un projet concurrent, ni pour tout autre projet en parallèle...

Exemple

Les membres du **groupe manager** s'engagent à consacrer tout leur temps et à n'exercer leur activité professionnelle, à quelque titre que ce soit, qu'au sein et pour le compte de la **société,** aussi longtemps qu'ils resteront mandataires sociaux et/ou actionnaires de la **société.**

Les membres du **groupe manager** s'engagent à exercer leur activité professionnelle au sein de la **société** pour une durée minimale de un (1) an à compter de la signature de la présente convention.

Les membres du **groupe manager** s'obligent à n'exercer aucune activité concurrente de la **société** et notamment :

- à ne pas prendre ou détenir de mandats sociaux ni d'exercer quelque fonction que ce soit dans des sociétés concurrentes ;
- à ne pas prendre ou détenir de participation, directe ou indirecte, dans des sociétés concurrentes, à l'exclusion de sociétés cotées en Bourse ;
- à ne pas exercer, directement ou indirectement, pour leur compte personnel ou pour le compte d'autrui, en qualité de conseil, une activité quelconque pour le compte d'une société concurrente ;
- à ne pas conclure de contrat de travail avec une société concurrente ;
- à ne pas débaucher le personnel de la **société** et/ou d'embaucher d'anciens employés de la **société ;**
- à ne pas prendre, acheter ou déposer en leur nom ou par l'intermédiaire de toute personne physique ou morale tous brevets, procédés, logiciels ou marques relatifs aux activités de la **société** ou qui auraient été le fruit de leur collaboration avec la **société,** sauf dans le cas où la **société** qui bénéficie, de convention entre les parties, d'un doit de préférence, aurait renoncé à ladite acquisition ou audit dépôt.

Ces engagements entreront en vigueur à compter de ce jour et resteront en vigueur pendant une durée de trois (3) années, pour chaque membre du **groupe manager,** à compter du transfert de la totalité de ses titres, quelle qu'en soit la cause, et seront valable dans le monde entier, à raison de la nature même de l'activité de la **société.**

Répartition des dividendes

Objectifs de rédaction

Il est généralement convenu que l'entreprise finance en priorité son développement et ne verse pas de dividende.

Exemple

Les soussignés conviennent de manière expresse que lors de l'assemblée générale annuelle d'approbation des comptes et de répartition du bénéfice, ils limiteront la distribution du dividende à 30 % au plus du bénéfice distribuable.

Adhésion à la convention

Objectifs de rédaction

Cette clause prévoit le cas des nouveaux actionnaires.

Exemple

En cas de transfert de titres, le tiers acquéreur se trouvera substitué aux droits et obligations des parties signataires cédantes tels que ceux-ci résultent des présentes, pour la durée restant à courir de la présente convention, sauf en ce qui concerne les cessions faites entre les membres de **groupes** distincts qui seront sans effet quant à l'appartenance à un **groupe.**

À cette fin, le tiers acquéreur devra adhérer, par écrit, à la présente convention, sauf à ce que les parties signataires cédantes renoncent au dit transfert. Cet engagement d'adhérer devra figurer dans l'offre notifiée par le tiers. Les parties signataires s'engagent à signer tous les documents qui pourraient raisonnablement être requis pour l'exécution des dispositions du présent paragraphe.

De la même manière, en cas d'augmentation de capital de la **société,** tout nouvel actionnaire devra préalablement à la souscription à cette augmentation de capital, adhérer à la présente convention en qualité de membre du **groupe investisseur,** sauf à devoir renoncer à cette souscription.

Confidentialité de la convention

Les parties signataires s'engagent à tenir secret et confidentiel vis-à-vis de tout tiers quel qu'il soit, l'existence et le contenu de la présente convention et/ou de ne rien faire qui puisse d'une manière ou d'une autre révéler son existence, ainsi qu'à assurer la confidentialité des informations échangées entre elles, dans le cadre de la présente convention, exception étant faite au profit des établissements financiers dont le concours serait demandé pour la réalisation de la présente convention.

Inopposabilité des conventions annexes

Les parties signataires s'interdisent, dès à présent et pour toute la durée de validité de la présente convention, de conclure tout accord bipartite de quelque nature que ce soit, qui permettrait d'établir des relations privilégiées, concernant la **société,** entre deux ou plusieurs parties signataires, et cela en infraction à l'essence du présent pacte.

Ces accords ne seront pas opposables à la présente convention.

Durée de la convention

Les engagements figurant dans la présente convention prennent effet à compter de ce jour et s'imposeront aux parties signataires, pendant une durée de 7 ans, ou tant que celles-ci seront, directement ou indirectement, propriétaires de titres de la **société,** exception faite des engagements prévus pour une durée plus longue qui resteront en vigueur pour la durée prévue aux articles correspondants. La présente convention fait l'objet d'une tacite reconduction. Les parties signataires qui s'opposeraient à cette tacite reconduction devront en informer toutes les autres parties signataires par lettre recommandée avec accusé de réception au moins trois (3) mois avant la fin de la durée de validité de la présente convention.

Notification

Toutes les notifications qui pourraient être nécessaires pour l'exécution de la présente convention et de sa suite devront, pour être valides, être faites, par lettre recommandée avec accusé de réception, au siège ou au domicile sus-indiqué de chacune des parties signataires, ou à toute nouvelle adresse préalablement notifiée selon la même forme.

Toute notification ou communication devra être remise en main propre contre récépissé daté et signé par le destinataire ou adressée par courrier recommandé avec accusé de réception affranchi au tarif le plus élevé en vigueur et sera présumée reçue à la date apposée par le destinataire sur le récépissé, si elle est remise en main propre, ou à celle mentionnée par le destinataire du courrier recommandé sur l'accusé de réception, si elle est envoyée par courrier recommandé, ou encore à celle résultant du tampon apposé par les services postaux sur l'accusé de réception lors de l'affranchissement si elle est envoyée par courrier recommandé et n'est pas retirée par le destinataire.

Défaut d'exécution

Tout défaut par l'une quelconque des parties signataires d'exiger, à quelque moment que ce soit, l'exécution de l'une ou l'autre clause ou condition de la présente convention ne pourra être considéré comme la renonciation temporaire ou permanente de cette partie à son droit d'exiger l'exécution de chacune des clauses et conditions de la présente convention.

Entier accord des parties

La présente convention contient l'entier et unique accord entre les parties signataires concernant l'objet des présentes.

Tout changement, modification, altération ou addition aux termes et dispositions de la présente convention ne pourra être stipulé que par un document écrit signé par l'ensemble des parties signataires.

Dispositions diverses

Chacune des parties signataires s'engage à respecter la présente convention, non seulement dans sa lettre mais aussi dans son esprit, et à ne pas se servir d'éventuelles lacunes de son texte pour tenter d'éluder les obligations lui incombant.

En cas de contradiction ou d'ambiguïté entre les dispositions statutaires et celles de la présente convention, ces dernières prévaudront entre les parties signataires, dans les limites légales et réglementaires, sur les stipulations statutaires.

Si, par effet d'une disposition législative ou pour toute autre cause entièrement indépendante de la volonté des parties, l'une quelconque des dispositions de la présente convention ne pouvait recevoir application, les parties signataires s'engagent à trouver une disposition d'effet équivalent. À défaut de trouver une telle disposition à bref délai, la validité des autres dispositions ne s'en trouvera pas affectée pour autant, la partie lésée par cette non-application ne pouvant seulement prétendre qu'à de justes dommages et intérêts.

La présente convention s'appliquera à toutes les parties signataires et à leurs ayants droit, héritiers ou conjoints, fussent-ils mineurs ou incapables.

Contestation

La présente convention sera régie et interprétée conformément au droit français.

Les soussignés décident de soumettre tout litige qui pourrait naître de l'interprétation et de l'application du présent pacte, au Tribunal de commerce de Paris.

Fait à Paris, le <date>

ANNEXE 3 : LE BUSINESS PLAN DE LA SOCIÉTÉ SEAMPLY, COMMENTÉ PAR OLIVIER GOY (PARTECH)

Remarque préliminaire

L'analyse de ce business plan se base sur un cas réel, celui de la société Seamply[142]. Nous tenons à remercier Julien Vautel, fondateur de la société, qui a accepté de jouer le jeu. Nous tenons toutefois à préciser que pour rendre le cas plus pertinent et plus pédagogique et aussi pour des raisons de confidentialité, nous avons parfois changé, supprimé ou ajouté des informations.

Grâce au business plan original, la société Seamply a déjà réalisé un premier tour de table d'une dizaine de millions de francs et s'apprête actuellement[143] à boucler son second tour de table.

Le « correcteur »

Olivier Goy est actuellement Associate chez Partech International, un fonds de capital-risque basé à Paris, San Francisco et Tokyo. Partech gère environ 800 millions de dollars investis principalement dans la Nouvelle Economie. Le portefeuille inclut des sociétés comme Vignette, Digital Island, Mediapps, Fluxus, Softway/ISDnet, Travel-price, Websentric, AllAdvantage, BidCom...

<table>
<tr><th>Commentaires</th><th>Business plan</th></tr>
<tr><td>
Tout est dans l'executive summary !

L'executive summary est primordial. Bien souvent, les capital-risqueurs n'ont pas le temps de lire le plan d'affaires en intégralité et se contentent de ce résumé de 2 pages pour décider si le dossier mérite d'être approfondi ou non.

Vous devez absolument aborder les points suivants :

❑ Votre activité
❑ Votre équipe
❑ Votre business model
❑ Votre stade de développement. Qu'avez-vous déjà réalisé ? Que voulez-vous réalisé dans les mois à venir ?
❑ En quoi votre dossier est différent des autres dossiers similaires que l'investisseur aura sûrement reçus ?

Dans le cas de Seamply, l'auteur aurait pu rappeler, par exemple, qu'un premier tour de table avait été organisé. Ceci aide l'investisseur potentiel à situer le stade de développement de la société.

Faut-il envoyer son plan d'affaires à un investisseur ?

L'executive summary, s'il est bien réalisé, est suffisant pour obtenir un rendez-vous avec un investisseur. Rien ne sert d'envoyer trop d'informations pour un premier contact (voir ci-dessous le commentaire : « Les perles »).
</td><td>
Note importante : Ce business plan n'est qu'une des deux parties du projet Seamply qui développe également une stratégie « mortar ». Seulement la stratégie Internet est présentée dans cette partie.

Synthèse

Seamply.com est le premier site portail communautaire dédié à la mer et aux plaisanciers.

Apres une phase de teasing, le site seamply.com est en ligne depuis le 19 mai 2000 et compte une quinzaine de collaborateurs.

Chaque plaisancier, à voile ou à moteur, peut y glaner des informations généralistes sur la mer (documentaires, interviews), sportives (régates, courses à moteur) ou encore pratiques (météo, réglementation maritime, places disponibles dans les ports, cartographie).

Les journalistes de Seamply, constamment à l'affût des derniers événements, réalisent des interviews et des reportages audiovisuels concernant exclusivement le monde de la mer et de la plaisance.

Seamply se présente comme une communauté virtuelle de plaisanciers avec ses forums, son chat et ses pages personnelles. Chacun peut y passer ses petites annonces et discuter en ligne.

Plus encore, Seamply donne l'occasion de s'évader avec ses pages tourisme spécialisées dans la plaisance. Escapades et témoignages permettent aux passionnés de voile comme aux passionnés de plongée d'avoir accès aux meilleurs plans.

Dès l'automne, Seamply proposera une boutique virtuelle très bien référencée. Seamply pénètre ainsi d'une part le marché de la distribution spécialisée d'articles de plaisance (accastillage, sportswear, articles de pêche et de plongée), d'autre part le marché du tourisme spécifique aux plaisanciers (billets d'avions, locations de bateaux, stages de plongée, ski nautique, pêche, hôtels et restaurants).

Enfin, Seamply devance la concurrence potentielle en s'inspirant d'un modèle de développement click-and-mortar : pour assurer sa pérennité, Seamply développera en franchise à partir de la saison 2001 un réseau de stations d'entretien pour bateaux. Ainsi, Seamply trouvera un point d'ancrage auprès des plaisanciers qui sera un excellent support de communication.
Seamply s'adresse à une population extrêmement ciblée qui se retrouve systématiquement dans les ports en période estivale.
</td></tr>
</table>

Quelques perles !
La manière de prendre contact avec un investisseur en dit parfois long sur le caractère d'un entrepreneur. Quelques perles :

- ❑ L'e-mail envoyé avec tous les destinataires en copie visible... Imaginez si les capitaux-risqueurs envoyaient leur lettre de refus en copie conjointe à tous les dossiers refusés !
- ❑ Le mail de 5Mo avec une dizaine de fichiers attachés qui bloquent la messagerie du destinataire pendant 20 minutes. Soyez concis !
- ❑ Le dépôt de dossier en mains propres en essayant d'obtenir un rendez-vous sur le champ.
- ❑ L'appel sur le téléphone portable pendant le week-end

Conseil : adoptez la « VC-tiquette »...

L'e-mail ou La Poste ?
Pour contacter un investisseur le mieux est d'être introduit. Néanmoins, si ce n'est pas le cas, l'email est très pratique. Il vous permet de cibler votre contact et contrairement au papier, il ne s'égare pas ! Dans tous les cas, n'hésitez pas à relancer au téléphone votre contact.

Le NDA (non disclosure agreement)
La fameuse question : faut-il faire ou non signer un NDA ? Tout d'abord, tout dépend de la réputation de la personne que vous allez rencontrer. De manière plus générale, il faut savoir que faire signer un NDA fait perdre du temps et n'est pas très apprécié des investisseurs en général.

Ainsi, les efforts de communication sont concentrés et significativement allégés.
A l'instar du site américain boatscape.com financé fin septembre 1999 par @ventures, Seamply aspire à devenir l'un des sites portails mondiaux de la plaisance.

SOMMAIRE

Nous vous conseillons plutôt d'envoyer un simple résumé du projet et de garder ce genre de formalité pour une étape ultérieure nécessitant de donner des détails de nature confidentielle.

Quelques statistiques...
Un investisseur passe en moyenne 5 minutes pour découvrir un business plan. Il reçoit environ 20 à 30 projets par jour.

L'investisseur ne connaît pas toujours votre secteur d'activité.
Gardez bien en mémoire que l'investisseur ne connaît pas forcément le secteur d'activité que vous attaquez. Ainsi si vous citez des noms de société, il est utile de préciser l'importance de cette société dans votre environnement afin qu'il apprécie l'importance de tel ou tel propos.

L'analyse de marché
Votre unique but dans ce paragraphe est de montrer en quoi votre projet répond à un besoin et s'appuie sur un marché porteur. Soyez concis et ne cédez pas à la tentation d'accumuler les chiffres et les tableaux trouvés sur le Web ! Ne passez pas non plus plusieurs pages à démontrer que Internet est un secteur porteur ! Ce défaut est encore trop fréquent...
Dans le cas de Seamply, l'analyse est bien faite et concise. Elle donne une bonne vue d'ensemble des différents marchés que la société attaque.

1. LE MARCHÉ

Selon les études publiées lors de la levée de fonds de Boatscape.com et lors de l'introduction en bourse de Marex.com (plate-forme transactionnelle B to B spécialisée dans la plaisance), le marché mondial de la navigation de plaisance s'élève à 40 milliards de dollars.
Le marché de la plaisance a le vent en poupe. Depuis 1997, ce secteur connaît une croissance soutenue et durable de 20 % par an.
Avec 4 millions d'adeptes, la plaisance est devenue un loisir national. Mais les Français qui souhaitent passer leurs vacances sur l'eau n'ont qu'un seul credo résumé par François Chalain (DG du groupe Bénéteau) : les plaisanciers français « suivent le chemin des américains, ils veulent des embarcations qui demandent peu d'entretien et simples à la manœuvre ».
L'année 1998 a été marquée par l'augmentation de 33 % d'immatriculation de bateaux neufs, dont deux tiers sont des unités motorisées. Près de 17 % de ces nouveaux propriétaires sont des CSP+.

1.1 Le commerce électronique

1.1.1 Un marché en pleine croissance

En 1999, 700 000 français ont acheté sur le Web, soit 10 % des internautes pour un montant de 1,5 milliards de francs. Pour l'année 2000, on prévoit un chiffre d'affaires de plusieurs milliards de francs.
Pour l'instant, le marché est principalement occupé par des sites entièrement dédiés au commerce électronique comme BOL ou FNAC.
Les portails et sites de contenu pratiquent en majorité l'affiliation. Ils renvoient leurs internautes vers les sites de commerce électronique et touchent un pourcentage (entre 6 et 8 % du chiffre d'affaires) sur chaque vente réalisée grâce à eux.

	1.1.2 Les cyber-consommateurs À 76 % masculins, le panier moyen des cyber-consommateurs s'élève à 500 francs. Ils sont passés outre plusieurs freins : la peur du paiement en ligne - la méfiance vis à vis de sites qui n'ont pas pignon sur rue - les délais de livraison - l'impossibilité d'essayer, de toucher le produit Ils ont apprécié : la possibilité de comparer facilement les prix - la diversité du choix - le fait de commander de chez eux ou depuis leur lieu de travail ***1.1.3 La distribution B to C*** Ces articles concernent autant les amateurs de voile, de moteur, de plongée, de pêche que de sports nautiques. *1.1.3.1 Les consommables* Les produits d'entretien sont les premiers des consommables. Ils comportent les produits nettoyants, certaines pièces moteur (batteries, bougies, anodes) et les articles d'hygiène. Le nécessaire de sécurité obligatoire à bord (fusées, extincteurs) est aussi à classer parmi ces consommables puisque ses éléments ont une date limite de validité. Un bateau génère au minimum 1 000 FF d'achats de consommables par an. Le marché européen représente donc quelque 4 milliards de francs. *1.1.3.2 Les articles vestimentaires* Le monde de la plaisance a inspiré beaucoup de créateurs de mode et certaines enseignes de vêtements marins ont un francs succès (Carin, Nautica, Cigarette 1). Par ailleurs, le bateau requiert des vêtements spécifiques (parkas, imperméables, semelles caoutchouc). Il est difficile de chiffrer ce marché parce que les consommateurs sont extrêmement hétérogènes. Une bonne partie d'entre eux ne sont même pas des plaisanciers : ils consomment soit des articles de plage, soit des articles marins sans en avoir l'utilité au gré des effets de mode. On peut tout de même retenir que ce marché représente plusieurs milliards de francs à l'échelle européenne. *1.1.3.3 Les équipements et articles de décoration* Le thème de la mer est à l'origine d'un marché important d'articles de décoration. Par ailleurs, une industrie naissante propose de nombreux appareillages électroniques sophistiqués pour plaisanciers (équipements télécoms, sondes électroniques). Enfin, des biens d'équipement de plus en plus miniaturisés voient le jour et se vendent bien grâce à leurs nombreuses fonctionnalités (téléviseur-magnétoscope miniature), sans compter les articles liés à la pêche ou à la plongée.

Ces marchés de l'équipement et des articles de décoration représentent plus de 8 milliards de francs de chiffre d'affaires (soit 2 000 FF par bateau) et il est en forte croissance, surtout dans le domaine des équipements télécoms.

1.1.3.4 Le tourisme
Les voyages et billets d'avions se vendent depuis longtemps sur Internet. Le tourisme pour plaisanciers (billets d'avions, locations de bateaux, stages de plongée, ski nautique, pêche, hôtels et restaurant) se vendra très logiquement tout aussi bien. Le Club Med et Nouvelles Frontières viennent d'ailleurs de lancer leurs sites Internet portails dans le tourisme.

1.1.4 La distribution B to B
Les fabricants de bateaux sont extrêmement dispersés et chacun d'entre eux construit moins d'une dizaine de bateaux par an en moyenne ! Or ils ont besoin d'acheter un grand nombre de pièces en très petite quantité.
Ils s'efforcent encore aujourd'hui d'établir des contacts sur les salons nautiques et de recevoir les représentants des fabricants. Cette pratique est très consommatrice de temps et le circuit de distribution pourrait être extrêmement allégé grâce à Internet (cf. marex.com aux États-Unis).

1.2 La vente d'espaces publicitaires et le sponsoring
Le plaisancier est un passionné. Il peut se déplacer à des centaines de kilomètres pour parcourir un salon nautique. Toujours en quête de nouveautés, il fait vivre un bon nombre de magazines spécialisés.
Aujourd'hui, c'est sur Internet qu'il s'informe. Ainsi, chaque nouvelle course de bateaux a son site Internet dédié.

Il suffit de lancer un mot clef sur un moteur de recherche pour comprendre à quel point Internet séduit aujourd'hui la population des plaisanciers. Depuis leur domicile ou leur bureau, les plaisanciers s'avèrent être des internautes actifs.

1.2.1 La vente d'espaces publicitaires
Les annonceurs qui visent les plaisanciers et plus généralement les CSP+ sont à la recherche d'espaces ciblés.
Les plaisanciers ont un pouvoir d'achats important. Ils sont généralement en vacances et disposés à consommer. Ce sont de gros consommateurs d'équipements, de produits technologiques, avides de nouveautés et ouverts au progrès. Leur budget bateau représente souvent une bonne partie de leur budget loisir.

1.2.1.1 Un marché à croissance exponentielle
Réservé au départ aux fabricants de matériel informatique, le marché s'est ouvert aux autres types d'annonceurs. Ces derniers y voient de plus en plus un moyen efficace et peu coûteux d'accroître leur notoriété et/ou de vendre des produits en ligne.

	L'impact des campagnes en ligne s'avère, d'une manière générale, très positif : 80 % des sociétés ont enregistré des retombées positives. 57 % des annonceurs se disent satisfaits par leur expérience de publicité en ligne (source Benchmark Group). Enfin, le très fort développement des régies publicitaire on-line ne fait que confirmer l'engouement des annonceurs pour ce type de support. *1.2.1.2 Des campagnes ciblées* Les sites les plus recherchés par les annonceurs sont les sites qui ont une audience qualifiée. De plus, il est beaucoup plus simple et beaucoup moins coûteux pour un site Internet de connaître exactement le profil de ses visiteurs que pour une chaîne de télévision de connaître précisément le profil de ses téléspectateurs. Un annonceur est prêt à payer plus cher pour ne toucher que du « contact utile », comme en témoignent les prix des bandeaux publicitaires sur les sites Internet. Les annuaires, portails et autres moteurs de recherche (par exemple, Yahoo) bradent leurs bandeaux publicitaires à mois de 100 FHT les mille, alors qu'un site très ciblé peut espérer vendre jusqu'à 350 FHT les mille. ***1.2.2 Le sponsoring*** La même motivation anime les sponsors et les annonceurs : avoir de la visibilité sur un site dédié à la mer qui fasse suffisamment d'audience. Les sponsors pourront accompagner une rubrique du site parce-qu'ils la trouvent particulièrement valorisante vis-à-vis de leur clientèle. C'est un moyen d'être partenaire, de s'associer à un événement organisé par un site. 1.3 La vente d'études de marché ***1.3.1 La vente d'études standards*** Les sites Internet peuvent disposer d'outils d'analyse des déplacements de leurs internautes qui permettent d'extraire quotidiennement des informations pertinentes sur les plaisanciers exploitables par les services marketing des professionnels du secteur. Ainsi, un produit standard à prix modéré (à partir de 1 000 francs par an) qui leur permet de recevoir chaque semaine leur base d'informations est commercialisable auprès d'un grand nombre d'acteurs. ***1.3.2 La vente d'études de marché personnalisées*** Les annonceurs voudront bénéficier d'études de marché personnalisées rendues dorénavant possibles grâce à Internet. En effet, les questionnaires en ligne sur les sites spécialisés ont en général de bons taux de retour car les internautes répondent plus facilement aux questions gravitant autour de leurs centres d'intérêts.

	Les internautes répondent d'autant plus facilement que la sollicitation leur est faite par un site qu'ils apprécient et dont ils se sentent proches. Ils sont en confiance et répondent franchement. **1.4 La vente de contenu** Une pénurie de contenu est aujourd'hui constatée dans l'univers d'Internet car peu de sites se sont donnés les moyens d'avoir une ligne éditoriale. Cependant, on constate aujourd'hui que le commerce électronique présente une compétence distinctive s'il est agrémenté de contenu lié au produit commercialisé. Ainsi, certains sites cherchent à acheter des articles à la carte à des sites qui ne sont pas directement concurrents.
Précisez où vous en êtes. Quand vous expliquez les fonctionnalités de votre produit/service, pensez à bien préciser ce qui existe déjà et ce qui sera développé dans un futur proche. Dans le cas de Seamply, l'auteur oublie de préciser, par exemple, sa boutique d'accastillage et l'état d'avancement des différentes fonctionnalités du site. Ceci permet de faire la différence entre les « projets Powerpoint » et les sociétés qui existent déjà.	**2. LE PRODUIT** L'objectif de Seamply : « Simplifier l'accès à la mer » Seamply.com assure une prestation de site portail communautaire. Ainsi, chaque plaisancier doit trouver toutes les informations concernant la mer à partir du site et doit pouvoir disposer de tous les outils disponibles pour communiquer avec les autres plaisanciers. La société Business Lab a développé la première version du site. La société Uppress a fourni le contenu pour le lancement du site. Seamply internalise dorénavant pour partie ses développements techniques et sa production de contenu. Le portail sur la mer seamply.com permet déjà à cette population internaute, d'accéder à de l'information (news, météo) et à des outils communautaires (forum, petites annonces). Dès novembre 2001, la mise en ligne de la boutique offrira un accès rapide et pratique vers l'ensemble des équipements nautiques correspondant à leurs attentes. Seamply.com veut être leader sur le marché de la plaisance. Pour cela, il doit proposer un contenu riche au niveau national puis au niveau européen. Le site comprend six rubriques : **2.1 Actualités** L'actualité est composée d'une association de news et d'interviews concernant le monde de la mer (sport, économie, écologie, tourisme). La volonté de Seamply est de fournir autant que possible des documents audiovisuels en devançant l'avènement de l'Internet haut débit. **2.2 Le magazine** Le magazine est composé d'une association d'articles de fonds et de reportages concernant le monde de la plaisance (sport, économie, écologie, tourisme). La volonté de Seamply est de fournir autant que possible de l'image car l'objectif de la rubrique est de faire explorer des univers marins, de faire découvrir des légendes, etc...

	2.3 Destination Cette rubrique, qui va se développer rapidement pour pénétrer le marché du tourisme nautique, comporte des reportages audiovisuels destinés à faire rêver les internautes connectés depuis leur bureau ! Les plaisanciers peuvent y préparer leurs vacances, leurs excursions en mer… **2.4 L'espace communautaire** Des forums de discussion sont proposés aux plaisanciers pour qu'ils puissent débattre sur des thèmes qu'ils ont eux-mêmes définis. Ils peuvent également faire partager leurs passions en se constituant gratuitement et facilement une page personnelle sur le site. Le marché de l'occasion est en forte reprise depuis deux ans. Les plaisanciers peuvent mettre leurs bateaux ou des équipements en vente. Les réservations et les petites annonces peuvent aussi concerner tout ce qui peut toucher la vie du plaisancier. Ce consommateur en vacances peut réserver une table de restaurant dans un port, échanger une place de bateau ou sa villa avec un autre plaisancier, organiser une régate… **2.5 Le guide pratique** Tout ce qui concerne l'utilisation d'un bateau est regroupé sous cette rubrique : météo, réglementation maritime, cartographie, trucs et astuces, dossiers thématiques, annuaire du nautisme, etc. **2.6 Les tests produits** Les tests produits annoncent le commerce électronique. La société cherche à s'imposer comme l'un des principaux fournisseurs on line d'articles de plaisance, et ce en proposant de livrer rapidement sur les principaux marchés et surtout dans les ports. Elle proposera en outre des achats groupés pour obtenir de meilleurs prix. Les plaisanciers pourront ainsi faire leurs emplettes sur le site en se faisant livrer sur leur port d'attache ou sur celui qu'ils atteindront prochainement s'ils sont en croisière. L'ensemble des articles d'accastillage, de sportswear et des produits du tourisme seront disponibles. **3. LA CONCURRENCE ET LES COMPÉTENCES DISTINCTIVES** **3.1 Le commerce électronique** ***3.1.1 Les enseignes de shipshandlers*** Les enseignes de shipchandlers telles que Big Ship, Uship ou Accastillage Diffusion ont su constituer des centrales d'achats compétentes et des référence poussés pour la vente en rayons.

Positionnement !

Les investisseurs reçoivent toujours plusieurs business plans similaires dans un intervalle de temps relativement court. Etant donné qu'il y a peu de chances que vous soyez le premier à les rencontrer, il faudra bien penser à expliquer en quoi votre approche fait la différence et en quoi votre projet présente une barrière à l'entrée (notamment par rapport aux start-up existantes).

Le résumé de l'analyse concurrentielle sous forme de matrice de positionnement est très utile. En revanche, placez-vous de manière honnête sur le schéma. On voit trop souvent des projets dans le coin en haut à gauche !

Cependant, elles n'ont pas la réputation d'être particulièrement bon marché et surtout leurs superficies ne sont en général pas suffisantes pour aller loin dans les gammes.

Ayant investi dans des magasins spécialisés, ces enseignes ne prévoient probablement pas encore de distribuer sur Internet car ce serait prendre le risque de casser le marché de leurs adhérents franchisés.

Par ailleurs, elles ne seront toujours sur le Net que des magasins on line, et non des sites d'information : la communication n'est pas leur métier.

3.1.2 Les sociétés de VPC

Certaines sociétés de vente par correspondance comme Plastimo ont connu une forte croissance ces dernières années. Elles proposent une très large gamme d'articles sur catalogue. Il semble évident qu'elles auront déjà mis en place une stratégie Internet et que leurs catalogues ne tarderont pas à être en ligne.

Cependant, le cœur de leur clientèle étant les distributeurs, elles n'oseront probablement pas trop les court-circuiter en vendant directement aux plaisanciers.

Par ailleurs, elles ne prévoient sans doute pas de créer des sites portails. Elles ne toucheront donc pas les plaisanciers aussi rapidement que seamply.com qui bénéficiera en outre à moyen terme de l'appui de son réseau physique (stratégie click and mortar).

3.2 La vente d'espaces publicitaires

3.2.1 Les médias traditionnels

3.2.1.1 La presse spécialisée

La presse spécialisée dans la navigation de plaisance se porte bien en France avec plus d'une dizaine de titres (Moteur Boat, Voiles et Voiliers). Il est probable qu'elle cherche à saisir les opportunités liées au succès d'Internet. Les titres seront sans doute prochainement sur le Web. Cependant, il leur faudrait développer une grande logistique pour faire de la distribution et disposer de moyens financiers conséquents pour en faire des sites portails.

Les grandes chaînes de télévision seraient peut-être plus dangereuses car la plaisance se prête extrêmement bien aux reportages audiovisuels sur le net.

3.2.1.2 les salons nautiques

Les salons nautiques sont nombreux et très impressionnants par rapport à l'importance du secteur. Ils sont un véritable lieu de rencontre entre passionnés de la mer. Certains plaisanciers n'hésitent pas à prendre des jours de congé pour aller découvrir les dernières nouveautés.

Ces salons ne sont toujours pas présents sur Internet et ils verront sûrement d'un très mauvais œil les sites portails qui pourraient devenir des concurrents.

	3.2.2 Les sites portails potentiels Les sites portails concurrents seront probablement créés exnihilo comme le site américain boatscape.com et le site breton sail-online.com. En effet, les acteurs des secteurs d'activités traditionnelles ont généralement du mal à se convertir rapidement à Internet car ils risquent souvent de cannibaliser une partie de leur activité. Seamply est un portail dont l'originalité est de proposer un contenu thématique (contrairement à TF1). Il est généraliste (contrairement à sail-online) : son objectif est de couvrir tous les centres d'intérêt des plaisanciers. Enfin, il est européen et il a une stratégie click and mortar, contrairement à boatscape. **3.3 La vente d'études de marché personnalisées** ***3.3.1 Un ciblage efficace et simple pour des études quantitatives*** Seamply pourra offrir une réponse rapide aux entreprises qui s'interrogent sur les habitudes de consommation des plaisanciers. Insérer un sondage sur un site Internet est une opération simple et standardisée. Une fois le système mis en place, il suffit de changer les questions à chaque nouveau sondage. De plus, des sondages présentés de façon ludique sur un site que les internautes apprécient assurent d'un très bon taux de retour. Les entreprises bénéficieront alors de réponses express à leurs questions, service que les cabinets d'études traditionnels ont du mal à offrir. ***3.3.2 Des prix compétitifs*** Les études quantitatives sont si coûteuses que les entreprises y souscrivent souvent à plusieurs. Avec les études on-line, les coûts sont très réduits et toutes les entreprises pourront avoir facilement accès à des études standards ou personnalisées.
Coût de recrutement du client… Le but de cette partie est d'appréhender comment vous allez vous y prendre pour recruter des clients et quel est le coût de recrutement prévu. Si vous avez déjà commencé à communiquer, n'oubliez pas, comme Seamply, de préciser avec qui vous travaillez et quels ont été les premiers résultats.	**4. POLITIQUE DE COMMUNICATION** **4.1 Les supports de communication** La société Seamply fera de la communication globale. Elle économisera ainsi sur ses achats d'espaces publicitaires et elle imposera une marque globale de services et de distribution aux plaisanciers. L'agence de publicité retenue est BBDP & Fils, l'achat d'espace est assuré par Carat, les relations presse par Point virgule et la gestion du positionnement de marque par The Brand Company. ***4.1.1 Le marketing direct et l'e-mailing*** La clientèle ciblée de Seamply est composée des propriétaire ou des utilisateurs de bateaux. Un marketing très ciblé est possible grâce à l'analyse des déplacements des internautes sur le site seamply.com

Par ailleurs, Seamply se dotera d'un logiciel de profiling permettant aux internautes d'accéder automatiquement aux informations qui les intéressent plus particulièrement. Cet outil permettra avec l'obtention de l'adresse e-mail du plaisancier de faire du marketing et de la communication one to one.

4.1.2 La presse spécialisée

Les titres de magazines spécialisés dans la plaisance se sont multipliés sur le marché (Moteur Boat, Neptune). Ils sont largement lus par les plaisanciers qui vivent l'activité de plaisance comme une passion.

4.1.3 La publicité saisonnière sur les zones de plaisance (presse locale, affichage)

La communication sur site en saison est très importante pour informer les plaisanciers qu'ils peuvent se connecter et avoir accès à la météo et aux news (WAP).

4.1.4 Le sponsoring des courses de bateaux

Il s'agit essentiellement des courses à la voile qui ont pris un essor formidable ces dernières années. C'est un moyen pour Seamply de toucher les grands médias.
Seamply est partenaire officiel du Tour de France à la voile 2000. Un bateau Seamply.com est skippé par Serge MADEC, détenteur depuis dix ans du record de la traversée de l'Atlantique sur Jet Services.

4.1.5 Le sponsoring des associations de plaisanciers

Seamply profite du Tour de France à la Voile 2000 pour déployer une seconde équipe d'itinérants qui est chargée de promouvoir le site dans les ports.
Cette équipe est scindée en deux : une partie est chargée des relations B to B (visite des clubs nautiques et des capitaineries), l'autre du B to C (distribution de goodies et promotion dans les ports).

4.1.6 La présence aux salons nautiques

Les salons nautiques internationaux seront un bon moyen d'assurer le lancement du site. Les visiteurs sont justement là pour récolter de l'information. Ils seront donc naturellement sensibilisés aux nouvelles sources d'informations.

4.1.7 Le référencement sur les moteurs de recherche et la campagne on line

Le succès des sites Internet s'est jusqu'à présent confirmé grâce aux partenariats avec d'autres sites et grâce à une bonne politique de référencement. Le prestataire retenu est Netbooster.
Ces référencements permettent de guider le plus rapidement possible les internautes potentiellement intéressés sur le site désiré, en l'occurrence celui de Seamply.

Un « guérilla marketer » a pour rôle de conclure des partenariats avec tous les sites ayant des affinités avec Seamply et cela afin d'optimiser le trafic, selon un système d'échange pur ou de partage de recettes (affiliation). De telles opérations ont un coût zéro et participent efficacement au développement de la notoriété, de l'affinité et du trafic.
La campagne on-line, très ciblée, permet d'acheter de l'espace publicitaire uniquement lorsque l'internaute cherche à s'informer sur le monde de la mer ou sur celui des bateaux.

4.2 Les thèmes de communication

4.2.1 Le site de référence sur la mer
L'objectif de Seamply est de s'imposer comme le site de référence sur la mer. Ainsi, il est important de communiquer sur un thème lié davantage à la mer qu'à la plaisance car la mer est d'elle-même fédératrice.

4.2.2 La mer vous manque?
La campagne retenue consiste à mettre des personnages en situation où ils sont en manque de mer.
Le slogan est : Seamply, la mer comme si vous y étiez.

L'équipe...
C'est indéniablement la partie la plus importante... Dans le cas de Seamply, elle est particulièrement bien détaillée. N'hésitez pas non plus à indiquer qui compose votre conseil d'administration ou votre advisory board. Cela peut rassurer l'investisseur à qui vous démontrer ainsi que des professionnels reconnus sont impliqués dans le projet.

5. LA STRUCTURE DU MANAGEMENT

5.1 L'organigramme

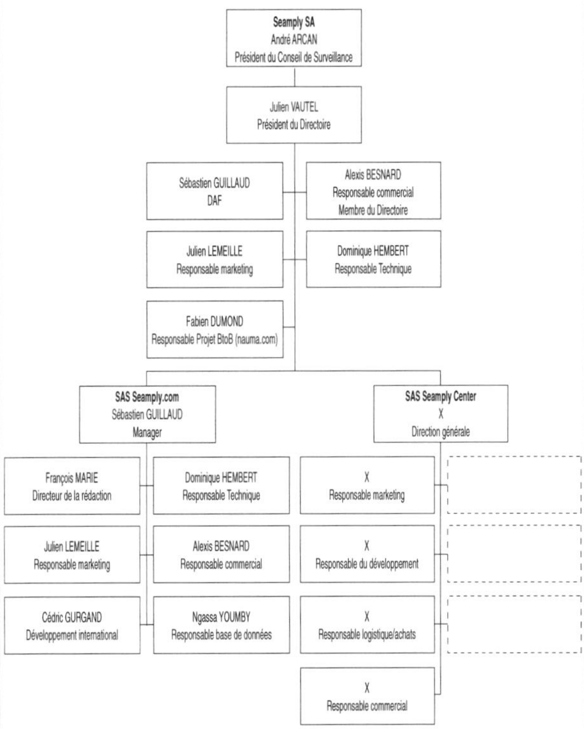

Et comment vous recrutez ?

Il est important de préciser comment vous allez procéder pour recruter les compétences manquantes (chasseurs de tête, réseaux…) ? Étant donné la rareté des ressources humaines, ceci est un point critique et souvent un facteur de succès… ou d'échec.

Quels documents financiers joindre ?
Les trois documents essentiels sont :

- ❑ Compte de résultat prévisionnel sur 3 ans
- ❑ Plan de trésorerie
- ❑ Bilan prévisionnel

Comme pour Seamply, il est plus simple pour la lecture de les mettre en annexe. Vous pouvez en revanche rappeler ici l'évolution des grandes masses dans le temps (Chiffre d'affaires, résultat net, trésorerie…).

« **Milestones** »
L'auteur aurait pu rappeler ce qu'il a déjà réalisé depuis la création de sa société. C'est en outre ce qui va prouver la capacité d'exécution de l'équipe et participer à la valorisation du projet.

5.2 L'équipe de management

• Initiateur du projet, Julien VAUTEL a quitté la société MGT au mois de juin 1999 pour se consacrer pleinement à Seamply.
Diplômé en gestion (MSG Dauphine) et en NTIC (Institut National des Télécommunications), Julien VAUTEL a une connaissance approfondie du monde de la plaisance et des business models liés à l'économie d'Internet. Une étude sur le capital-risque menée en 1998 dans la Silicon Valley et son parcours professionnel chez MGT l'ont familiarisé avec le quotidien d'une start-up.

• André ARCAN, fondateur des centres autos Feu Vert et d'un groupe de distribution de pièces automobiles englobant les métiers de grossiste et de logisticien, a construit la stratégie des métiers de la distribution de Seamply.

Actuellement dirigeant d'un pôle d'éditeurs de progiciels axés sur les métiers du commerce moderne, il s'est ouvert sur l'univers de l'informatique et s'intéresse naturellement au commerce électronique.

Actionnaire de référence, il préside le Conseil de Surveillance et il assure la mise en place de la centrale d'achats et de la logistique ainsi que le bon fonctionnement du réseau de stations d'entretien.

• Sébastien GUILLAUD, EM Lyon, anciennement contrôleur financier chez Valeo, assure le management de l'équipe et la gestion financière de la société. Il a participé à l'implantation de deux filiales de Valeo (au Mexique puis au Brésil) durant les six années passées dans le groupe.

• François MARIE, Académie Prisma Presse, anciennement Rédacteur en chef adjoint de la revue Bateaux , assure la direction éditoriale de Seamply. Il veille sur les centres d'intérêts des plaisanciers ainsi que sur leurs préoccupations quotidiennes. Son travaille aboutira à l'amélioration de la qualité du site et son travail se jugera à la qualité de l'audience.

• La fonction commerciale est exercée par deux profils complémentaires. Alexis BESNARD, EM Lyon, a acquis pendant six ans une expérience significative de la gestion commerciale dans l'industrie France et aux Etats-Unis (Lafarge). Quant à Sébastien LACOMBE, ancien chef de publicité chez Voiles et voiliers, sa connaissance de la vente d'espaces et son carnet d'adresses sont autant d'atouts pour Seamply.

• Dominique HEMBERT, SUPELEC, assure la direction technique. Il avait précédemment mis en place pour Valeo des systèmes d'information de gestion.

Pensez à vos investisseurs actuels ! La communauté financière est petite. N'hésitez pas à indiquer qui a déjà investi chez vous ! Cela facilitera votre démarchage financier... Dans le cas de Seamply, ils ont fait l'impasse sur leur premier tour de table de 10 MF. **La valorisation** Il n'est pas utile de préciser la valorisation dans le plan d'affaires. En revanche, n'oubliez pas de préciser la répartition du capital et les montants investis dans la société, surtout si vous avez déjà des investisseurs financiers à votre tour de table.	• Anciennement chez PwC, Julien LEMEILLE, INT et MSG Dauphine, est responsable marketing. Plongé dans le monde Internet depuis plus de cinq ans, il s'est largement familiarisé avec le marketing interactif. Il est épaulé par une responsable des études, Stephana CHASSIN, EM Lyon, anciennement chez Guerlain. • Fabien DUMOND, ESSEC, ancien responsable d'une famille d'achats chez PSA, assure la gestion du projet nauma.com (nautic market), plate-forme transactionnelle destinée aux professionnels de la mer. **6. SEAMPLY EN CHIFFRES** **6.1 Les fondamentaux** **6.2 Comptes prévisionnels** **7. CONCLUSION** **7.1 Le planning** • Été 2001 : confirmation du portail communautaire • Automne 2000 : lancement du commerce électronique • Hiver 2000 : développement européen • Printemps 2001 : lancement des trois stations d'entretien « pilotes » **7.2 Seamply.com, premier site portail européen dédié à la mer** Investir dans Seamply, c'est devenir actionnaire du premier site portail européen de la navigation de plaisance. L'investissement de 5 millions de dollars de la société de capital-risque @Ventures (filiale de la CMGI) dans le site portail américain boatscape.com au mois de septembre 1999 montre l'intérêt que les investisseurs outre-atlantique portent à ce marché. L'arrivée au Royaume-Uni de ybw.com et de boatastic.com confirme que d'ici deux à trois ans Internet comprendra plusieurs sites portails européens pour plaisanciers dont un seul s'appuiera sur un réseau physique : Seamply. **7.3 Recherche de capitaux** Afin de financer son déploiement à l'international et sa campagne de communication, Seamply souhaite procéder à une augmentation de capital de 25 millions de francs. La société propose aux investisseurs un accompagnement jusqu'à son introduction en bourse prévue en 2001 (en fonction des réalisations et du marché).

LEXIQUE ET EXPRESSIONS DU MÉTIER

1. Les mots clés à connaitre

Actions de priorité ou privilégiées
Action bénéficiant d'un ou plusieurs avantages par rapport aux autres actions. Un des avantages essentiels consiste en une augmentation du droit sur le bénéfice annuel (dividende prioritaire).

Agrément (clause d')
Cette clause statutaire ou extrastatutaire (présente, en ce cas, dans le pacte d'actionnaires) soumet les cessions d'actions à des tiers à l'agrément préalable, de la société émettrice. Cet accord relève généralement du conseil d'administration.

Beauty parade/contest
Exercice qui consiste pour un investisseur ou un intermédiaire à se présenter et à faire une offre dans un contexte de compétition.

Besoin en fonds de roulement (*working capital*)
Il représente le solde net des besoins d'exploitation de la société. Il correspond à la différence entre les actifs courants et les passifs courants liés à l'exploitation et est calculé par la formule :

Bfr = stocks + créances clients + autres créances d'exploitation - dettes fournisseurs - autres dettes d'exploitation

Il est donc particulièrement sensible aux stocks constitués, aux délais clients accordés et aux délais fournisseurs négociés. Cela explique sa forte corrélation à la croissance du chiffre d'affaires. L'entreprise en forte croissance doit être très attentive à ce solde qui influence directement le besoin en trésorerie.

Bridge financing (financement relais)
Financement à court terme des besoins d'une société, dans l'attente de l'arrivée de partenaires financiers ou d'une introduction en bourse.

Business angels ou angels (investisseurs providentiels)
Une alternative majeure au financement par du capital-risque. Investisseur individuel qui finance des entreprises en démarrage *(seed stage).* Il a souvent lui-même constitué sa fortune en créant et revendant une société.

Business model
Le business model (à ne pas confondre avec le business plan) est la manière de commercialiser un produit et d'en tirer des bénéfices : il peut s'agir de ventes directes, par différents canaux de distribution, de cession de technologie, de royalties, de partenariats techniques ou commerciaux, de droits dérivés...

Le business model est un élément clé d'appréciation pour les investisseurs, au même titre que l'innovation technologique et la qualité de l'équipe.

Business plan
Le business plan sert à présenter le projet de création à des investisseurs. Dans le cadre du développement, il servira aussi de guide et de point de repère. Un bon business plan doit d'abord donner envie de contacter l'entreprise. Quelles sont les règles d'or ?

Un business plan est clair, facile à lire et à comprendre, complet (une trentaine de pages, hors éléments financiers et annexes) et surtout attractif pour un investisseur.

Son contenu doit respecter certaines normes d'organisation et de présentation. Ne pas les suivre, c'est courir le risque d'être mal compris, ou même d'être rangé arbitrairement dans une mauvaise catégorie. L'essentiel est de montrer qu'il existe une demande avérée ou latente. Pour un financier, le bon investissement n'est pas la meilleure technologie du moment, mais l'équipe qui sait trouver et conquérir un marché important.

Il est également souhaitable de faire preuve d'une forte cohérence : maîtriser parfaitement le sujet, identifier les bonnes questions et être capable d'y apporter des réponses pertinentes.

Capital de proximité *(love money)*
Contexte où un entrepreneur fait appel à ses proches pour lui apporter les fonds nécessaires.

Capital développement
L'expression est utilisée pour caractériser le financement en fonds propres d'entreprises en croissance par augmentation de capital, qu'il s'agisse d'une phase post-création ou de croissance externe ou interne, les entreprises ont déjà atteint un certain stade de maturité.

Capital-risque (*Venture capital*)
Investissement dans la phase de démarrage (start-up) d'une entreprise de haute technologie.

Capital investissement
Terme générique qui désigne l'ensemble des activités d'intervention en fonds propres dans les entreprises, de la création au retournement (redressement d'entreprises en difficulté) en passant par le développement et la transmission.

Capitalisation
La valeur marchande de l'entreprise cotée ou non. La capitalisation découle de la multiplication de la valeur du titre par le nombre d'actions émises (et cotées ou non).

Carried interest
Formule permettant aux équipes de l'investisseur de percevoir, en plus de son salaire, un intéressement en fonction des performances des investissements réalisés. Les ordres de grandeur sont de 20 à 25 % des plus-values dégagées.

Chef de file (*syndication*)
Dans les opérations significatives, aucun investisseur ne souhaitera ou ne pourra assumer la totalité des montants nécessaires. Dans ce cas, le montant est partagé entre les membres d'un syndicat financier. En principe, un investisseur en prend la tête pour négocier les modalités de l'investissement et trouver d'autres investisseurs.

Closing
La dernière étape d'une opération pendant laquelle les documents juridiques sont signés, les fonds sont versés par les investisseurs financiers et la transaction est réalisée.

Comparables
Pour négocier la valeur d'un dossier, il faut pouvoir faire référence à des projets similaires : ce sont les comparables. Comme les projets de start-up sont, par définition, innovants, les comparables ne sont pas nécessairement des concurrents directs utilisant la même technologie. Ils se trouvent dans le même secteur, répondent si possible aux mêmes besoins des utilisateurs et surtout appliquent le même business model.

Due diligence (audits préalables)
Une fois l'investisseur accroché par l'intérêt d'un business plan, il va procéder à un ensemble de vérifications standard sur l'investissement qui lui est proposé. Les principaux axes sont :

- l'expérience de l'équipe : interviews directes, vérification des références...
- la solidité de la technologie : analyse des brevets, interviews de spécialistes du secteur...
- l'intérêt des clients : interviews de clients ou prospects...
- la sincérité des comptes et des documents : comptes, factures attestant le ca, avis du banquier...

IPO (*Initial Public Offering*), introduction en bourse
Vente en bourse d'une partie du capital de la société, qui permet notamment la sortie des sociétés de capital-risque *(exit strategy)*. En France : Nouveau Marché, Second Marché, hors cote ; aux États-Unis : Nasdaq... en Europe : Easdaq.

LBO, LMBO, LMBI (*Leveraged Management buy out, ou buy in*)
Financement avec effet de levier de l'acquisition d'une entreprise par ses managers (buy in) ou par des financiers (buy out).

L'effet de levier signifie que l'acquéreur achète en contractant une dette très élevée auprès de fonds d'investissements dont c'est la spécialité. Le cas peut se produire notamment dans le cadre de *spin off,* où un groupe cède une branche non stratégique à ses managers.

Le mode de fonctionnement du lBO diffère sensiblement de celui du capital-risque. Ces techniques ne s'appliquent jamais à des start-up.

Pacte d'actionnaires (ou charte d'actionnaires)
Son rôle est de définir les relations entre les actionnaires d'une société. L'une des clauses principales est celle qui prévoit les conditions dans lesquelles tout ou partie des actionnaires d'une société anonyme peuvent céder leurs actions, que ce soit entre eux ou à des tiers.

Road show
Le road show ou tour est un exercice marketing déterminant aux États-Unis. Il s'agit de présenter en fanfare son entreprise à un maximum de relais d'opinion pour les convaincre de l'intérêt d'un nouveau produit, les faire adhérer à une certaine vision du monde (exemple : PC versus NC), les enthousiasmer.

Pour comprendre l'importance de cet exercice, il faut se souvenir que la population des États-Unis est bien moins dense que celle de la plupart des pays d'Europe et que les centres de décision sont dispersés. Il est impensable pour un commercial de parcourir le pays en quête de clients et les réseaux d'anciens élèves ne fonctionnent pas comme chez nous. Aux États-Unis, le souci du marketing prime sur la vente pure. Il faut exister dans l'univers mental du prospect avant de pouvoir l'aborder et l'idéal est que ce soit le prospect lui-même qui appelle, suite par exemple à une campagne de mailing, un passage sur un salon ou une série de rédactionnels.

Le road show consiste donc à parcourir le pays (c'est un exercice épuisant) à la rencontre des faiseurs d'opinions : les analystes technologiques comme IDC, Gartner *(analyst tour)* et les journalistes spécialisés *(press tour).*

Un *road show* peut durer un mois, il doit être préparé avec l'aide d'une agence de communication spécialisée en marketing des hautes technologies et peut facilement coûter 1 m$ préparation comprise.

Start-up (jeune pousse)
Jeune entreprise en démarrage. Jeune entreprise innovante dont l'avantage compétitif est fondée notamment sur la technologie : sciences de la vie, sciences de l'information, nouveaux matériaux…

On distingue généralement plusieurs étapes :

- amorçage (phase 1) : un créateur et une idée sur le papier, business plan.
- amorçage (phase 2) : réalisation d'un prototype ou d'une maquette, constitution de l'équipe initiale.
- start-up (premier tour) : premières ventes, marketing.
- start-up (deuxième tour) : recrutement de managers de haut niveau (stock-options), expansion internationale.
- introduction en bourse.

TRI
Le taux de rendement interne (TRI) mesure la rentabilité annualisée moyenne d'un projet financier constitué de flux négatifs (décaissements) et positifs (encaissements). On peut interpréter le TRI comme le rendement d'une compte bancaire virtuel à taux fixe dans lequel on aurait placé les capitaux dans les mêmes conditions d'encaissement et de décaissement que le projet réel et qui aurait produit les mêmes intérêts. Le TRI constitue le coût du capital pour la start-up : ce coût est élevé car l'activité est très risquée (création et ce dans un secteur turbulent).

2. Quelques expressions de vc à connaître

At the end of the day
Traduction littérale : à la fin de la journée

Les capitaux-risqueurs adorent cette expression. Parce qu'à la fin de la journée, ils sont jugés sur le résultat final *(bottom line).*

Bandwith
Traduction littérale : largeur de bande passante.
Ce mot est devenu une obsession pour les VC qui investissent dans les sociétés dont la mission est d'accélérer l'Internet.

Burn rate
Traduction littérale : taux de combustion.
Le speedomètre pour la trésorerie de l'entreprise ; la rapidité avec laquelle elle consomme du cash

Check if the dog will eat the dog food
C'est une façon de mettre l'accent sur l'importance de savoir si le client achètera effectivement le produit ou le service de la start-up.

Deal flow
Traduction littérale : flux de dossiers.
Le nombre de dossiers que les investisseurs reçoivent pour investissement.

Doesn't move the needle
Traduction littérale : ne remue pas l'épingle.
Une opportunité qui ne mérite pas qu'on y consacre du temps. En bon français, ne casse pas trois pattes à un canard.

Hockey stick
Le plus souvent les prévisions de progression de chiffre d'affaires optimistes ont la forme recourbée d'un bâton de hockey.

To kick the tire
Traduction littérale : tester les pneus d'une voiture en donnant des coups de pied dessus.
Mettre à l'épreuve des due *diligence (to kick the tire on a prospect).*

Liquidation/liquidity
La réussite de la stratégie de sortie conduit à échanger les actions contre du cash.

Rounds
Tour de table lors de la levée de capitaux. La start-up nécessitera plusieurs tours de table pour financer son développement à des étapes (stages) différentes.

The living dead
Traduction littérale : morts vivants.
Les compagnies dans lesquelles des VCS ont investi et qui n'ont aucune chance d'être cotées en bourse ou rachetées mais qui ne vont pas pour autant faire faillite.

3. Le supplément tout en anglais de DeanB[144]

Drive-by VC
An investor who appears briefly at a board meeting and leaves without giving advice.

Hitting the windshield
The company is moving too slowly for the market : a crash is imminent.

Blow-out round
New financing at lower prices forces out original investors or diminishes their stake.

Stabling
Keeping an entrepreneur in residence at a VC firm.

Elevator pitch
What an entrepreneur can tell a VC in the first two minutes they meet.

The living dead
A company that neither thrives nor fails but simply survives.

A boat anchor
A person or an activity that holds a company back.

Scale up
Growing quickly and preserving good management.

Red herring
A preliminary prospectus designed to gauge support for an initial public offering.

Blue sky laws
Restrictions placed on ipos by various states.

Short arms
Refers to a VC who enters a first round of funding but is leery about staying in for a second.

Waking the giant
Means talking to Microsoft corp.

Plankton
Colorfully describes a small company swallowed by a bigger fish.

4. Et pour finir quelques termes branchés[145]

Buzz
Bruit autour d'une personne ou d'une entreprise qui accroît sa notoriété. Le recours à une agence de relations publiques est un levier pour accroître cette renommée. Les années 1999-2000 ont vu s'exacerber ce type de comportement. Le soufflé a fini par retomber.

Gp2s (*get paid to surf*)
Technique consistant à rémunérer les internautes pour qu'ils surfent sur le Net.

Hot bot
Répertoire de promotions consultables sur la Toile.

P to p (*peer to peer*)
Grâce au p to p les internautes peuvent se connecter entre eux sans passer par un serveur Web.

P to p (*path to profitability*)
Chemin des profits, celui que doivent suivre toutes les start-up.

Brick and mortar
Entreprise dite traditionnelle (faites de briques et de mortier)

Click and mortar
Entreprise qui mêle des activités traditionnelles (mortier) et de l'Internet (click).

Pure player
Entreprise dont l'activité se déroule exclusivement sur le Net.

Yetties (*young entrepreneurs of technologies*)
Jeunes patrons de la High-Tech.

Notes

1. Cité dans Steve Harmon, *Zero gravity,* Bloomberg Press, 1999.

Chapitre 1

2. Ce guide s'adresse à ceux qui, légitimement, s'interrogent sur leur capacité à passer à l'acte.
3. Nous étions loin de penser, lors de la première édition de ce livre, que nous pourrions un jour évoquer ce type de motivation pour la création d'entreprise !
4. Julian Lange (Babson College).
5. Expression que je dois à Jean-François Gallouin, PDG de Metaphora et responsable de la filière Entrepreneur à l'École Centrale.
6. À l'heure où nous écrivons ces lignes les expressions B to B et B to C sont en passe de signifier respectivement : « Back to Banking » et « Back to Consulting ».
7. Ce que les Anglo-Saxons appellent OPM (Other People Money).
8. Ce qui serait le cas d'un individu doté d'un fort lieu de contrôle externe.
9. Nous avons découvert cette approche grâce à Denis Marquet, philothérapeute, qui intervient régulièrement au sein de nos programmes d'entrepreneurship à l'ESCP-EAP.
10. Source : *Inc. Magazine*, février 1987.
11. Les DRH des grands groupes sont, au-delà des discours enthousiastes, très timides face à ce type de parcours : il est donc impératif de passer par un cabinet de chasseurs de têtes pour valoriser correctement son expérience de créateur d'entreprise.
12. Environ la moitié des entreprises sont créées par des chômeurs en France.
13. Sur laquelle peu de personnes auront un avis autorisé.
14. Source (modifiée) : Saratoga Venture Finance, citée par John L. Nesheim, *High-Tech start-up,* The Free Press, 2000.
15. Ce terme renvoie à un état de dépression du créateur qui a consommé son énergie vitale en se dévouant corps et âme à son projet au mépris de son équilibre psychologique. Le nombre d'ouvrages parus sur ce thème aux États-Unis est considérable. La définition du psychologue qui a forgé le terme, H.J. Freudenberger est la suivante : *« Burnout : to deplete oneself. To exhaust one's physical and mental resources. To wear oneself out by excessively striving to reach some unrealistic expectations imposed by one's self or by the values of society. »*
16. Extrait du livre de John L. Nesheim, *High-Tech start-up,* The Free Press, 2000.
17. *Initial Public Offering* : entrée en bourse.
18. *Chief Executive Officer* : PDG.
19. *Vice-Presidents* : directeurs, souvent membres du Comité exécutif.
20. L'ensemble des propos qui suivent s'appuie sur les données élaborées par Saratoga Venture Finance.

21. Source : Saratoga Venture Finance, citée par John L. Nesheim, *High-Tech Start-up*, The Free Press, 2000.
22. John L. Nesheim, *High-Tech start-up,* The Free Press, 2000.
23. Ou pour le dire encore autrement : « Big pie successes come from big pie thinking. »
24. Source : J.B. Miner, *The Four roads to entrepreneurial success,* Berrett-Koehler Publishers, 1996. Nous devons en grande part cette synthèse à Jean-Luc Boulnois, entrepreneur, expert en biotechnologies (Babson College).

Chapitre 2

25. Source : *La Tribune,* 8 juin 1999.
26. Source : *Option Finance,* 9 mai 2000.
27. Source : *La Tribune,* 8 juin 1999.
28. Source : *La Tribune,* 28 avril 1999.
29. Source : *Les Échos,* 13 avril 1999.
30. Source : *Le Figaro Économie,* 13 janvier 2000.
31. Source : *L'Essentiel du Management,* octobre 1998.

Chapitre 3

32. Source : *Option Finance,* 9 mai 2000.
33. Source : *Option Finance,* 27 mars 2000.
34. Source : *Le Monde,* 5 septembre 2000.
35. Source : *Le Monde,* 5 septembre 2000.
36. Il s'agit des dons gérés par les grandes universités américaines. Ils sont placés et le rapport de ces placements constitue la part essentielle du budget opérationnel annuel des établissements.
37. Cette partie a été enrichie des commentaires de Joël Saingré, expert en création d'entreprise au sein de la CCIP et intervenant du Mastère spécialisé « Innover et Entreprendre » de l'ESCP-EAP.
38. Les coordonnées précises des acteurs sont présentées en annexe de l'ouvrage (CD-Rom).
39. Que d'aucuns qualifient de « strip-tease » pour attirer le chaland.
40. Source : *Le Revenu français,* 17 mars 2000.

Chapitre 4

41. Le présent propos est inspiré des vues de Steve Spinelli, directeur de l'Arthur Blank Center au Babson College.
42. Paragraphe rédigé avec l'aide de Thomas Kerting.
43. Source : *Libération,* 24 avril 2000.
44. Les coordonnées précises sont dans le Carnet d'adresses (CD-Rom).
45. Source : www.education.gouv.fr/technologie/mesur/listincub.htm.
46. Source : *Les Échos,* 12 janvier 2000.
47. Il faut assurer le paiement des experts salariés, des locaux et de la logistique.

48. Source : *Le Monde,* 5 septembre 2000.
49. Appelés également « investisseurs providentiels ».
50. Source : *Le Revenu,* 23 octobre 1998.
51. Source : *Le Revenu,* 23 octobre 1998.
52. Cédée depuis à France Télécom.
53. Source : *Option Finance,* 9 mai 2000.
54. Source : *Option Finance,* 9 mai 2000.
55. Source : *Option Finance,* 9 mai 2000.
56. Le lecteur intéressé par cette problématique pourra lire la contribution de J. Lévy et O. Basso, « Start-up contre grandes entreprises : un match trompeur », in *L'Art du Management de l'Information, Les Échos-Financial Times*, éd. Village Mondial, 2000.
57. Source : *Les Échos,* 6 avril 2000.
58. Source : *Le Monde,* 5 septembre 2000.

Chapitre 5

59. Pour plus de détails, voir le chapitre 3 et le carnet d'adresses.
60. Les investisseurs seront d'ailleurs très attachés au respect de ces bornes temporelles et ne débloqueront souvent le montant de leur apport qu'au fur et à mesure de l'atteinte de ces objectifs intermédiaires. Parvenir à lever 15MF ne signifie donc pas en avoir la jouissance immédiate !
61. *In fine,* au-delà de la qualité du business plan, c'est la croyance en la capacité du porteur à mettre en œuvre son projet qui sera déterminante dans l'acte d'investir ou non.
62. Même si l'investisseur leader doit nécessairement connaître votre secteur pour apporter davantage que du capital.
63. Il faut impérativement préparer un résumé du résumé opérationnel pour s'en servir comme d'une formule d'introduction. C'est essentiel pour capter l'attention d'un interlocuteur intéressant rencontré, par exemple, au hasard des manifestations start-up.
64. Depuis la parution de la première édition de ce guide, Gemplus a échoué à entrer aux Etats-Unis mais sa cotation simultanée au Nasdaq et au NM devrait lui permettre d'acquérir une certaine légitimité pour le marché américain.
65. À ces derniers, comme nous le verrons plus loin, seront proposés différents packages (ou mix) correspondant à leurs besoins spécifiques.
66. Devise d'Ann Winblad, citée dans R. Quindlen, *Confessions of a venture capitalist,* Warner Books, 2000.
67. Si la réponse est positive, trois problèmes surgissent : le coût d'un tel effort d'éducation, la durée des effets d'un tel effort (avant que les utilisateurs éduqués ne passent à l'acte d'achat) et la résistance, toujours sous-estimée, qu'ils vont manifester. Sur ce dernier point, les analyses de M. Crozier sur les relations de pouvoir troublées par tout changement organisationnel sont riches d'enseignement.
68. Ingenia a été rachetée par Decan en 1998.
69. Fondée en 1992, ACROBA a réalisé 45 MF de chiffre d'affaires en 1997. *Le Revenu français,* 21 novembre 1997.

70. *Le Revenu français,* 15 mai 1998.
71. Il s'agit de passer du « *nice-to-have* » au « *must-have* ».
72. R. Quindlen, *Confessions of a venture capitalist,* Warner Books, 2000.
73. Les affirmations de la première édition du guide doivent être nuancées : ces mêmes opérateurs s'interrogent aujourd'hui sur la viabilité d'une telle démarche, très coûteuses en capitaux. Les start-up rachetées doivent être financées à leur tour, les capitaux-risqueurs remplacés…
74. R. Quindlen, *Confessions of a venture capitalist,* Warner Books, 2000.
75. Nous revenons en détail sur ces questions dans le chapitre consacré à la finance.
76. Nous recommandons un horizon de temps de trois ans mais certains investisseurs exigent des comptes prévisionnels sur cinq ans.
77. En ce qui concerne la vitesse de pénétration du segment, la productivité commerciale des vendeurs.
78. Si vous devez installer du matériel complexe, prévenez et faites-le avant le démarrage du show (le temps vous est compté).

Chapitre 6

79. Si vous avez bâti toute votre stratégie de *pricing* sur ce paramètre, n'oubliez pas que très souvent les investisseurs réévaluent ces montants
80. Introducteur Teneur de Marché.
81. Valeur dite pre money (voir *supra*).
82. Cette approche a un temps correspondu aux pratiques d'évaluation des SSII.
83. O. Goy, Chronique 12, « Le financement du commerce électronique : quels critères pour les investisseurs ? www.capital.investissement.com.
84. Source : *Newbiz,* septembre 2000.
85. Le lecteur trouvera d'utiles compléments dans le chapitre sur la finance.
86. Le modèle Dilution, inclus dans le CD-ROM joint au présent guide, permet d'approcher l'impact de dilutions successives sur la valorisation finale des parts des fondateurs.
87. C'est par définition le TRI qu'ils exigent.

Chapitre 7

88. *Business Week,* 25 août 1997.
89. Source : *Wall Street Journal,* 20 juillet 2000.
90. *National Association of Securities Dealers Automated Quotation.*
91. Équivalent de notre marché au comptant.
92. Équivalent de notre Règlement mensuel.
93. Source : *Option Finance,* 27 mars 2000.
94. Source : *Option Finance,* 27 mars 2000 (dossier établi par B. Griton, RSM Salustro Reydel).
95. Dont environ 10 % sont d'origine étrangère.
96. Netscape a été racheté en novembre 1998 par AOL pour la somme de 4,2 milliards de dollars par échange d'actions.

97. Il n'est pas rare d'entendre dans la Silicon Valley l'expression « Sand Hill pense cela » ou « Sand Hill n'a pas acheté cette idée ».

98. Chronique de Jean-Louis Gassee, « Chez les anges », parue dans *Libération Multimédia,* 22 mai 1998. www.liberation.fr/chroniques.index.html.

99. *Idem.*

100. Un produit *made in France* qui n'appartient pas au secteur du luxe est par définition suspect de qualité médiocre aux États-Unis.

101. Les mécanismes spécifiques du processus de vente en terre américaine sont remarquablement décrits dans l'ouvrage de J. Rauscher, *Silicon Valley,* éd. d'Organisation, 1999.

102. *Le Nouvel Économiste,* 24 mai 1996.

103. S. Cuesta a depuis quitté la direction de Synchronix, dont il détient encore 15 % (source : *Le Revenu français,* 15 septembre 2000).

104. *Computer Business Review,* « Europe's hot prospects », *in association with Broadview Associates,* 1998.

105. Jean-Louis Gassée, « La France vue de la Vallée », *Libération-Chroniques,* 5 juin 1998. www.liberation.fr/chroniques/index.html.

106. L'essentiel des propos qui suivent est fortement inspiré de l'excellent dossier « Réussir son introduction au Nasdaq » établi par B. Griton, (RSM Salustro Reydel) et publié par *Option Finance,* 27 mars 2000. Nous en recommandons fortement la lecture intégrale.

107. Mission largement déléguée au FASB (Financial Accounting Standards Board).

108. Exemplaires types disponibles sur le site de la SEC (www.sec.gouv.).

109. Demande hautement déconcertante pour un entrepreneur français habitué à peu communiquer sur ce qu'il estime être confidentiel.

110. *Generally Accepted Accounting Principles.* Il n'existe pas de plan comptable général aux États-Unis et pas de cadre législatif ni au niveau fédéral ni au niveau des États.

111. Sauf dans le cas où l'on arrête une activité et l'on constate des charges non récurrentes de fermeture.

112. La pratique américaine est de déposer les titres que l'on veut placer sur le marché auprès d'une banque qui émet en contrepartie des certificats de dépôts américains (*American Depositery Receipt*) qui seront les supports de cotation.

113. Rédacteur du dossier déjà mentionné plus haut et paru dans *Option Finance,* 27 mars 2000.

114. www.drugabusesciences.com.

Chapitre 8

115. Le titre Genset (code GENXY au Nasdaq) a connu de fortes fluctuations passant de 20 dollars au troisième trimestre 1996 à un pic de plus de 70 dollars au premier trimestre 2000 avant de connaître, le 27 décembre 2000, une cotation à 13,7 dollars.

Chapitre 9

116. Les propos suivants ont été enrichis des commentaires précis de Stéphane Gérard, banquier, et de Guillaume Couadau, directeur financier de plusieurs start-up.

117. Deux ouvrages d'approfondissement technique sont à conseiller : *La Stratégie du créateur d'entreprise* de R. Papin, éd. Dunod, 1998, qui expose précisément et de manière complète les problématiques comptables et financières auxquelles est confronté l'entrepreneur ; *Nouveau plan comptable commenté* d'A. Mikol, éd. PUF, collection Que Sais-je ? n° 2368, 3ème édition 1995, qui est un remarquable *vade mecum* commentant ligne à ligne les liasses fiscales.

118. Encore qu'un tel jugement soit à nuancer selon les types d'entreprise.

119. Un actif d'exploitation sans coût structurel apparent, excepté l'entretien courant.

120. N'oublions pas qu'alourdir les charges calculées durant un exercice fortement bénéficiaire permet de faire baisser le résultat imposable et de mettre ainsi de l'argent de côté.

121. Un actif qui n'a plus à être amorti ne présente plus de charges ; il peut néanmoins être obsolète et permettre une production inférieure à celle d'un nouvel actif qui génèrerait une charge d'amortissement. Pour traduire cette situation, les analystes financiers mesurent l'obsolescence des actifs d'exploitation en mesurant le ratio (Actif immobilisé brut/Amortissements) : ce ratio traduit l'âge des immobilisations et peut également permettre de déterminer le niveau du flux d'investissement à venir.

122. On distinguera le capital social, constitué des apports des différents actionnaires, et les capitaux propres qui comprennent le capital social et les reports de résultat (avec les mises en réserve).

123. Nous nous gardons, dans le cadre de ce chapitre de sensibilisation, d'aborder la problématique du coût du capital qui excèderait notre propos…

124. Ou plus exactement ses actionnaires réunis en Assemblée générale.

125. L'expression « amortissement de la dette » ne renvoie pas à une logique d'amortissement de machine mais désigne l'étalement du remboursement de la somme prêtée (également appelée « principal »).

126. Taux de Rendement Interne : taux de retour financier annuel sur un investissement.

127. Voir plus loin les postes du bilan.

128. Le calcul doit s'effectuer au *prorata temporis* (à proportion du temps écoulé) dans l'exercice d'acquisition du bien et dans le dernier exercice d'amortissement.

129. Cette plus-value sera taxée par le fisc. Le taux actuel d'imposition est de 19 %.

130. Et non de l'actif dynamique.

131. Si nous n'achetons pas mais si, par exemple, nous louons notre immeuble, alors le loyer est considéré comme une charge annuelle : c'est un flux propre à chaque exercice. Ce n'est pas un investissement puisque je ne serai pas propriétaire du bien mais seulement utilisateur. J'ai donc toujours deux stratégies : posséder ou contrôler un actif. L'entrepreneur en démarrage aura toujours tendance à privilégier le contrôle sur la possession pour limiter ses sorties de cash et maximiser les effets de levier.

132. C'est la source d'une prolifération d'opérations comptables puisque tout bien au-dessus de 2 500 F hors taxes doit être amorti.
133. Sauf accord exprès des associés s'exprimant en Assemblée générale extraordinaire pour affirmer leur soutien à l'entreprise sous la forme d'une recapitalisation à venir.
134. Amputée des dividendes qu'elle distribue.
135. Voir plus loin pour une définition du terme.
136. Encore appelée « asphyxie » de trésorerie ou « illiquidité ».
137. D'où la puissance apparente d'un modèle comme celui du premier Amazon.com qui prétendait ne pas avoir de stocks (externalisés chez les fournisseurs), ne pas avoir de créances clients (ils payaient cash) et jouir seulement d'un accroissement de ressource (dettes fournisseurs). La réalité en a démontré autrement avec notamment la plongée de l'entreprise virtuelle dans la course aux entrepôts.
138. « Capital » étant ici employé au sens large du terme et désignant un moyen de financement en général. La même ambiguïté existe en anglais : les procédures de *capital budgeting* portent sur l'ensemble « *equity* + *debt* ».
139. C'est-à-dire net des amortissements déjà réalisés.
140. Rappelons que les charges sont dites « calculées » lorsqu'elles ne correspondent pas une dépense effective et à une sortie en trésorerie sur la période : ce sont les amortissements et provisions.

Chapitre 10

141. Les propos suivants ont été rédigés par Jean-Michel NOGUEROLES.

Annexe 3 - Business Plan

142. www.seamply.com
143. Septembre 2000.

Lexique et expressions clés

144. Une excellente source : http ://www.worlduonline.com/CyberEntrepreneurship/
145. Un autre bonne source d'information : le magazine *Newbiz,* septembre 2000 (site : newbiz.fr).

INDEX

Symboles

Numériques

A

B

C

D

E

F

G

H

I

J

T

U

V

Utilisation du CD-Rom d'accompagnement

Matériel et système d'exploitation requis

- PC avec processeur Pentium, 32 Mo de RAM
  Système d'exploitation Windows 9x/ME ou Windows NT/2000.
- Macintosh PowerPC ou Gx, 32 Mo de RAM
  Système d'exploitation MacOS 8.5 ou supérieur

Les documents contenus sur ce CD-Rom sont exploitables avec les logiciels suivants :

- navigateur Internet, tel que Microsoft Internet Explorer ou Netscape (fournis sur le CD-Rom dans le dossier /Utils/)
- Microsoft Word et Excel 97/2000 pour PC ou Microsoft Word et Excel 98/2001 pour Macintosh (non fournis sur le CD-Rom)

Pour utiliser ce CD-Rom :

Lancement de l'interface :

- double-cliquez sur « Lancer le site.html » pour lancer l'interface de ce CD-Rom.

Utilisation des fichiers joints :

- vous pouvez utiliser l'interface pour consulter nos documents, ou les ouvrir directement dans Microsoft Word ou Microsoft Excel :
- les documents Word et Excel sont dans le dossier /Docs/
- pour exploiter ces documents sur PC, il faut préalablement les copier dans votre disque dur, puis utiliser notre utilitaire Attributs, situé dans le dossier /Utils/. Cela permet de supprimer l'attribut « Lecture seule » des fichiers.

Note : Tous les efforts ont été faits pour tester avec soin ce CD-Rom et les applications qu'il contient. Néanmoins, l'éditeur ne pourra en aucun cas être tenu responsable des préjudices ou dommages de quelque nature que ce soit pouvant résulter de l'utilisation de ces applications.

Réclamations à multimedia@eyrolles.com

Composé par Istria
Achevé d'imprimer : Jouve - Paris

N° d'éditeur : 2367
N° d'imprimeur : N° 292608N
Dépôt légal : Mars 2001

Imprimé en France